贸易摩擦及人民币汇率波动对我国进出口行业影响的异质性研究

谢　非　陈学梅◎著

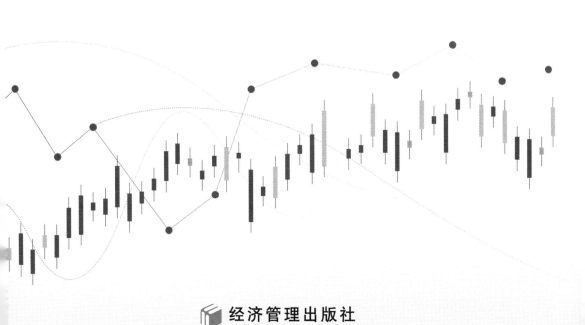

经济管理出版社
ECONOMY & MANAGEMENT PUBLISHING HOUSE

图书在版编目 (CIP) 数据

贸易摩擦及人民币汇率波动对我国进出口行业影响的异质性研究 / 谢非，陈学梅著 . -- 北京：经济管理出版社，2023.9

ISBN 978-7-5096-9315-5

Ⅰ . ①贸… Ⅱ . ①谢… ②陈… Ⅲ . ①国际贸易 – 国际争端 – 影响 – 进出口贸易 – 研究 – 中国②人民币汇率 – 汇率波动 – 影响 – 进出口贸易 – 研究 – 中国 Ⅳ . ① F752 ② F744 ③ F832.63

中国国家版本馆 CIP 数据核字 (2023)第 188520 号

组稿编辑：陈艺莹
责任编辑：任爱清
责任印制：许　艳
责任校对：陈　颖

出版发行：经济管理出版社
（北京市海淀区北峰 8 号中雅大厦 A 座 11 层 100038)

网　　址：www.E-mp.com.cn
电　　话：(010) 51915602
印　　刷：北京金康利印刷有限公司
经　　销：新华书店
开　　本：720mm×1000mm　1/16
印　　张：17
字　　数：279 千字
版　　次：2023 年 9 月第 1 版　　2023 年 9 月第 1 次印刷
书　　号：ISBN 978-7-5096-9315-5
定　　价：98.00 元

前　言

　　2018年美国政府推行"美国优先"政策，并持续不断地对全球其他国家实施贸易制裁，引发全球双边及多边贸易摩擦；2020年新冠肺炎疫情在全球暴发并持续冲击全球贸易产业链；2022年乌克兰危机引发全球能源及粮食危机……全球一系列不确定性因素对我国经济和贸易产生较大的冲击，我国经济社会发展的复杂性、严峻性、不确定性上升。因此，我国实施"六稳六保"政策，实施"构建以国内大循环为主体、国内国际双循环相互促进的新发展格局"等一系列措施具有重要意义。

　　据我国海关总署数据统计，2021年我国商品贸易进出口总值为39.1万亿元人民币，同比增长了21.4%，相比于2018年、2019年、2020年的进出口增速分别为9.7%、3.5%、2.1%，我国商品贸易进出口增速呈现阶段性、结构性变化；其中，动物产品类行业出口下降了12.7%，矿制品类行业出口增加了28.1%；车辆运输类行业进口下降了23.6%，纺织品类行业进口增加了13.0%；同时，据世界贸易组织统计，2001~2021年我国受非关税贸易壁垒限制居全球首位，且关税壁垒持续存在。此外，我国服务贸易进出口行业也受到如技术性贸易壁垒、签证壁垒等各种新型贸易壁垒的影响，且受影响的强度增大。

　　在人民币汇率制度方面，我国于2005年实行有管理的浮动汇率制度，人民币汇率弹性增加并形成一段时期的单边升值通道。2015年8月11日中国政府推出外汇管理改革计划（以下简称"811"汇改）后，人民币汇率双向波动明显增强并出现周期性贬值特征。2019年我国经济受下行压力增大及美国挑起中美贸易摩擦影响，人民币贬值预期压力持续增加，2019年8月人民币对美元汇率一度"破7"。2020年2月新冠肺炎疫情在全球蔓延，3月20日人民币对美元汇率中间价报7.1052，一周贬幅近1.5%。在"人民至上，生命至上"的疫情防控理念的引领下，我国经济实现了企稳向好的目标，2021年人民币对美元汇率重回"6时代"；2022年以美国为代表的发达经济体采取高强度加息的货币紧缩政策，使我国的外币资产产生溢出效应，人民币汇率在复杂多变的内外形势下，其市场价格出现波动状态的概率增大。

百年变局下，我国面临的贸易摩擦及人民币汇率波动具有长期性和不确定性，并将常态化地影响我国的进出口贸易。党的十九届五中全会提出，要加快构建以国内大循环为主体、国内国际双循环相互促进的新发展格局。

因此，研究贸易摩擦及人民币汇率波动对我国进出口行业的影响，有助于我国贸易产业链质量的提升，推动我国贸易产业更高水平开放，最大限度地激发外贸经济"双循环"动能，从而实现我国进出口贸易高质量发展。

本书基于笔者2022年免鉴定结项的国家社科基金研究成果，在进一步补充完善的基础上，形成了本书的主要内容：

（1）概念界定及理论概述。①对贸易摩擦、汇率、均衡汇率等有关的概念进行界定；②介绍贸易摩擦、汇率的类型，并阐述各自特征；③阐述国际收支理论、贸易理论、产业结构理论、汇率理论及均衡汇率理论等相关理论，并对其内在逻辑和关系进行分析。

（2）现状分析。①贸易摩擦现状分析：对我国的贸易摩擦现状及趋势进行总体阐述；②汇率现状分析：建立BEER模型对人民币汇率的波动特征及趋势进行描述和刻画；③进出口行业现状分析：对海关总署划分的97个进出口行业（按HS分类）进行统计分析，并从贸易进口量及出口量两个维度进行阐述。研究表明：1994~2019年人民币汇率波动呈现阶段性特征，汇率高估程度最大为1998年的10.08%，汇率低估程度最大为1994年的16.59%，且汇率高估与低估呈现聚集现象，其余时段基本维持在合理区间；同时，我国进出口行业面临的贸易摩擦来源国和地区较多，如欧盟、美国、日本等，且遭受到的贸易壁垒形式由传统的关税壁垒和非关税壁垒逐步演变成更为隐蔽的技术性贸易壁垒、绿色贸易壁垒等新型贸易壁垒，贸易摩擦的影响波及劳动密集型和技术密集型行业。

（3）调查分析。①通过自设调查问卷，对遭受贸易摩擦及人民币汇率波动影响的典型进出口企业进行调查；②从企业遭受贸易摩擦单因素、人民币汇率波动单因素、贸易摩擦与人民币波动双因素以及采取的应对措施四个角度进行分析；③基于调查分析现状，分析典型进出口行业应对贸易摩擦及人民币汇率波动存在的问题及原因。

（4）贸易摩擦单因素对我国进出口行业影响的异质性研究。在分析我国各行业与他国贸易摩擦现状及成因的基础上，运用面板模型研究贸易摩擦对我国进出口行业的影响，并根据实证结果分析贸易摩擦对我国进出口行业影响的异质性。研究表明：关税壁垒对我国进出口行业整体上具有显著的抑制作用，而非关税壁垒对我国进出口行业整体上具有显著的促进作用。

（5）人民币汇率波动单因素对进出口行业影响的异质性研究。通过建立协整方程，研究人民币汇率波动对进出口行业影响的异质性。研究表明：人民币汇率波动对我国进出口行业影响显著，人民币汇率短期波动抑制我国的进口贸易，但对出口贸易影响不明显，而人民币汇率长期波动对少数出口行业存在显著正向影响。

（6）贸易摩擦及人民币汇率波动双因素对进出口行业影响的异质性研究。采用FGLS全面分析方法，研究贸易摩擦单因素对进出口行业影响的异质性；通过建立固定效应模型，研究贸易摩擦及人民币汇率波动双因素对不同进出口行业的异质性影响并进行对比分析。研究表明：人民币汇率波动和非关税贸易壁垒双因素显著促进我国进口贸易，显著抑制我国出口贸易，而人民币汇率波动和关税贸易壁垒双因素对我国进出口贸易均具有抑制作用；人民币汇率波动和非关税壁垒双因素主要对动植物、食品、烟草、饮料、电子信息、化工制造、交通运输、矿制、陶瓷、非金属、橡塑、木制、纸制业等的进出口贸易具有负向影响，而对纺织、皮革、杂制业等轻加工行业的进口贸易具有促进作用；人民币汇率波动与关税壁垒对电子信息、化工制造、交通运输、矿制、陶瓷、非金属、橡塑、木制、纸制业的进口均具有显著正向影响，对多数行业出口贸易均有异质影响，即不同行业所受影响方向、影响程度等各不相同。

（7）对策建议。本书从国家、区域、金融机构和企业层面，提出了以下四点对策建议：

第一，从国家层面来看，一是加强国家级"海外仓"建设，深耕RCEP框架下的东盟十国市场等，提供进出口行业差异化贸易策略实施的可行性；二是可通过提升自主科技创新能力等促进产业转型升级，解决经济发展中被"卡脖子"问题，实现我国进出口贸易高质量发展；三是运行逆周期因子等完善人民币汇率自我修正机制，增强进出口企业了解使用外汇衍生品的意识等，促进外汇衍生品市场运行机制的健全。

第二，从区域层面来看，可通过用好用活"入境免签"等相关政策来打破国际贸易人员流动限制与签证壁垒，为应对贸易摩擦提供更多的主动性与灵活空间。

第三，从金融机构层面来看，一是可通过"3+1"原则为出口企业核定授信额度提供"出口贷"，加大对进出口企业的信贷支持力度；二是可加强金融创新，提供种类丰富、技术成熟的避险产品，开发更多针对企业需求的外汇金融产品和服务，为企业提供多样化的规避汇率风险的金融衍生工具。

第四，从企业层面来看，一是国内的出口企业到境外设厂驻点，依托国家政策倾斜，拓宽海外销售渠道，同时依据企业自身特点，制定应对贸易摩擦的差异化方案；二是进出口企业应树立汇率中性理念，聚焦主业，设定以"保值"而非"增值"为核心的汇率风险管理目标。

本书在人民币汇率波动及贸易壁垒单因素影响我国商品贸易、服务贸易基础上，进一步厘清了双因素叠加对我国进出口贸易产生的影响，其程度大小以及对各行业影响是否存在异质性。本书相关研究成果对畅通外循环，形成国际国内双循环的新发展格局，促进我国进出口贸易高质量发展具有现实意义。

目 录

第一章 绪论

第一节 研究背景及意义

一、研究背景

单边主义、贸易保护主义、新冠疫情等对全球经济贸易产生巨大冲击，也使我国经济社会发展面临较大挑战。据我国海关总署数据统计，2021年我国商品贸易进出口总值为39.1万亿元人民币，同比增长了21.4%，相比于2018年、2019年、2020年进出口增速分别为9.7%、3.5%、2.1%，我国商品贸易进出口增速呈现阶段性、结构性变化。其中，动物产品类行业出口下降了12.7%，矿制品类行业出口增加了28.1%；车辆运输类行业进口下降了23.6%，纺织品类行业进口增加了13.0%。可见，我国进出口贸易面临严峻挑战，不同进出口行业的表现呈异质性。

为推进新时期我国经济长期向高质量发展转型，应对全球经济下行压力及适应国内外形势发展和高水平开放的现实需要，2020年7月30日中共中央政治局会议指出，加快形成以国内大循环为主体、国内国际双循环相互促进的新发展格局；2020年11月14日习近平总书记在中国国际进口博览会上强调，中国新发展格局不是封闭的国内循环，而是开放的国内国际双循环。我国进出口贸易高质量发展是畅通外循环的重要途径，是打通国内生产要素内循环的推动力。

2005年7月21日我国开始实施以市场供求为基础、参考"一篮子"货币进行调节、有管理的浮动汇率制度，人民币汇率弹性不断增强并进入长期升值通道。2015年"811"汇改以来，人民币汇率波动幅度及波动频率进一步增大，并出现周期性贬值特征。名义有效汇率的升幅累计达47.7%，而实际有效汇率的升幅累计达57%。同一时期央行开始以前一日银行间外汇市场收盘价作为人民币汇率中间价的报价参考，人民币汇率的波动性进一步增强，双向波动特征逐渐明显。2017年央行在人民币中间价报价机制中引入了"逆周期因子"，外汇市场的情绪波动得到有效管理。但根据国际货币基金组织（International Monetary Fund，IMF）资料显示，在中美贸易摩擦、国内转型升级压力增大等内外部因素冲击下，2018年人民币兑美元汇率波动幅度接近10%。2019年8月5日人民币兑美元汇率中间价报7.0507元，成为自"811"汇改以来第一次"破7"，此后一直围绕7元波动。随着2020年新冠肺炎疫情的蔓延，人民币汇率贬值压力加大，3月20日美元兑人民币汇率中间价报7.1052元，一周贬幅接近1.5%。在新冠肺炎疫情可防可控、国内经济企稳向好的背景下，2020年10月9日人民币对美元汇率直接跳涨1000个基点，突破6.7关口。2022年发达经济体采取紧缩的货币政策，又使我国的外币资产产生溢出效应，人民币汇率在复杂多变的内外形势下，其市场价格出现波动状态的概率增大。

贸易保护主义、单边主义成为影响我国进出口商品贸易的又一重要因素。中国贸易救济信息网数据显示，近20年来我国是遭受贸易摩擦较多的国家之一，在2001~2021年全球反倾销案件中我国占比为28.4%，在全球反补贴案件中我国占比为37.7%，在全球保障措施案件中我国占比为85.7%。2018年3月以来，以美国为首的相关国家，对我国实施一系列关税与非关税的贸易制裁措施，并挑起贸易争端。2021年全球对我国发起的贸易救济案件共61起，其中，化学原料及制品业遭受贸易摩擦案件10起；有色金属工业遭受贸易摩擦案件7起；塑料制品业遭受贸易摩擦案件3起。截至2020年10月，美对华关税共加征了五轮四批次，涉及电子信息、农产品等多个行业。与此同时，2001~2021年我国对全球发起反倾销案件279起，反补贴案件17起，保障措施2起，涉案行业主要分布于化工及制造业、纸制品类行业及钢铁工业等。由此可见，由关税与非关税构成的贸易摩擦已对我国不同进出口行业构成影响。

综上所述，人民币汇率波动及贸易摩擦或将常态化地影响我国商品贸易、服务贸易进出口。人民币汇率波动或贸易摩擦单因素从理论和实务两方面均影响着我国商品贸易、服务贸易进出口。人民币汇率波动及贸易摩擦双因素叠加是否还会对我国进出口贸易产生影响，其影响程度大小以及对各行业进出口影响是否存在异质性呢？为此，本书以"双循环"为背景，深入研究汇率波动、贸易摩擦等因素对我国进出口贸易的影响具有重要的现实意义。

二、研究意义

"十四五"期间我国对外开放力度不断加大，贸易壁垒及人民币汇率波动在不同时期及不同行业间存在差异性，并将常态化地影响着我国的进出口贸易，因此，本书的研究具有重要的理论意义及现实意义。

（一）理论意义

（1）有利于运用新贸易保护主义、行为均衡汇率理论、汇率传递理论、弹性分析理论等解释新的经济现象，对相关理论的实际应用进行了进一步的探讨。

（2）BEER模型中既包含了影响汇率的中长期基本面因素，也包含了影响汇率的短期临时性因素和随机干扰因素，具有一定的理论价值。

（3）面板模型研究了人民币汇率波动、贸易摩擦单因素及双因素对我国进出口行业的异质性影响，丰富了国际贸易方面相关理论。

（二）现实意义

（1）研究人民币汇率波动趋势、特征及波动程度，有利于对人民币汇率风险进行有效管理，实现"稳金融"目标；有利于提高金融体系服务实体经济的能力。汇率的高估或低估，会给经济带来许多扭曲效应，如外汇储备潜在未来价值损失风险、过分依赖内外部需求等。因此，本书的研究有利于对汇率风险进行有效管理，稳定金融发展，防止出现严重的汇率波动，进而影响经济的健康运行。

（2）研究人民币汇率波动及贸易摩擦双因素对我国进出口行业影响的异质性，不仅能够在理论层面加深对人民币汇率波动及贸易摩擦与行业进出口贸易之间关系的认识和理解。同时，对我国制定进出口行业的差异化贸易政策，调整我国进出口贸易结构关系，畅通外循环，促进我国进出口贸易高质量发展，具有重要现实意义。

第二节　研究内容、方法与思路

一、研究内容

基于HS分类原则，本书研究对象为我国海关总署划分的商品进出口行业，共有22类、98章，由于第22类行业为特殊交易品及未分类商品，在研究中选择剔除该类行业，因此，本书的研究范围限于21类、97章，且仅针对我国商品进出口贸易。具体研究内容包括贸易摩擦单因素对我国商品进出口行业影响的异质性；人民币汇率波动单因素对我国商品进出口行业影响的异质性；贸易摩擦及人民币汇率波动双因素对我国商品进出口行业影响的异质性。

二、研究方法

1.文献研究法

通过收集整理国内外关于贸易摩擦的成因及衡量、汇率波动的成因及测算、贸易摩擦和汇率波动对进出口行业影响的文献资料，选取合适的方法与模型对贸易摩擦及汇率波动对进出口行业影响的异质性展开研究。

2.调查研究法

通过走访外汇管理局、进出口企业、有关政府部门等，搜集我国各行业与他国之间在一定时期内的汇率变动、贸易摩擦和进出口行业的相关资料和具体数据，调查贸易摩擦及汇率波动对不同进出口行业的基础影响。

3.数据分析法

通过数据预处理、数据挖掘等技术，对我国不同进出口行业与不同国家之间贸易摩擦的相关数据进行分析，主要包括网络爬虫、数据降维降噪技术、情报检索、数据变换与旋转等，挖掘贸易摩擦对不同进出口行业的隐含信息与深层影响。

4.实证研究法

运用累积关税成本法、贸易摩擦频率法等衡量贸易摩擦强度；运用BEER模型等测算人民币均衡汇率及汇率波动；运用面板数据模型等研究人民币汇率波动单因素、贸易摩擦单因素、人民币汇率波动及贸易摩擦双因素对我国进出口行业的影响。

三、研究思路

1.理论概述

首先对贸易摩擦、汇率、均衡汇率等有关的概念进行界定；其次介绍贸易摩擦、汇率的分类，并阐述各自特征；最后阐述国际收支理论、贸易理论、产业结构理论、汇率理论及均衡汇率理论等相关理论，并对其内在逻辑和关系进行分析。

2.现状分析

①贸易摩擦现状分析。对我国的贸易摩擦发展现状及趋势进行总体阐述。②汇率现状分析。建立BEER模型对人民币汇率的波动特征及趋势进行描述和刻画。③进出口行业现状分析。对海关总署划分的97个进出口行业（按HS分类）进行统计分析，并分别从贸易进口量及出口量两个维度进行阐述。

3.调查分析

①通过设计调查问卷的形式，对典型进出口行业遭受贸易摩擦及人民币

汇率波动情况进行调查；②从企业遭受贸易摩擦单因素、人民币汇率波动单因素、贸易摩擦与人民币波动双因素以及采取的应对措施四个角度进行分析；③基于调查分析现状，分析典型进出口行业应对贸易摩擦及人民币汇率波动存在的问题及成因。

4.人民币汇率波动度量及机理分析

本书拟根据行为均衡汇率理论（BEER）对人民币均衡汇率与汇率波动进行测度，该方法可以消除遗漏变量以及模型不确定性对均衡汇率估计的影响，在此基础上最后对汇率波动的机理进行分析。

5.贸易摩擦单因素对我国进出口行业影响的异质性研究

在分析我国各行业与他国贸易摩擦现状及成因的基础上，运用面板模型研究贸易摩擦对我国进出口行业的影响，并根据实证结果分析贸易摩擦对我国进出口行业影响的异质性。

6.人民币汇率波动单因素对进出口行业影响的异质性研究

建立协整方程研究人民币汇率波动对进出口行业影响的异质性。由于对样本中所有行业而言，有共有的解释变量，不便于进行面板估计，因此对进口和出口方向的各个行业分别进行估计。

7.贸易摩擦及人民币汇率波动双因素对进出口行业影响的异质性研究

采用FGLS全面分析方法，研究贸易摩擦单因素对进出口行业影响的异质性；通过建立固定效应模型，研究贸易摩擦及人民币汇率波动双因素对不同进出口行业的异质性影响并进行对比分析。

8.对策建议

以稳外贸，进出口行业结构优化提档升级，助推构建以国内大循环为主体，国内国际双循环相互促进的新发展格局为目标，以市场在资源配置中起决定性作用，更好地发挥政府作用为原则，提出汇率风险管理、外贸发展以及进出口转型升级的行业差异化对策建议。

本书的技术路线如图1-1所示。

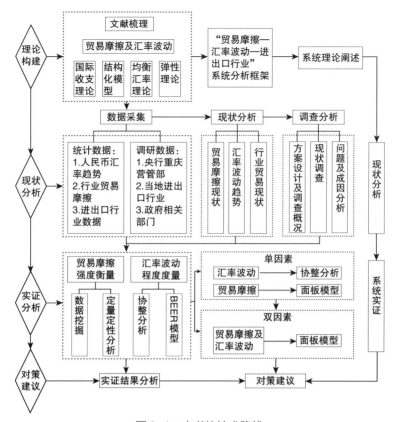

图1-1 本书的技术路线

第三节 研究重难点、创新点与不足之处

一、重点难点

（一）重点

（1）关键变量贸易摩擦强度的衡量和人民币汇率波动的度量。

（2）贸易摩擦及人民币汇率波动单双因素对进出口行业影响的异质性。

（3）从国家角度和企业角度，提出进出口行业应对贸易摩擦及人民币汇率波动的差异化策略体系。

（二）难点

（1）本书需要度量一定时期内97个进出口行业面临的贸易摩擦和汇率波动，工作量巨大且复杂。

（2）目前无相关研究文献，因此，贸易摩擦及人民币汇率波动双因素对进出口行业影响的机理是本书的另一难点。

（三）主要目标

（1）通过贸易摩擦单因素对我国进出口行业影响的异质性研究，分析进出口行业在关税壁垒和非关税壁垒两个方面受到的异质性影响，提出进出口行业应对贸易摩擦的差异化策略，从而实现"稳外贸"的目标。

（2）通过人民币汇率波动单因素对我国进出口行业影响的异质性研究，建议央行实施相关货币政策和市场化的运作手段，降低人民币汇率波动的程度，降低汇率大幅度波动概率，稳汇率降风险，从而实现"稳金融"的目标。

（3）通过贸易摩擦及人民币汇率波动双因素对我国进出口行业影响的异质性研究，针对贸易摩擦的长期性和复杂性以及人民币汇率的中长期趋势，提出我国进出口行业及产业发展规划和产业提档升级建议，实现"六个稳"中的稳预期、稳外贸、稳金融目标，有效促成构建新发展格局。

二、创新点

（一）学术思想特色和创新

本书创新性提出研究贸易摩擦及汇率波动双因素对进出口行业影响的异质性，将贸易摩擦及人民币汇率波动对进出口的影响分行业进行对比分析，研究突破了我国进出口行业单因素影响的研究思想，转向多因素综合研究领域。

（二）学术观点特色和创新

第一，本书结合已有关于贸易摩擦或人民币汇率波动单因素对我国进出口行业影响的异质性研究。首次提出贸易摩擦及人民币汇率波动双因素共同作用对我国进出口行业影响的异质性。

第二，本书将根据贸易摩擦及人民币汇率波动对我国进出口行业影响的异质性，并结合金融市场相关理论，提出均衡汇率管理、外贸发展以及行业转型升级的相关对策建议，促进我国进出口行业健康发展以及进出口产业结构转型升级，实现国家提出的"六个稳"中的稳预期、稳外贸、稳金融。

（三）研究方法特色和创新

构建贸易摩擦及人民币汇率波动对进出口行业影响异质性的单双因素模型，运用经济学、金融学及管理学的理论来梳理内在的逻辑及原因，在理论和实务方面都具有一定新颖性。

三、不足之处

第一，受各国贸易摩擦相关数据公布时间及渠道的限制，本书获取的商品贸易摩擦数据仅截止于2019年，因此，本书实证的数据均截止于2019年。

第二，基于《商品名称及编码协调制度》（The Harmonized Commodity Description and Coding System，HS）分类原则及本书研究，研究过程中将我国进出口行业分为21大类、97小类。由于在进行行业异质性实证分析时的分行业面板数据量限制，为保持研究结论的准确性，本书在此基础上将我国进出口行业分为五大综合类。因此，研究难以穷尽97类进出口行业，行业分类精细度不够。

第三，受限于数据收集的难度等，本书的研究基于商品进出口贸易，并未涉及服务贸易。因此，本书在研究贸易摩擦及人民币汇率波动对商品进出口行业的影响时，未考虑这两个因素对服务进出口行业带来的影响。

第一节 概念界定

一、贸易摩擦内涵

（一）贸易摩擦概念

党的十九届五中全会明确提出，要加快构建以国内大循环为主体、国内国际双循环相互促进的新发展格局，并对进一步扩大开放提出了更高的要求。同时，随着贸易保护主义抬头，单边主义盛行，贸易纠纷逐渐增多。贸易摩擦频发严重阻碍了全球经济和产业的发展，并逐渐成为各国之间贸易往来的普遍特征。因此，对贸易摩擦进行客观、综合评估，对其概念进行合理的定义至关重要。

尽管国际贸易摩擦与国际贸易的发展密切相关，但对贸易摩擦的概念至今仍然没有权威的定义。在对国内外文献进行梳理时发现，大多数文献并没有对经济摩擦、经贸摩擦以及贸易摩擦等基本概念进行明确的区分。

世界贸易组织（World Trade Organization，WTO）在文件中将"贸易摩擦"（Trade Friction）与"贸易争端"（Trade Dispute）视作同义词。所谓贸易争端，是指国际贸易中的一方（通常是进口方）通过向另一方（通常是出口方）设立关税或非关税壁垒来限制出口，甚至要求出口国给予一定补偿的经济行为。也就是说，当出口国在面对进口国的不正当制裁措施没有异议地选择接受时，完全可以看作是对不合理的国际贸易机制和贸易行为的纠正，这种情况不能称为争端。"争端"这个词虽然出自权威性的文件，但其使用仅限于WTO所受理的贸易摩擦案件，并不能代表全部。

《辞海》中对贸易摩擦的定义如下：国家之间在贸易活动中产生的争夺和斗争，主要是因保护本国市场或争夺第三国市场引起。在关贸总协定和WTO等多边协调机制建立以前，贸易摩擦主要表现为各国相互提高关税、互设贸易壁垒、贸易报复等。在WTO多边规则约束下，其主要表现为成员之间相互采取的反倾销、反补贴、保障措施等单边贸易救济措施和其他隐形的贸易壁垒。解决贸易摩擦的途径主要是通过双边、多边贸易磋商机制以及WTO的多边争端解决机制的协调、仲裁。该定义主要从经济利益角度解释了贸易摩擦，将贸易摩擦看作各国为占据世界市场的斗争，但并不适用于本书，贸易摩擦的发生不仅是一种经济现象，也是受到政治、文化及军事等多种因素影响的活动。

国内学者对贸易摩擦这一概念进行了如下阐述：胡方（2001）在《日美经济摩擦的理论与实态》中将经济摩擦定义为各经济体之间为了谋求本国经济利益而针对某种特定的经济问题产生的纠纷。王厚双（2004）在《直面贸易摩擦》中指出，在国际贸易中产生贸易摩擦是由于各国的生产成本和销售市场的差异，为了争夺更广阔的经济发展机遇和生存空间，各国为了满足本国的经济利益采取设置关税及非关税壁垒的措施，甚至以激烈对抗的方式争夺世界市场。林学访（2007）按照国家利益将贸易摩擦分为以意识形态为标准的贸易摩擦和以经济利益为标准的贸易摩擦。意识形态标准下的贸易摩擦，是指分属于不同意识形态阵营的国家借机对出口国采取的各种关税及非关税壁垒的制裁措施，以此阻碍出口国经济的发展。经济利益标准下的贸易摩擦，则是指一国为保护本国的企业及自身经济发展而对别国的进口产品采取限制措施，进而导致贸易摩擦发生的行为。王桂敏和孙佟（2007）则认为，当别国的进口商品威胁到本国相关产业发展时，该国为了追求自身利益最大化，一定会采取措施限制别国的贸易往来进而产生贸易摩擦。但是，贸易保护理论并不是自由贸易主义的完全对立面，两者在理论和实践上都存在并存的基础，其中自由贸易作为贸易趋势和基本框架存在，保护贸易作为手段而存在，两者的并存则在客观上成为国际贸易摩擦发生的直接原因。

参考并结合国内外学者对贸易摩擦的观点，本书认为对贸易摩擦的界定需要涵盖贸易、货币、汇率、经济制度和经济政策等各领域的内容，在此基础上，将贸易摩擦界定为：在进行国际贸易的国家（或地区）之间，为了维护本国（或地区）的经济利益，采取一定的贸易保护或限制措施，引发矛盾或贸易纠纷，以及为解决这类贸易纠纷而展开的各种外交斗争。具体来说，该贸易摩擦定义包括五层含义：①产生贸易摩擦的前提是各个国家（或地区）之间彼此存在贸易往来，各国的经济发展不是封闭的，没有建立经济贸易关系的国家（或地区）之间不可能产生贸易摩擦。②贸易摩擦是一种动态过程，在整个过程中贸易摩擦的行为主体为了自身经济能够得到长期发展，各国（或地区）采取"以邻为壑"的贸易保护政策与手段，对他国（或地区）采取关税或非关税壁垒的手段来阻碍其产业、经济发展，贸易摩擦便不可避免。③贸易摩擦是一种非零和博弈，一旦发生贸易摩擦，不会形成双赢的局面，而表现为一个经济体福利的增加以其他参与贸易摩擦的经济体福利的损失为代价，甚至表现为所有参与贸易摩擦的经济体福利都恶化。④可以通过经济协商、政治谈判、外交对话等手段解决贸易摩擦，或直接向国际争端机构申诉等待仲裁结果。⑤贸易摩擦的产生具有广泛性，贸易摩擦不仅发生在经济发展较快的发达国家（或地区）之间，在发达国家（或地区）与发展中国家（或地区）之间、发展中国家（或地区）与发展中国家（或地区）之间贸易摩擦也经常发生，如日美贸易摩擦、欧美贸易摩擦、中美贸易摩擦、中印贸易摩擦等。

（二）贸易摩擦成因

国际贸易摩擦主要发生在微观企业层面上，但由于涉及国家间的经济贸易发展，进而会影响一国宏观经济目标的实现，因此，各国政府往往以宏观经济目标为由来谈判贸易摩擦问题。

产生贸易摩擦最直接的原因是各经济体间贸易不平衡或国际收支不平衡。尽管自李嘉图提出自由贸易的国际贸易理论以来已经近200年，但是重商主义依然在人们心中占据重要的地位，各国仍然认为只有顺差是对本国进出口贸易有利的，因此，往往表现为贸易逆差国向贸易顺差国挑起贸易争端。但是造成各国贸易不平衡的原因不能单从贸易顺差或逆差来衡量，还需考虑技术进步催生了新兴产业，导致传统产业加速向发展中国家转移。

造成国际贸易摩擦的原因有很多，目前大多数研究主要从微观、中观、宏观三个层面对国际贸易摩擦的成因进行分析。

（1）在微观层面：部分学者以完全竞争市场为假设进行分析，Jones利用 2×2×2模型研究表明，两国在进行经贸往来时，彼此互为出口国和进口国，当其所购买的产品产生的边际替代率与边际转换率相等，且两国出口产品的劳动和资本边际替代率也相等时，则达到帕累托最优条件，否则一旦失衡，两国之间就会产生贸易摩擦。除此之外，也有学者探讨了在不完全竞争市场条件下贸易摩擦的产生原因，具体可以分为垄断企业和存在规模经济及外部经济两种不同的情况：对于垄断企业，政府为提高本国产品市场竞争力，满足自身经济利益需求，在对外贸易活动中采取各种关税或非关税手段进行干预，以此改变市场结构，提高本国进出口企业的国际竞争力，如此将引起贸易摩擦；对于非垄断企业，不同国家的经济结构及经济制度的不同是导致贸易摩擦的重要原因。同时，如果一国出口某种产品所带来的收益低于在本国销售该种产品带来的收益，那么该国就有动力不再将此类产品出口，进而可能造成贸易摩擦。

（2）在中观层面：国际产业结构静态和动态的不匹配是引发贸易摩擦的深层次原因。在规模经济、技术更新迭代及高额利润驱动等因素的影响下，国际经济贸易往来已不再是由比较优势决定的单一分工结果，出现了一件商品由多个国家共同协作完成的多重均衡，并直接导致各国产业结构发生了转变，即在国际贸易中必然表现出一国的所得造成另一国的所失，各国为了自身的利益最大化，必然通过各种贸易手段来保护本国的经济利益，从而导致国际贸易摩擦频繁发生。并且在以农业和工业制造业为主要经济增长结构的国家中，经济结构存在高度趋同，导致这些国家彼此之间更容易形成竞争关系，从而引发贸易摩擦。具体理论为：如果国际间各个国家（或地区）的产业都能实现静态和动态的结构性互补，彼此之间进行贸易往来不会对任何一方造成经济损失或危及本国产业的发展，那么进行国际贸易就能实现共赢；反之，当国际间各个国家（或地区）的产业结构出现了静态上的部分同构和动态上的不相匹配，那么，贸易摩擦就不可避免。基于此，得出结论：各国间产业结构的同构所导致的激烈的市场竞争是贸易摩擦产生的直接原因。

（3）在宏观层面：开放的经济贸易和内外部整体均衡是影响一国宏观经济最重要的因素。因此，一国在面对千变万化的国际形势时，最重要的是根据动态的国际市场对本国产业结构及时做出调整，以满足内外部均衡。同时，国家生产能力及发展变化也可能会造成与别国的经济利益冲突，从而产生贸易摩擦。

对于像中国这样的发展中国家来说，贸易摩擦发生在其比较优势领域和比较劣势领域，其原因是不同的，解决的途径也存在差异。

对于发展中国家来说，比较优势领域的贸易摩擦主要涉及劳动力密集型的低端产品出口，由于发展中国家人力成本较低，在以较低的价格出口该类商品时通常会受到来自发达国家的出口阻碍和贸易摩擦。具体来说，比较优势领域产生贸易摩擦的原因主要有以下四个方面：

（1）进口国获取贸易利益。根据国家贸易政策理论，对于进口国来说，设置一定程度的贸易阻碍措施有利于本国获取更高的贸易利益。一些具有影响价格能力的大国可以通过设置关税或非关税措施，影响出口国产品的市场需求，从而压低价格，把原属于出口国的收益转移到进口国。

（2）保护国内相关产业。一直以来贸易保护主义都被认为是引起国际贸易摩擦和争端的主要原因，一国在对外贸易中实行限制进口等一系列措施来阻碍别国的贸易发展，同时向本国该类商品的出口提供各种优惠支持，以此增强本国商品在国际贸易中的竞争力。

（3）政治因素。一国政府在制定贸易政策时会结合本国的国际政治情况，满足本国整体利益最大化要求。政府所制定的贸易政策在很大程度上代表自身的经济利益，因此，贸易政策通常也会受到非经济因素的影响。

（4）国际产业结构不协调。产生贸易摩擦的内在原因是国际间产业结构不协调。各国为了追求自身利益最大化，必然会通过制定贸易政策阻碍市场机制的运作，由此会造成无效的国际分工，进而导致国际产业结构失调。各国只能通过制定关税或非关税手段争夺市场，并表现为贸易摩擦的不可避免性。

对于像中国这样的发展中国家来说，贸易摩擦主要发生在具有比较优势的制造业中的劳动密集型产业领域。但是在劣势领域如高新技术产业同样存在贸易摩擦，其原因与优势领域并不相同，影响也不同，从而解决的途径可能也存在差异性。

本书以发展中国家为研究对象。例如，在发展中国家的高新技术产品进出口贸易中，由于发达国家与发展中国家之间存在一定程度的技术转移及知识产权保护，发展中国家在高新技术领域处于相对劣势的地位。该类产业由于自身高技术性、高标准性的特征，在国际贸易结构中具有垄断性的特点，核心科技往往集中在极少数的发达国家。具体来说，发展中国家比较劣势领域发生贸易摩擦的原因主要有以下四点：

（1）发达国家追求经济利益。涉及高技术、知识产权保护以及关系到一国经济长期发展的产业，发达国家会采取一系列贸易保护措施，从而在与发展中国家进行贸易往来时发起贸易摩擦，比如，实施限制该类商品进出口，以达到本国的经济利益最大化。

（2）发达国家防止本国技术外溢和技术人才流失。技术知识具有非对抗性和非排他性的特点，在使用和转移过程中存在技术扩散和外溢的特性。技术外溢和扩散是指外商投资、跨国贸易等对东道国相关产业或企业的产品开发技术、生产技术、管理技术、营销技术等产生的提升效应。对于技术领先的发达国家来说，高新技术产品和高新技术人才均可巩固本国制造垄断地位，以获取垄断利益。而技术相对落后的发展中国家为了获取经济利益，可能会由于监管不到位，而存在技术模仿应用。这必然会因高新技术产品和知识产权问题导致相应的贸易摩擦。除此之外，技术领先国在设立技术性贸易壁垒的同时，必然会在一定程度上限制高新技术的出口和高新技术人才的流动。

（3）发达国家为保护本国技术相关产业的发展。高新技术产业是对经济社会全局和长远发展具有重大引领带动作用的战略性产业，是各国争夺市场的重要领域。在该领域中，各国为保护本国的高新技术产业，制定相应的贸易保护措施，从而造成贸易摩擦。

（4）争夺经济领域主导权。各种技术标准的制定权是各国掌握经济领域主导权的重点。如果一个国家掌握了技术标准的制定权，那么就可以顺利推行满足本国经济利益的贸易标准，有力地推动本国经济的发展。当他国在出口某产品但不满足进口国相关标准时，出口国就会遭遇各种技术标准形成的技术性贸易壁垒。

（三）贸易摩擦分类

对贸易摩擦进行科学分类，是为了全面、科学、有效地掌握贸易摩擦的各种表现形态和特征。通过归类总结，分类研究诱发或导致各类贸易摩擦的原因，从而更有针对性、更合理、更有效地采取治理措施。现有研究对贸易摩擦的分类标准颇多，现从不同角度对贸易摩擦类别进行梳理。

国外文献主要是通过某一种具体的贸易摩擦案例对贸易摩擦展开分析的，大多数学者研究的重点都在研究贸易摩擦的成因、影响及解决方案上。最早的贸易摩擦是从关税开始的。Johnson 等（1954）指出，各国在进行贸易往来时彼此的贸易政策是相互依存的，当其中一方只为满足自身的经济利益对另一方采取限制措施时，那么它也会受到同等的措施，双方的经济利益都会受到不同程度的损失。Stern（1973）则分析了关税、配额、自愿和强制性配额限制等传统关税壁垒的产生及对各国经济发展的不利影响。随着国际间贸易的不断发展，一些隐蔽性更强的非关税壁垒逐渐取代传统的关税壁垒。Sturm（2006）主要分析了各国出于保护本国产业和经济发展的目的通过制定严格的技术标准限制他国进口引起贸易摩擦所造成的影响；Kastner 和 Powell（2002）研究了各国通过制定严格的卫生检疫措施限制他国食品的进口从而引起的贸易摩擦；Sherman 和 Eliasson（2006）对保障措施、反补贴措施、301 条款和特别301 条款进行了深入探讨。为此，本书把上述各国采取的隐蔽性贸易摩擦手段归为现代的贸易摩擦形式。

国内大部分学者主要分析研究了贸易摩擦的分类及产生发展。赵瑾（2002）通过分析各国挑起贸易摩擦的原因，将贸易摩擦划分为微观摩擦、宏观摩擦、投资摩擦、制度摩擦以及技术性贸易摩擦五种类型。王雪峰和王平利（2005）将贸易摩擦划分为显性贸易摩擦和隐性贸易摩擦两种，并且认为在显性贸易摩擦中，反倾销是最为常见的一种，是国际贸易摩擦的主要表现形式。赵晓和柳阳（2005）最初把贸易摩擦划分为显性摩擦和隐性摩擦，然后再进一步将其演绎为三类摩擦：商品摩擦、制度摩擦和文化摩擦。尹翔硕（2006）认为，各国所处国际地位不同，开展贸易摩擦的行业的成因也有所不同，因此，将贸易摩擦划分为比较优势领域摩擦和比较劣势领域摩擦两种。苗迎春（2004）总结前人的研究，根据不同贸易摩擦的作用和影响将贸易摩擦划分为政策性摩擦、产业性摩擦、制度性摩擦、技术性摩擦、遏制性摩擦、歧视性摩擦、社会性摩擦和保护性摩擦八类。

当前，新冠肺炎疫情对全球经济造成的影响还在蔓延，危机下各国反危机、反衰退的经济复苏战略行动正试图恢复国家经济。同时，新贸易保护主义和保护行为愈演愈烈，国际贸易摩擦形态正在演变。为此，本书在总结国内外学者对贸易摩擦分类的基础上，受到他们对贸易摩擦分类及其观点的启发，参考王雪峰和王平利（2005）等的分类方法，将贸易摩擦分为显性贸易摩擦和隐性贸易摩擦，并对这两个概念的内涵界定如下：

显性贸易摩擦是指以直观的形式表达对出口国限制的贸易摩擦，包括反倾销、反补贴和保障措施，这些类型的摩擦通常被称为传统的贸易摩擦形式。显性贸易摩擦是当前国际贸易规则下允许的特殊保护措施，由于其实施难度不大且可以是双向的，无论是发达国家还是发展中国家都可以利用显性贸易摩擦保护本国的产业和经济不受别国进口带来的损失的影响。随着国际贸易的不断深入发展，以反倾销为主的三种显性贸易摩擦逐渐由发达国家向发展中国家蔓延，并成为各国采取的主要贸易摩擦手段。

随着经济不断发展，国与国之间生产技术、司法体系及社会责任的差距不断拉大，各国对国际市场的争夺更加激烈。传统的显性贸易摩擦已经不能满足一些国家扩张市场的需要，贸易摩擦开始围绕技术性贸易壁垒、知识产权制度、食品安全等非市场因素展开，这些贸易摩擦被称为现代新型贸易摩擦形式。这类贸易壁垒不会直接地造成贸易摩擦，而是利用这些高标准、高技术性的规定限制别国的进口，对国际贸易形成潜在争端因素，因此被称为隐性贸易摩擦。这类贸易摩擦手段实施难度较大，且由于发达国家对技术的垄断性，一般只有发达国家向发展中国家发起。随着国际贸易自由化的深入发展，隐性贸易壁垒逐步成为发达国家保护本国产业的主要手段和措施，且这种隐性贸易壁垒同样严重影响了国际贸易的有序发展。

显性贸易摩擦又可以进一步分为两种类型（见表2-1）。其中，关税、配额、进口许可证自愿和强制性的出口管制等贸易保护手段是早期的贸易摩擦形式。

表2-1　国际贸易摩擦的形式与类型

类型	形式	特征
显性贸易摩擦	关税、配额、进口许可证、自愿和强制性的出口管制等	早期的贸易摩擦形式
	反倾销、反补贴、保障措施	WTO允许的临时性贸易保护措施所导致的贸易摩擦形式
隐性贸易摩擦	技术性贸易壁垒、环境壁垒、社会壁垒等	具体形式有很多，如环保公约、TBT、SPS、特别301条款等

关税是指一国海关根据该国法律规定，对通过其关境的进出口货物征收的一种税收。政府对进出口商品都可征收关税，但进口关税最为重要，是主要的贸易措施。

配额是指进口国对进口产品的数量进行规定所施加的限制，是对有限资源的一种管理和分配。

进口许可证是指进口企业向相关行政机关申请，是否允许进口货物的审查与批准进口的行政管理制度。但是，当进口许可证程序透明度不强或签发过程产生不必要的延误时，它又成为贸易保护的工具。

随着世界经济一体化的发展，这些贸易保护手段已经逐步退出了历史舞台，反倾销、反补贴和保障措施（"两反一保"措施）成为国际上最主要的贸易摩擦形式。

反倾销一般是指进口国针对给本国产业带来实质性损害的进口产品，根据本国的反倾销法向进口产品征收反倾销税的行为。

反补贴是指进口国一旦确认进口产品存在补贴时，且进口产品对本国产业造成实质性损害时，向出口国政府提起反补贴诉讼的国际法律行为。

保障措施是指WTO成员可以采取"保障"行动（暂时限制某种产品的进口），以保护特定的国内产业不受任何产品进口增加的影响，因为这些产品正在对该产业造成或有可能造成严重伤害。

特殊保障措施是国际上专门针对我国出口产品的歧视性限制措施，主要针对我国农业、纺织业等优势出口产品进行限制约束，是一种单向约束原则。

隐性贸易摩擦主要包括技术性贸易壁垒、知识产权壁垒、社会壁垒等。

技术性贸易壁垒（Technical Barriers to Trade，TBT），是非关税壁垒的主要构成部分，主要是发达国家利用自身的经济、技术优势设置相关的技术、知识产权、环境及安全标准等规定，来阻碍其他国家的国家贸易，以谋求自身经济利益的最大化，主要涉及科技、卫生、检疫、安全、环保、产品质量和认证等众多指标体系。

卫生和植物检疫（Sanitary and Phytosanitary，SPS）措施，是与风险密切相关的技术性措施，属于技术性贸易措施的重要组成部分，主要用于保护人类、动物、植物的生命和健康。以保护本国食品安全而设立的强制性法规和检疫要求。

环境壁垒，即绿色壁垒，是指一种以保护生态环境、自然资源和人类健康为借口的贸易保护主义新措施。

社会壁垒是指以保护劳动者生存环境和生存权利为理由，主要以保障蓝领工人权益，以国际劳工标准为内容而采取的贸易保护措施，主要有禁止童工、消除就业歧视等内容。发达国家通常利用社会舆论实施社会壁垒，形式上较为隐蔽但是效果明显。

知识产权壁垒是指一国对含有知识产权的商品，如专利产品、贴有合法商标的产品采取进口限制措施。主要以跨国公司作为主体，知识产权作为载体，通过设立知识产权保护相关的法律法规，人为地限制知识产权产品进口的贸易垄断行为。

尽管学者从不同的角度对贸易摩擦进行了分类，但一个明显的特点是：

对发展中国家来说，具有相对优势的产品集中在初级产品和劳动密集型产品的传统产品，这类产品在国际贸易中技术含量不高，生产标准比较统一，各国更倾向于设置传统的贸易措施对本国的产品进行保护；而对于发达国家来说，具有相对优势的产品集中在高新技术产品和服务业产品，由于本国技术的垄断性和生产标准的复杂性，发达国家更倾向于选取隐性贸易壁垒来限制其他国家的进口以保障本国的经济利益。在当前的国际贸易制度约束下，无论是传统的制造产业还是新兴的高新技术产业，传统直观的关税壁垒措施如关税、配额等已经逐渐淡出了国际贸易争端；取而代之的则是反倾销、反补贴及保障措施等没有遭到禁止的贸易摩擦手段；与此同时，一些无法判断其贸易摩擦标准的隐性贸易摩擦，如技术性贸易壁垒、知识产权保护及绿色贸易壁垒等正在逐渐增多，被一些国家用来保护自己本国的经济利益不受损失。

二、汇率及汇率波动内涵

（一）汇率相关概念

汇率是一国经济发展的主要调控手段。汇率的变动会直接影响到一国的国际贸易情况，同时对国内的通货膨胀和货币流通也会产生相应的影响。

汇率表示一国货币兑换另一国货币的比率，也是购买一单位外币时所支付的本币。汇率分为直接标价法和间接标价法。直接标价法是指一单位外国货币所代表的本国货币价值，比如，对于我国来说，1美元等于6.649元人民币，即人民币对美元的汇率为6.649。在直接标价法下，汇率上升表示本国货币贬值，外国货币升值。间接标价法是指一单位本国货币所兑换的外国货币的数量，比如，对于英国来说，1英镑等于1.3952美元，即英镑对美元的汇率为1.3952。在间接标价法下，汇率上升表示本国货币升值，外国货币贬值。一个国家的汇率标价方法选择直接标价法还是间接标价法是由一个国家自己选择的。目前我国采用的是直接标价法，且直接标价法在世界上的应用范围广阔，而间接标价法仅被英国、美国等少数几个发达国家所采用。另外，汇率的类型也分为多种，依据外汇运用频率，将汇率分成基本汇率和套算汇率；依据商业银行等机构的交易行为，将汇率分别界定为买入汇率、卖出汇率和中间汇率；依据所买卖外汇的交割日期，汇率可以界定为即期汇率、远期汇率；从制度层面，汇率可以被界定为固定汇率和浮动汇率；而依据汇率能否考虑物价影响，分为名义汇率和实际汇率。不同汇率所应用的领域不同。

1.基本汇率和套算汇率

在外汇市场上，可以自由兑换的货币有很多种，一个国家将本币与其他国家的货币之间的汇率一一列出是不可能的，因而通常选取国际上普遍流通的货币或者本国在外汇交易中经常使用的货币，如美元、英镑、欧元、日元、人民币等，本国货币与这些使用频率较高的货币之间的汇率就是基本汇率。套算汇率是指在基本汇率的基础上，进行数学运算得出的汇率。

2.买入汇率、卖出汇率和中间汇率

外汇需求者获得外汇的主要途径是向银行购买外汇，或者通过银行将手中持有的外汇换为本国货币。客户从银行买入外汇所依据的汇率为卖出汇率，向银行出售外汇时依据的汇率为买入汇率。两者求平均数即可得到当日的中间汇率。

3.即期汇率和远期汇率

外汇市场的交易一般会涉及两种汇率：一是即期汇率；二是远期汇率。一般来说，在两个营业交易日内成功达成外汇交易的称为即期交易，而在未来某一天进行的交易称为远期交易，在进行远期交易时，双方会就汇率问题以合同等协议的方式提前达成共识。即期汇率与远期汇率之间的差额称为掉期汇率。另外，当即期汇率大于远期汇率时，称为汇率贴水；当远期汇率大于即期汇率时，称为汇率升水。

4.固定汇率和浮动汇率

国际金融体系按照不同的汇率制度，将汇率分为固定汇率和浮动汇率。第二次世界大战后期，国际金融体系受战争影响，秩序紊乱无章。西方国家为了维持货币币值稳定，促进世界经济发展，在国际货币体系中建立了固定汇率制度，这种国际货币体系称为布雷顿森林体系。随着时间的推移，布雷顿森林体系的矛盾日益凸显，20世纪70年代这种货币体系的矛盾积累到一定程度，最终体系崩溃，随后新的国际货币体系——牙买加体系逐渐走上历史舞台。在牙买加国际货币体系下，浮动汇率制度越来越被大量国家所接受。对于我国来说，从中华人民共和国成立初期到20世纪70年代初，我国实行固定汇率制度。改革开放以后，伴随经济的不断发展，人民币汇率形成机制也在不断发生变化。由最开始的以官方汇率和外汇调剂并存的双重汇率制度到以市场供求为基础的、单一的、有管理的浮动汇率制度。当前，我国实行的是以市场供求为基础的、参考"一篮子"货币的、有管理的浮动汇率制度。

5.名义汇率和实际汇率

在实际生活中，人们提到两个国家的汇率时，一般是指名义汇率，名义汇率是由市场或官方决定的没有剔除通货膨胀因素的汇率。名义有效汇率（Nominal Effective Exchange Rate，NEER）的计算公式如下：

$$NEER = \sum_{i=1}^{n} ER_i \times \omega_i \qquad (2\text{-}1)$$

其中，ER_i表示一国与某贸易伙伴国的双边名义汇率，ω_i表示一国对某国的贸易占其全部对外贸易的比重。名义有效汇率的计算可以采用算术平均法或者几何平均法。由于采用的是间接标价法，因此名义有效汇率上升表示本币升值，下降则表示本币贬值。此处有两个值得注意的问题：一是其他的多国货币，具体应该是哪几个国家；二是权重的确定。从理论上来讲，所有与本国有贸易往来的国家，它们的货币都需要纳入计算之中。但在实践过程中，由于某些双边汇率数据缺失或者数据可靠性不强，因此在计算有效汇率时一般考虑主要贸易伙伴国即可，比如，占本国对外贸易总额90%的各种货币。关于权重，最常见的就是贸易权重，贸易权重又分为双边贸易权重和多边贸易权重。假设以双边贸易额为比重，此时贸易权重表示一国出口总额占进口总额的比重，如公式（2-2）所示：

$$\omega_i = \frac{(X_{ic} + M_{ic})}{\sum_{i=1}^{n}(X_{ic} + M_{ic})} \qquad (2\text{-}2)$$

其中，X_{ic}和M_{ic}分别表示 i 国对本国的进口额和出口额。

如果以多边贸易为比重：

$$\omega_i = \frac{(X_i + M_i)}{\sum_{i=1}^{m}(X_i + M_i)} \qquad\qquad (2\text{-}3)$$

其中，X_i 和 M_i 分别表示 i 国所有的进口额和出口额，而分母则代表在不包括本国的情形下对所有交易伙伴的进出口总额。为更好地体现一国在国际贸易中的综合实力，IMF 等机构共同编制了发达国家实际有效汇率指数。实际有效汇率（Real Effective Exchange Rate，REER）在名义有效汇率的基础上，扣减了本国及其他与贸易有关国家的通货膨胀率之后的汇率指数，是一种加权计算出的实际汇率指数。计算公式如下：

$$REER = \prod_{i=1}^{n}\left(\frac{P_d \times ER_i}{P_i}\right)^{\omega_i} \qquad\qquad (2\text{-}4)$$

其中，P_d 表示本国物价水平，P_i 代表 i 国的物价指数。实际有效汇率上升表明本国货币价值上升，而下降则代表本国货币价值相对国际货币价值下降。假设 2020 年的实际有效汇率为 100，当实际有效汇率超过 100 时，表示本地汇率相对于统计基期来说上升；当实际有效汇率低于 100 时，表示相对于统计基期来说下降。但如果一国的实际有效汇率提高，那么表示本国货币的上升幅度相较其重要贸易伙伴国的上升幅度更大，所以本地商品的竞争力相应降低，有利于进口，因此，外贸支出易发生逆差；反之则为顺差。

实际汇率是剔除了名义汇率中通货膨胀影响的汇率，表示两国商品和劳务的相对价格。在直接标价法的情况下，他国的商品和服务价格可以直接由本国商品和服务的价格乘以实际汇率来表示。实际汇率上升表示以本国货币价格表示的外国商品和服务的价格上涨，本币贬值；相反，实际汇率下降表示本国货币实际升值，外国货币实际贬值。

实际汇率又可以分为双边实际汇率和多边实际汇率。而多边实际汇率又称作实际有效汇率，是在双边实际汇率的基础上，根据已确定的某一比重（多数是国际贸易比率）对双边实际汇率予以加权求得。

实际汇率的计算公式可以表示为：

$$RER = \frac{P^f \times ER}{P^d} \tag{2-5}$$

其中，P^d 表示本国物价水平，ER 表示实际汇率，P^f 表示外国物价水平，RER 则表示双边实际汇率。

实际有效汇率的计算方法一般都参照 IMF 的计算方法，具体公式可以表示为：

$$REER = \prod_{i=1}^{n} (\frac{P_d \times ER_i}{P_i})^{\omega_i} \tag{2-6}$$

其中，P_d 表示本国物价水平，P_i 表示 i 国物价水平，ER_i 表示本国与 i 国进行贸易往来时的双边名义汇率，ω_i 表示两国贸易权重，一般根据实际需要选取本国对 i 国的对外贸易总额占 i 国的现实对外贸易总额的比例来确定。在计算实际有效汇率指数时，式（2-6）中的名义汇率一般由各国的 CPI 代替。IMF 的大多数成员都以 CPI 为基础的实际有效汇率指数作为本国的汇率指数。

双边汇率在计算两个国家汇率的变动情况时具有很好的现实性和针对性。但是，如果测算一国汇率在一段时期内的变动情况，最好是选取与该国经济贸易往来比较密切国家的货币计算该国的实际有效汇率或者实际有效汇率指数。

（二）均衡汇率与汇率波动

Nurkse 于 1945 年首次明确提出了均衡汇率的概念，认为国际收支是确定均衡汇率的最重要的基础经济要件。Swan 在总结了 Nurkse 的观点后提出汇率的宏观经济均衡分析法，将均衡汇率看作是为了维持一国宏观经济内外部平衡的政策性工具。

为了准确地说明均衡汇率的内涵，本书使用 Swan 的分析方法。具体如图 2-1 所示。

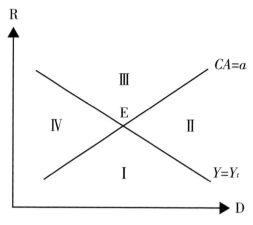

图2-1　内外均衡与均衡汇率

图2-1中，纵轴R表示一国实际汇率，实际汇率上升代表本国货币价值下跌，横轴D表示国内现实需要。$Y=Y_t$表示该国生产者所提供的物资产出水平和服务产水平与充分就业下的自然产出水平相一致，此时本国经济运行已经达到了内部均衡状态。Y轴上的点表示该国在充分就业条件下，实际汇率与该国国内实际物资及服务需求的组合。实际汇率降低，本币升值，本国进口增加，出口减少，本国厂商生产的产品及服务很难满足人们的需要，一部分国内需求通过进口国外商品来实现，直线Y向右下方倾斜。同样，$CA=a$也意味着经常项目贸易逆差总额维持在一个可持续的水平（a）上，经济达到了外部均衡，而直线CA上的每一个点都代表一国在经常项目上实现均衡时，一国的实际汇率与其国内消费者对物资和服务实际需求的组合，当国内的现实需要上升时，经常项目下降，为了保持对外平衡就需要本国货币贬值，实际汇率自然增长。因此，直线CA向右上方倾斜。两条直线相交于E点，也只有在E点上，所在国经济才会达到内外均衡。E点代表均衡汇率水平。

从图2-1中可以看到，均衡汇率是由内外经济均衡而确定的汇率水平。该种汇率并不能使短期外汇市场出清，均衡汇率是在较长时间内与宏观经济的内外均衡一致或者说是与一国基本宏观经济变量的发展趋势一致的汇率水平，是宏观经济管理者努力追求的汇率水平。

但是，如同均衡价格一样，均衡汇率只是反映一国内外经济均衡的汇率水平，由于内外均衡是一种动态的平衡，在现实中是很难达到的，即该状态是一种理论意义上的均衡，决定了均衡汇率也是一种理论上的汇率水平。这种汇率水平只是为测度汇率是否失调提供一个标准尺度，如同完全竞争市场在现实中根本不存在，只是对其他市场结构起到一个比较的标准一样。

汇率波动是现实汇率对测算所得均衡汇率的偏离程度。汇率波动有两种表现形式：一种是汇率低估，是指实际的货币币值低于均衡状态下的货币币值；另一种是汇率高估，是指实际货币币值高于均衡状态下货币币值的情形。汇率波动程度具体可表示为：

汇率波动程度 =（实际汇率 − 均衡汇率）/ 均衡汇率

三、进出口行业及其分类标准

行业是指按生产同类产品、具有相同工艺过程或提供同类劳动服务划分的经济活动类别，而进出口行业则是行业在国际市场上的外延。

进口行业，是指一国为了获取成本更低的投入或谋求本国没有的产品及服务向他国厂商购买的原材料、产品及服务。

出口行业，是指一国厂商向他国消费者提供的，将本国生产的产品或服务由海运、空运或陆运等方式运送到世界其他国家的经济活动。

对外贸易通常包括以实物形态表现的有形贸易，即商品贸易，以及贸易一方以服务的形式向另一方收取费用的服务贸易。本书主要研究商品贸易受贸易摩擦及人民币汇率波动的影响。

根据不同的分类标准，进出口行业货物具有不同的分类目录，联合国统计署的商品贸易数据库提供了相当全面、完整的商品贸易年度数据，其对产品的分类主要有 3 个体系：《商品名称及编码协调制度》（Harmonized Commodity Description and Coding System, HS）《国际贸易标准分类》（Standard International Trade Classification, SITC）和《按大类经济类别分类》（Classification by Broad Economic Categorise, BEC）。

HS 是由世界海关组织（World Cnstoms Organization, WCO）编制的，根据协调制度为具体的国际贸易商品进行分类，各国海关可以根据 HS 分类对相应的进出口货物制定税率及相应的管理措施。SITC 主要用于对各国的进出口商品的分类进行统一。BEC 则是根据国际贸易商品的最终用途或经济类别将

SITC分类进行进一步汇总。不同标准分类明细见附录1中表1至表3。

由于我国的进出口税则是结合我国进出口贸易政策，以《商品名称及编码协调制度》（HS）为基础编制的。同时，全球贸易总量90%以上的货物是以HS标准进行分类。因此，为了便于比较，本书选用HS对我国的进出口行业进行分类。

HS将全部国际贸易商品分为22类、98章。

"类"基本是按照相关经济部门划分的，例如，食品、饮料和烟酒统一划分为第4类；塑料及其制品、橡胶及其制品在第7类；鞋、帽、伞、杖、鞭及其零件，已加工的羽毛及其制品，人造花，人发制品在第12类；贱金属及其制品在第15类；车辆、航空器、船舶及有关运输设备在第17类。HS中对"章"的分类大多采用两种基本方法：一是按照制作商品的原材料属性分类，将使用相同原材料的商品归为一章，并按照原材料、半成品、产成品的加工程度进行排列。例如，第1章活动物，第2章和第5章是经过初级加工的产品。第16章为进一步加工为食品的产品。对于塑料、棉花等制品也是如此。二是按照商品的用途或性能进行分类。对于很多商品，很难判断其加工程度是属于原材料还是半成品，尤其是一些使用多种材料混合制成的商品，HS将这些产品按照功能用途和性能属性进行分类，而不再按照加工程度为其排序。同时，对于同一章下的产品，有时会按照不同的分类标准进行区分。例如，在第84章核反应堆、锅炉、机器、机械器具及其零件中，前24类产品是按照功能特性进行排列，第25~79类产品是按照各自的用途进行分类，而第80~85类产品则是按照设备所需要的原材料进行排列的。HS对"章"的不同分类方式保证所有的国际贸易商品都能在这种分类体系下找到属于自己的位置。

第二节　理论基础

一、贸易摩擦相关理论

在国际贸易往来中，不可避免地会由于国与国之间交换的不平等而产生贸易摩擦。因此，国际贸易理论可作为贸易摩擦理论的基础。贸易摩擦理论更多的是解释一国在国际贸易中的利得损失与该国宏观经济目标存在矛盾时的作用机理。一般情况下，贸易摩擦理论与国际贸易理论进程中的动因分析深入相关，且国际经济局势的稳定与否和宏观经济发展目标变动的大小也对其有重要影响。实际上，国际贸易理论每向前发展一步都为贸易摩擦理论的相关研究提供了更广阔的空间，即贸易摩擦理论的演进逻辑离不开国际贸易理论的演进逻辑，两者一脉相承，不可分割。

（一）贸易保护理论

1.重商主义贸易保护理论

早期的重商主义强调增加国内货币积累为国家贸易政策的主要指导原则，其手段则是通过行政或法律方式禁止货币外流，以此实现贸易保护。在这一思想的指导下，当时的英国、西班牙、葡萄牙等国家及地区政府均积极实行贸易保护的经济政策，广泛采取包括保护关税、发展本国工业及奖励出口等在内的行政措施强制保护本国贸易；并且通过法令或其他强制性措施明确规定，外国商人必须将卖出商品所获得的全部收入用于购买当地所产的商品。此外，还利用军事手段加强争夺殖民地，以扩大商品输出渠道。晚期重商主义对早期重商主义的货币差额论做出了批判，晚期重商主义更为强调贸易差额论。其认为货币只有投入流通才能够实现价值增值，同时也认为国内的贸易往来并不能使国家财富实现真正的增加，国家财富增加的唯一途径是对外贸易，且须坚持"多出口少消费"的原则，提出"奖出限入"的贸易保护政策，以此实现贸易顺差。总之，晚期重商主义更加强调国家对对外贸易的干预。

2.幼稚产业保护理论

完整的幼稚产业保护理论最早由李斯特建立，他认为自由贸易理论漠视各国的共同利益，因而会使落后的国家处于困顿状态。在自由贸易理论之下，贸易的自由是有条件的，即各国须从自身的整体经济发展状况出发，实行强有力的贸易干预活动以保持自身整体经济利益不受损害。由此，李斯特认为，经济滞后的国家应该通过实行贸易保护政策来抵御他国进口产品的激烈竞争，进而推动国内生产力的快速发展，并倒推落后产业的成长。从保护对象来看，重点保护尚处于建立初期、发展初期，不具备与国外产品完全自由竞争条件的幼稚工业部门，通过对重要工业部门、技术部门及经过成长后能与国外产品竞争部门的重点保护，有效带动国内生产力的进步。从保护手段来看，贸易保护应以关税手段为主。关税税率应该随着幼稚产业的逐步成长、科学技术水平的进一步提升而不断提高。待本国幼稚产业完全成长且成熟起来，并具备一定的竞争能力后，可逐步降低干预保护的程度，而后通过外国进口产品的加入来刺激本国市场，推动本国产业进一步发展。从保护时间来看，当被保护的幼稚产业部门所生产的产品价格明显低于他国进口产品价格，或者被保护的产业部门经过一段时间的保护后仍然不能完全自立，生产的产品不具备与外国产品自由竞争的能力时，就应当放弃对其的保护，时间一般应以30年为限。幼稚产业保护理论经过穆勒、肯普、小岛清等几代人的研究发展，最终形成一套较为系统的贸易保护和政府干预理论。

3.新重商主义理论

英国经济学家凯恩斯就资本主义各国所面临的严峻经济危机及棘手的失业问题，对传统自由贸易理论观点给予深刻的批判，与此同时，又对重商主义理论观点做出肯定的评价，因此这种观点被称为"新重商主义"。他认为，传统自由贸易理论与重商主义理论主要有以下四个方面的分歧：一是重商主义特别关注整个经济体制的设计及管理，以及在该体制之下，如何才能够最大限度地保障所投入的全部资源得到最大化、最有效的利用。二是重商主义所倡导的贸易差额论具有一定的科学性。传统自由贸易理论并没有充分考虑自动平衡过程中的国际贸易对一国的经济，特别是收入和就业水平可能引起的负面影响。重商主义所认可的国际贸易顺差为增加顺差国的货币供应量，从而降低利率，刺激投资，最终促进国民收入增长。三是重商主义还认为，增加国外投资唯一且直接的办法就是尽量保持对外贸易顺差。虽然凯恩斯对重商主义所提倡的"奖出限入"思想进行了肯定，且认为政府应积极干预对外贸易，采取超保护贸易政策来促进本国贸易发展，但在其之后的著作中并没有明确建立系统的国际贸易理论。汉森、萨缪尔森和哈罗德等继承了凯恩斯关于贸易方面的主要思想，由此形成了系统的新重商主义贸易保护理论。在新重商主义的指导下，要想保证本国经济利益的实现就必然要推行贸易保护政策，而一国的贸易保护又势必会遭到伙伴国的报复，引发恶性循环，故贸易保护主义由此盛行。贸易战的持续开打，直接导致各方都无法真正实现本国出口的实际扩大，世界各国总体贸易量的大幅减少甚至停滞，对各个国家的持续发展来讲有百害而无一利。四是新重商主义所提倡的贸易保护政策后期逐渐演化成为发达国家转嫁经济危机的"保护伞"，进一步导致发展中国家贸易条件恶化，最终导致南北经济体矛盾更加尖锐化。

4.新型贸易保护主义

20世纪70年代后期，以自由放任思想为指导的贸易政策逐渐被各国政府抛弃，各个国家开始转而倡导以管理为主要手段的贸易保护主义。至此，世界性的贸易保护思潮正式开启，并被称为新贸易保护主义。新贸易保护主义的兴起伴随着深刻而复杂的国际政治及经济文化背景。1973年后，世界范围内所爆发的能源危机、货币危机、债务危机以及高失业率等问题，陆陆续续给发达国家的经济造成了严重的负面影响，为保证国内就业、政治和经济的稳定，各国开始重新考虑国内市场保护的问题。

与此同时，关税及贸易总协定（General Agreement on Tariffs and Trade，GATT）将关税壁垒作为重要议事日程在年会上提出，并在各成员间达成基本共识，逐步、有计划、分地区地与成员进行关税减免，直至最终消除关税壁垒、实现贸易的自由化。在此时代背景下，关税壁垒作为固有的贸易保护主义政策工具，在很大范围内已无法有效实施，且失去了实现贸易保护的有效性。另外，相关经验研究也表明，关税壁垒等传统贸易保护措施所产生的"经济成本"和"政治成本"也相对较高，且容易遭到贸易对象国的恶意打击报复，从而引发不同国别、地区间的关税贸易战。因此，新贸易保护主义转而寻求其他的贸易保护措施与工具。绿色壁垒、技术壁垒以及社会责任壁垒等与现行WTO主导的多边贸易体制并无矛盾的贸易保护政策工具在新贸易保护主义的旗帜下逐渐兴起。

新贸易保护主义在坚持重商主义和新重商主义等经典理论的同时，又对这些理论进行了拓展。新贸易保护主义的代表性理论包括以规模经济和不完全竞争为研究路径的战略性贸易理论，以及地区经济主义新贸易保护论、管理贸易论和公平贸易论等。在早期时，新贸易保护主义所采取的贸易壁垒为一些发展中国家保护国内弱势产业提供了一定的便利条件。但就当前新贸易保护主义的发展趋势来看，各种非关税壁垒正在逐渐演变成发达国家用来提高其市场准入标准、降低来自发展中国家产品的市场竞争力、达到保护发达国家"夕阳产业"目的的政策工具。以欧美等发达国家和地区为典型，它们刻意要求有关部门提高技术标准、安全标准、环境标准、质量标准以及其他市场准入标准，其根本目的在于在执行这些细化标准的过程中，以更隐蔽的形式提高贸易保护的功效。可以说，现阶段的新贸易保护主义运动有着名义上的合法性、意识形态上的隐蔽性、手法上的欺诈性等基本特征，并正在朝着战术上的多样性方向迅速发展。

（二）产业结构理论

1.产业结构理论的起源

英格兰古典政治经济学家威廉·配第于1672年在其著作《政治算术》一书中，率先提出经济增长和产业结构之间是存在特殊关联的，并进一步指出产业结构存在差异的原因是所处的经济发展阶段不同。1758年法国经济学家魁奈在其代表作《经济表》一书中，首先剖析了当时社会上总资金的再生产与流动过程，成为投入产出理论的理论渊源。魁奈把农产品生产和工业间的信息流通视为社会再生产过程中的基本要素，为分析产业结构打下了坚实的基础。在此以后，英格兰古典政治经济学家亚当·斯密在其著作《国富论》中也提到了绝对成本理论研究，并提倡企业必须根据一定生产的高低实行成本费用分配，以达到资源配置的平衡和产业结构的优化。由此，开放经济条件下产业结构理论的研究大门被开启。

2.产业结构理论的形成

1933年经济大危机后，工业部门逐渐衰退，服务部门占据经济中的主要优势。新西兰奥塔哥大学教授费希尔在《物质进步的经济意义》一书中以数理统计的分析方法再次重提威廉·配第的学说，并率先明确提出三次产业分类法则，至此，产业结构理论初具发展雏形。1932年日本学者赤松要在《我国经济发展的综合基本原理》一文中，根据日本国当时处于"后进国"的实际情况，明确提出了产业结构经济发展的"雁行形态论"。他认为日本囿于国内资源与市场，应将本国产业发展与国际市场紧密联系，依靠外贸向他国输出消费性商品，并从工业化发展实力强劲的发达国家引入先进工业技术设备，最终在日本建立自己的制造工厂，进行替代性生产，从而带动国内其他相关产业的快速发展。1940年科林·克拉克在继承了威廉·配第、费希尔等理论观点的基础上，建立了相对全面、系统的产业结构学说框架。他在《经济进步的条件》一书中，系统分析和总结出了劳动者在三个行业中的构成变动与平均国民收入提高之间的规律性关系，即就业结构的中心的转化规律就是按照由第一产业向第二产业、再由第二产业向第三产业进行转化的。同时，科林·克拉克指出，对大多数的发达国家和地区而言，国民经济发展阶段的主要标志都可以用就业结构来表达。产业划分、"雁行形态论"、克拉克法则等理论的出现，表明了产业结构理论的形成。

3.产业结构理论的发展

"二战"后，各国市场经济逐渐恢复，均面临着产业结构均衡与合理发展的问题。由此，出现了以里昂惕夫、库兹涅茨、刘易斯、赫希曼、罗斯托、钱纳里、霍夫曼及一批日本学者为主要代表的产业结构理论研究者，并推动着产业结构理论的快速发展，由此逐步形成了诸多的产业结构理论。

（1）基于经济增长的产业结构理论。从"二战"结束到1953年这一时期内，美国经济成功地实现过渡发展。美籍经济专家里昂惕夫利用投入产出法，比较深入、综合地剖析了美国的国民经济内部结构，对全封闭式的产业结构理论进行了一定量化，注重研究国民经济中各部分之间的产品投资和社会生产总量的比例关系，并运用所投资产业及其系数衡量某一产业部门经济活动变化及其对国民经济其他部分的影响，进而估算出能够满足社会生产需要的各类产品生产总额。此外，里昂惕夫还对国民经济发展及结构变化的前景做了相关研究。1953年后的20年是发达资本主义各国经济大发展的黄金时代，科技上的高速进步在很大程度上推动了战后世界各国经济体量的快速增长。库兹涅茨与丁伯根依照当时主流的经济发展理论学说，对国民经济发展中的产业结构问题，展开了广泛的研讨分析。1955年库兹涅茨在其博士论文《经济增长与收入不平等》中，系统论述了在经济成长过程中，总收入的平均分配与不公平到底是要不断增长还是要持续减少的问题，以及到底哪些因素才会决定人均收入不公平的持续水平与发展趋势，进而系统研究了经济成长过程与产业结构的相关问题。这一时期的工业结构学说，着重揭示了"二战"后欧美各国经济发展状况和工业结构之间的关系。

（2）基于发展经济学的产业结构理论。"二战"后，大批获得独立自主权利的发展中国家走出硝烟的包围圈，开始积极探索适合本国经济复苏的发展路径。此时，以刘易斯、赫希曼、钱纳里等为代表的经济理论家们把注意力投向了这些市场经济欠发达国家，对其工业结构等一系列问题也展开了研究。刘易斯在《劳动力无限供应条件下的经济发展》学术论文中，率先明确提出"二元制国民经济构成模式"，该模式对欠发达国家的产业经济结构问题进行了比较科学、合理的解释。另外，二元经济结构模型还明确指出，发达国家的经济发展状况与其国民经济重心的转移密不可分，对传统农业和现代制造业的消长机理也作了具体说明，还探究了国民经济从二元向一元发展的转化途径。在赫希曼的《经济发展战略》中，首次提出了产业结构发展的不平衡增长模型。该模型认为，发展中国家存在资源稀缺性，有限的资源应有选择地投资于那些重要的生产行业，故而才能够产生最大限度地推动国民经济增长的综合效应。20世纪60年代美籍著名经济学家罗斯托以总量部门分析法为基础，按照量化的技术标准构建了经济成长的六阶段理论，即"主导部门分析法"。另外，钱纳里还把开放型产业结构理论研究成果更加标准化、数学化，用以深入研究发展中国家的经济发展问题。这一时期的产业结构理论研究特色主要体现在，西方经济学者对战后发展中国家的经济发展与产业结构问题开展了一系列理论分析研讨。

（3）基于产业政策的产业结构理论。基于产业政策的产业结构理论，战后的日本政府将产业政策的核心调整至产业结构上。这一举措逐渐促使日本实现贸易自由，为日本经济振兴打下坚实基础。赤松要在对本国棉纺工业史进行深入研究后，得出了"雁行形态论"的初步构想，之后在与小岛清等人的合作下，进一步对"雁行形态论"做了深化完善，进一步充实了该假说的理论内容。20世纪50年代中期，筱原三代平开始建立动态比较费用学说和二基准学说。前者主张，发达国家的幼稚商品可以借助政府支持，将其优势产品的相对成本迅速转化，而原来处在劣势地位的商品则可以经过扶植迅速变成优势产品，由此形成动态比较优势。后者主要指收入弹性基础和劳动力生产率增长基础。收入弹性基础需要人们把积蓄资金投向收入弹性最大的产业（或政府部门）；生产率增长基础需要把积蓄投入产量增长最快的产业（或政府部门）。之后，关满博（1997）首次提出产业"技术群体结构"一词，并以技术群体结构为核心构建包含三大技术的三角模型，即基础性技术、中间技术、特殊技术。他认为，各国产业结构不同的根源在于各国拥有不同的"技术群体结构"特点。关满博不仅对本国的产业技术结构做了比较研究，还对东亚范围内的其他各国也做了关于产业技术结构的比较研究，以此来证明加强技术经济联系对产业结构转型的重要性。该时期的产业结构理论发展主要来自日本学者的贡献，以产业结构为核心的产业政策是日本实现经济振兴的关键所在。

此外，我国学者对产业结构理论也进行了特色研究，产生了一系列优秀的成果。中华人民共和国建立初期，对产业结构的深入研究主要集中在农业再生产理论上，尤其体现在对工业生产设备的优先增长"规律"，马克思两大部类比重关系和农、轻、重产品配比关系的认识与论述。改革开放以来，随着我国经济发展的不断转型升级，我国对产业结构演变规律及产业结构作用机理等问题展开了许多深入研究。

二、汇率理论及均衡汇率理论

汇率变动与进出口贸易是相互影响、相互关联的。一方面，汇率变动直接对进出口贸易产生影响；另一方面，进出口贸易变化造成的国际收支水平变化又会反作用于汇率。汇率变动对进出口贸易产生影响的相关理论实质上就是汇率决定理论与国际收支理论的逆向关系推导与发展延伸。

（一）国际收支理论

1.弹性分析法

英国经济学家琼·罗宾逊在研究马歇尔供求变动的局部均衡分析法的基础上，围绕进出口商品的供求价格弹性，重新提出了国际货币贬值对国际贸易支出差额影响的弹性分析法。弹性分析法的主旨思想是利用国际汇价的变化来调整国内外商品相对价格，进而影响一国的进出口贸易，从而起到调节国际收支的作用。

（1）马歇尔—勒纳条件。假定某国作为输出国，其进出口商品的供给弹性应趋于无穷大，且任一输出国要想达到其国际收支的最大限度改善，必须满足的货币贬值条件为：其他国对本国出口品的需求价格弹性（以 η_x 表示）与本国国内对进口商品的需求价格弹性（以 η_m 表示）之和要大于1，即 $\eta_x + \eta_m > 1$。

当 $\eta_x + \eta_m > 1$ 时，一国货币的贬值会使其出口贸易量增加，进口贸易量下降，进而起到改善外贸收支状况的作用；反之，一国货币的升值会使其直接进口量增多，出口量下降，进而使贸易收支情况恶化。

当 $\eta_x + \eta_m = 1$ 时，货币升值与贬值对进出口的影响可抵消。因此，一国货币的升贬值对其贸易收支状况是没有影响的。

当 $\eta_x + \eta_m < 1$ 时，一国货币的贬值会使该国增加进口、减少出口，恶化其外贸收支情况，而此时汇率的上涨会增加出口、降低进口，改善其外贸收支情况。

（2）J曲线效应。弹性分析法属于比较静态分析，而汇率变动所导致的国际收支调整是一种典型的动态分析。在短期内，货币的贬值不会引起贸易总量的急剧变动。由进出口商品的相对价值变化到实际交易总量变化，都需要一个较为平稳的过渡时期。当 $\eta_x + \eta_m > 1$ 时，货币的贬值会对一国贸易收支状况做出正向的修正，不过这种修正式的改善并非立即生效，一般都存在相应的时滞效应，即J曲线效应。

换言之，J曲线效应所表达的内涵即为货币贬值并没有对国际收支状况做出立竿见影的改变；反之，短期内可能会率先恶化国际收支状况。而J曲线效应对国际收支状况的改善，之所以会发生于贬值的某个时间之后，主要原因是货币贬值通常都会经历以下三个重要阶段：①货币合同阶段。通常情形下，已经签订的合同会以约定的数量、价格执行，从而让外币结算的进口合约和本币结算的出口合约遭受不同程度的损失。与此同时，出于对贬值的预期，进口商在该阶段容易提前加入进口，使贸易收支进一步下降。②信息传导阶段。一国进出口商品的总量虽变化不大，但其价值却能够依据供求状况进行适当的调节。③数量调整阶段。在一国进出口商品的市场价格、数量都得到充分调整的前提下，货币贬值最终能够对其贸易收支状况做出正向修正。

2.吸收分析法

吸收分析法首先由经济学家西德尼·亚历山大提出并解释。吸收分析法认为，国际收支的改善条件为：商品和劳务的产出能力的增加大于商品和劳务的吸收能力的增加。此处的"吸收"为国内城镇居民在产品和劳动力上的支出，故吸收分析法又称支出分析法，该方法汲取了凯恩斯乘数学说和弹性分析法的精髓，为两者的有机结合。c表示边际支出倾向，ΔB表示贸易余额变动，ΔY表示国民收入变动，ΔP表示价格水平变动，式（2-7）表示出口国货币贬值对贸易余额的影响：

$$\Delta B=(1-c)\Delta Y+\Delta P \qquad\qquad (2\text{-}7)$$

由式（2-7）可知，通过贬值手段来改善一国贸易收支的状况，须至少满足贬值可带来本国收入增加或者可使本国实际支出减少的条件。否则，贬值就只会带来通货膨胀等一系列经济难题。吸收分析法相对于弹性分析法而言，虽然具有一定的先进性，但仍然没有解决弹性分析法存在的关键问题。例如，吸收分析法所讨论的国际收支仍是指贸易差额，而忽略了资本流动这一重要因素。此外，吸收分析法在国内货币供应、信用创造对国际收支的影响上，也缺乏相应的论证分析。

3.货币分析法

弹性分析法和吸收分析法都只在经常账户交易中做文章，随着世界经济金融市场的不断发展及资本的进一步快速流动，20世纪70年代后期以国际收支调整为核心的货币分析法逐步发展起来。货币分析法承袭了货币学派的观念，认为国际收支是一种货币现象，国际收支差额的本质为货币持有量与货币供给量之间的差异。货币分析法假定：①长期发展条件下，处在充分就业状况的货币供给不会对现实生产量造成负面影响；②货币需求只与收入、价格、利率等少数重要变量具有相对稳定的函数关系；③国内价格、利率和收入等属于外生变量，不同国家间的商品或金融资产，其价值会维持在同一水平，即"一价定律"成立；④由国际储备资产价格变化引起的货币供给增减，不会因货币当局的政策实施而冲销，货币市场的有关反映会直接表现在国际储备收支上。如果以 M_s 和 M_d 来表示货币供给和货币需求，R 表示国际储备，D 表示国内信贷，那么可通过式（2-8）表达货币分析方法的中心思想：

$$R=M_s-D=M_d-D \qquad\qquad (2-8)$$

式（2-8）所表达的核心，即国际收支是一种由货币供应量与总需求之间相互联系的货币现象。货币供给过量会导致国际收支逆差额和国际储备流失；反之，则为货币需求过度。当国际收支出现逆差时，必会导致国内贷款增加或货币供应减少；反之则反。就短期内而言，货币供应与需求两方面的差异会明显体现在各国支出储备资金投资项目的变动上。货币分析法还指出，只有通过实施货币政策才可以处理各国国际收支失衡的问题，而诸如本币贬值、外汇管制等其他经济调控方法，也只有在一定条件下才可以发挥平衡各国国际收支逆差的效果，如相比于货币需求降低了国际货币供给，又或者相比于货币供给增加了货币需求。因此，只有对国内货币增长率进行严格控制，才是保持国际收支平衡最有效的方式。货币分析法的主要好处在于，把国际收支情况的研究范畴由经常项目延伸至全部国际收支，而且还对国内货币供求状况与国际收支之间的相关联系，做了比较全面的实证研究。但货币分析法也存在一定的问题，它所强调的是一种长期均衡状态，这就导致其短期解释力非常有限。此外，在货币分析法的基本假定中，"一价定律"的假设显然是难以满足的。

（二）汇率传递理论

以美元为中心的货币体系的崩盘，导致世界经济发生了从固定汇率制度到浮动汇率制度的转变，人们开始将注意力更多地转移至汇率传递问题。很多采用浮动汇率制的国家发现，汇率的调整并不能如期使其贸易收支平衡，即汇率传递是不完全的。

汇率不完全传递理论由克鲁格曼于1986年提出，该理论首次从微观视角将研究框架建立在汇率变化（包括变动方向与波动幅度）与产业结构变动的传递机制上，当汇率发生变动时，出于进出口商品供求弹性间存在的差异以及参差不齐的生产企业定价、议价能力等各种条件限制，汇率变动对贸易商品价格所造成的影响也是各不相同的。一般而言，对外出口公司的定价方式以需求弹性定价法、成本加成定价法、边际成本定价法为主。当汇率发生变动时，贸易公司采取成本加成定价法对商品进行定价，则须考虑商品的需求，企业具体可通过变动加成的比例来调整商品价格，以确保边际利润不变。此时，汇率变动对其出口产业结构具有完全传递性；如果贸易公司采用需求弹性定价法对商品进行定价，并对商品的出口价格做出策略调整，那么汇率变动对产品价格的影响就会相对较小，且对出口产业结构调整的影响也会变小，即不会发生汇率传递效应；如果贸易企业采用边际成本定价法，那么，汇率变动就必然会对生产成本产生影响，最终导致汇率变动与出口产业结构呈现不完全传递关系。

（三）均衡汇率理论

均衡汇率理论的主要研究目的，是通过分析各类基本宏观经济因素变动对均衡汇率的影响，并由此来估计均衡汇率。学术界普遍认为主要存在以下五种均衡汇率决定理论：购买力平价（Purchase Powor Parity，PPP）理论、均衡实际汇率（Equilibrium Real Exchange Rate，ERER）理论、基本均衡汇率（Fundamental Equilibrium Exchange Rate，FEER）理论、自然均衡汇率（Natural Real Exchange Rate，NATREX）理论以及行为均衡汇率（Behavioral Equilibrium Exchange Rate，BEER）理论。

1.购买力平价（PPP）理论

购买力平价理论最初由瑞典经济学家Cassel于1922年在出版的《1914年以后的国际货币和外汇交易》一书中完整总结。该理论指出，两国货币的实际购买力之比是决定汇率高低的原因，而汇价之所以发生变动的主要原因是货币购买力水平之比出现了变动。该方法指出，针对数量相同的货币而言，在不同国家应具有相同的购买力，从时间维度可以进一步划分，即可以将其分为绝对与相对两种。针对绝对购买力平价而言，其实际上是建立在一价定律的基础上进行的，对于两国货币的名义利率，其数值实际上等于某件商品在国内外的价值之比。因而，对于绝对购买力平价来讲，对应的计算方式可表示为：

$$E_t = P_t / P_t^* \tag{2-9}$$

在式（2-9）中：下标对应的为时期，E_t为通过直接标价法所列出的名义汇率；P_t表示的是国内商品价格；P_t^*表示的是国外商品价格。

在绝对购买力平价计算过程中，必须要建立在各个国家内部商品价格的基础上来实现，与此同时还需要满足多种要求，即在计算时必须要能够确保所获数据的准确性。合理的PPP数据需要尽可能广泛地涵盖各种商品和劳务，对于此项工作而言，对应的任务量极为庞大，通常来讲，其主要是由国际比较项目（International Comparison Pragram，ICP）负责开展。现实情况是，直接运用PPP数据来确定人民币低估幅度是很难实现的，主要在于"一价定律"的条件在实际生活中几乎很难完全成立（Crucini and Shintani，2008）。

相对购买力平价理论认为，两国相对通货膨胀率是决定汇率波动的关键，名义汇率之比为两国相对价格水平的变动之比。相对购买力平价理论可表示为：

$$\frac{E_t}{E_0} = \frac{P_t / P_0}{P_t^* / P_0^*} \tag{2-10}$$

在式（2-10）中：下标对应的为时期，P对应的为国内一般物价；P*对应的为国外一般物价。

对相对购买力平价进行计算，需要明确两方面的问题。一是物价指数的获取，是基于CPI指数，还是单位劳动力成本指数等；二是基期如何选取。不同的标准会带来不同的结果。严格来说，实际汇率的平稳性是相对PPP的理论前提，在迄今为止的各种汇率检验中，实际汇率难以完全呈现出平稳性，并且往往存在较长的半衰期，这就是所谓的"PPP之谜"，即相对PPP一般只适用于经济发展水平比较接近的国家。就国内来看，随着经济结构的变化，最终会使实际汇率产生较大变化。这也就是说，相对PPP在国内实际上是无法适用的。

2. 均衡实际汇率（ERER）理论

1989年，Edwards率先提出均衡实际汇率理论，后来经过Elbadawi的完善，均衡实际汇率理论发展得更为成熟。该理论主张，均衡汇率即给定如资本流动、贸易条件等重要变量在可持续（或均衡值）的条件下，使内外需求达到均衡的商贸品对非商贸品的相对价值。基于该理论所实测的均衡汇率，最大的优势在于它能对发展中国家的经济转型特点做出相当程度的考虑，因而对于广大发展中国家的均衡汇率测度更为适用。

Edwards假定一个相对开放的小型发展中经济体，从需求、供给、对外经济部门、政府部门、资产组合的角度进行了相应的关联。具体模型为：

$$q_t^* = f\left[\left(m_0 + e_0 F_0\right),\ g_0^N,\ t_0,\ P_0^M\right] \tag{2-11}$$

其中，q_t^*是均衡汇率，m_0是国内实际货币的存量稳态值，e_0是黑市汇率，F_0是外国货币，$e_0 F_0$是本币所表示的稳态内实际国外货币量，g_0^N表示非贸易品支出的价格稳态值，t_0表示稳态关税，P_0^M表示用外币反映的进口品价格稳定值。

按照ERER理论，Edwards选取了12个发展中国家为研究对象，结果指出：就均衡汇率而言，其对应的影响因素主要集中在政府支出、对外开放、利率差异、贸易条件以及相应的资本流入等方面。就此模型来讲，其依然存在一些缺陷，比如，涉及的变量数太多，以及各个变量彼此之间又存在相应的关联性。

3.基本均衡汇率（FEER）理论

基本均衡汇率理论最早由 Williamson 提出，后经不断完善与发展，形成了较为科学的理论体系。该理论所定义的均衡汇率为在理想经济条件下的中期实际汇率，从而可排除短期不确定因素的影响。其中，理想经济条件是指失业率处在自然失业率水平，预计的预期通胀程度为零，政府货币政策中性等。基本均衡汇率理论的概念实际上是基于宏观经济法而提出的，核心在于当国际收支达到平衡时，结合国际收支平衡表，可将一国国际收支平衡表示为：

$$CA+KA=0 \tag{2-12}$$

通常来说，对于此项目的决定因素有：q 表示实际有效汇率、Y 表示国内总产出 Y、Y^* 表示国外总产出，上式可转化为：

$$CA=\alpha_0+\alpha_1 q+\alpha_2 Y+\alpha_3 Y^*=-KA \tag{2-13}$$

式（2-13）中，$\alpha_1<0$，$\alpha_2<0$，$\alpha_3<0$。假定此时实现宏观经济内外部均衡，从而有：

$$\overline{CA}=\alpha_0+\alpha_1 FEER+\alpha_2\overline{Y}+\alpha_3\overline{Y^*}=-\overline{KA} \tag{2-14}$$

求解 FEER 可得：

$$FEER=\frac{-\overline{KA}-\alpha_0-\alpha_2\overline{Y}-\alpha_3\overline{Y^*}}{\alpha_1} \tag{2-15}$$

假设贸易方程为：

$$TB=EX-IM \tag{2-16}$$

其中，出口 EX 的数值变化同汇率与国外产出相关联，而对于进口 IM 来讲，则与汇率和国内产出相关联，贸易方程可以写为：

$$TB=EX(QY^*)-IM(QY) \tag{2-17}$$

为简化模型，在不考虑净转移收入和独立于实际有效汇率的净收益时，经常账户余额约等于贸易余额，即：

$$CA \approx TB \tag{2-18}$$

当相应的贸易方程以及目标值确定以后，便能够获得基本均衡汇率值。

对于FEER来讲，其内部经济变量的使用，实际上没有考虑到对于经济产生波动性影响的短暂性因素，而仅仅只是对中长期因素进行了考量。由于在实际中，这些中长期因素产生影响的情况并不是必然的。因而，从这个角度来讲，FEER实际上是一种较为理想化的理念，即一套完美定义的经济条件下测度均衡汇率值的方法。

由此可知，借助于FEER理论，最终计算获得的汇率值实际上具有变化性特点。其原因在于以下两个：一是由于各国的经济形势并不一致，对于发展势头较好的国家，其货币升值更快，而对于经济落后的国家，为降低产品亏损并确保收支平衡，该国货币贬值对于本国反而较为有利。二是倘若一国对进口需求较高，其对应的进口额大于出口额，则将会对本国经济产生不利影响。此时，该国政府为降低不利影响，通常会实施一系列的货币手段来使本国货币得以贬值。

4.自然均衡汇率（NATREX）理论

针对均衡汇率的研究，Stein首次提出了自然均衡汇率（NATREX）理论。该理论把基本的宏观经济因素确定为四种：巴拉萨—萨缪尔森效应、政府财政政策、全球宏观经济环境和国际贸易政策。当实现充分就业并保证市场物价水平处于平衡状态时，说明均衡汇率可以实现贸易品市场和国际收支同时均衡状态，宏观经济的市场内外均衡可描述为：

$$I-S+CA(E^*)=0 \tag{2-19}$$

$$\frac{dCA}{dE^*} > 0 \hspace{6cm} （2-20）$$

这里的I表示投资，S表示存款，CA表示经常项目余额，E^*表示均衡汇率。式（2-20）成立时，表示均衡汇率升值会引起经常项目余额的减少。当I>S时，国内需求实际上处于过度状态，相应的均衡汇率会上涨。反之，当I<S时，国内实际需求明显不足，均衡汇率贬值。对于各个国家而言，当其内部储蓄以及资本流动产生相应的变化时，必将致使国内财富数量、负债情况变化，也正是由于这些因素的改变，最终会导致均衡汇率发生改变。同时，当存量指标发生改变时，也会对投资、储蓄等方面产生相应的影响。只有当国家内部的资金、储蓄、经常项目等参数处于稳定状态时，一国的均衡汇率才会处于均衡状态。除此之外，当劳动生产率发生变化时，也会对均衡汇率产生影响。综上所述，均衡汇率的影响机制变化轨迹如下：

$$E_t(X, A, T) \rightarrow E_t^*(X, T) \rightarrow E^*(X)$$

其中，E_t、E_t^* 和 E^* 分别表示可观察到的实际汇率、中期均衡汇率和长期均衡汇率，X表示外生变量，A表示实际净资产存量，T表示短期变量，函数 $E_t(X, A, T)$ 表示实际汇率和各经济变量之间的函数关系，$E_t^*(X, T)$ 表示中期均衡汇率是外生变量和短期变量的函数，$E^*(X)$ 表示只有外生变量能够对均衡汇率产生影响。对于自然均衡汇率理论而言，其特点主要在于能够借助于特定的方程组进而实现对均衡汇率变化的有效描述。

5.行为均衡汇率（BEER）理论

1998年Clark和MacDonald提出并率先应用了行为均衡汇率理论。该理论认为，汇率波动的三要素是：基本经济要素偏离中长期均衡值、短期临时性干扰、随机干扰。行为均衡汇率理论是在汇率与其决定因素之间存在联系的基础上，建立协整方程来计算汇率长期均衡值，从而得到均衡汇率。具体模型为：

$$q_t = \alpha' L_t + \beta' M_t + \gamma' S_t + \mu_t \qquad\qquad (2\text{-}21)$$

其中，q_t 表示实际有效汇率，L_t、M_t、S_t 分别表示影响实际汇率的长期、中期、短期基本因素，α'、β'、γ' 表示参数向量，μ 表示随机干扰项。

Clark 等定义当前均衡汇率为：

$$q'_t = \alpha' L_t + \beta' M_t \qquad\qquad (2\text{-}22)$$

汇率波动程度为实际有效汇率与当前均衡汇率的差值：

$$CM_t = q_t - q'_t = \gamma' S_t + \mu_t \qquad\qquad (2\text{-}23)$$

在此基础上，Clark 和 MacDonald 进一步把长期均衡汇率定义为：

$$q^*_t = \alpha' L^*_t + \beta' M^*_t \qquad\qquad (2\text{-}24)$$

其中，L^*_t、M^*_t 分别表示各基本经济变量的长期均衡值。

长期汇率波动（Long-term Misalignment，LM），或称为总体汇率波动，为实际有效汇率与长期均衡汇率的差值：

$$LM = q_t - q^*_t = (\gamma' S_t + \mu_t) + \alpha'(L_t - L^*_t) + \beta'(M_t - M^*_t) \qquad (2\text{-}25)$$

Clark 和 MacDonald 提出的行为均衡汇率理论不仅能够通过计算求出相应的汇率波动程度，还能够对诱导汇率变化的因素进行充分解释。因此，该理论模型是目前测算均衡汇率研究领域中被大量学者采用的测度方式。

第三节　国内外相关研究

一、贸易摩擦相关研究

（一）贸易摩擦成因

国际贸易理论随着现实的发展而更新，主要包括从宏观国家层面再到微观企业层面不断推进，解释国际贸易产生的原因，以及一国对待与他国贸易的态度。伴随经济全球化，自21世纪以来贸易保护主义在各国之间的发展具有新的趋势和特色，发生贸易摩擦的主要原因也发生改变，而针对贸易摩擦发生原因的研究主要采用完全竞争和不完全竞争等方法进行分析。本书从政治经济学、经济学等多角度分析贸易摩擦的成因。

1.从政治经济学角度

经过大量学者的研究，贸易摩擦的成因理论不断发展和丰富。Helleiner（1978）和Katzenstein（1978）从两个经济体的关系的相对变化来研究贸易摩擦产生的根本原因，新经济体的崛起与旧经济体的衰退必然引起国与国在国际贸易往来等多方面产生冲突，其中表现为，在旧经济体的衰落时期，该国会主动制定贸易保护政策以维护本国国际贸易利益。Bhagwati（1985）和尹翔硕等（2007）发现，贸易一方通过制定与贸易伙伴的贸易保护政策，以维持贸易的利益，而另一方则采取相对应的措施，以冲击对方贸易障碍或减小本国损失，在两国形成本国的贸易政策时，最终导致国与国贸易摩擦的形成。随着经济全球化，Lee和Mah（2003）、林学访（2007）认为，本国利益受损引致贸易摩擦，维护本国利益是贸易摩擦的产生原因，即贸易国在利益的动机下，会制定相关的贸易政策或法规，从而导致国与国之间产生贸易摩擦。

除此之外，黄汉民和钱学锋（2003）认为，政治因素是贸易摩擦不能忽视的重要因素，政治与经济密不可分，贸易政策不是遵循国家福祉最大化原则，而是为某些行业提供特殊服务。政治因素的影响效应逐渐被学者所研究，潘镇（2006）基于贸易与制度的关系，认为制度质量与距离都会对双边贸易产生阻碍作用。蔡洁和宋英杰（2007）运用制度差异的博弈模型分析了制度协调的重要性。对于发展中国家来说，Boermans和Roelfsema（2012）认为，较好的制度质量尤其重要，如知识产权、制度环境等。

2.从经济学角度

（1）微观角度。在完全竞争市场的理论假设中，要素与产品在经济体之间自由流动，故贸易摩擦不会产生。根据不完全竞争市场的理论假设以及分析结果，市场失灵导致相互贸易经济体之间的经济扭曲，国际贸易摩擦便由此而生。贸易调整理论是在生产要素不完全流动的假设下成立，如新兴产业发展必须依靠进口，当其对国内就业与产出的冲击超过贸易的利益时，会在一定程度上对自由贸易产生冲击，该国转而会采用保护手段来维护本国的经济利益。在幼稚产业保护理论发展之后，李斯特系统阐述了新兴国家对劣势产业采取的保护性政策会导致贸易摩擦。Leamer 和 Levinsohn（1995）概述的S-S 定理基于新古典贸易理论，在要素边际收益递减下，揭示了国际贸易对短期内要素价格的影响，生产要素的单向流动导致贸易利益不平等分配，贸易摩擦由此产生。Brander 和 Spencer（1985）提出的战略性贸易理论，假设两国的垄断性企业在贸易的供给市场竞争，国家制定有利于本国的贸易政策（如出口补贴），以保障本国在国际贸易中的利益分配最大化，然而，追求利益最大化必然引起国家之间的贸易摩擦。除此之外，自然人贸易壁垒是现有贸易摩擦理论中的新型贸易壁垒，自然人贸易壁垒是通过限制人口流动来影响国际贸易的劳动力成本，而签证是国家用来管控人口跨国流动的主要准入性措施。人口跨国流动壁垒的成因，主要是国家政府和经济层面，宋雅楠和冯宗宪（2008）分析了人员流动壁垒中指标的重要度，得出的结论是签证壁垒是最为重要的自然人流动壁垒形式。学者李先波和李琴（2003）认为，签证壁垒是为了维持国内劳动力的就业水平与防止人才流失。刘巧（2020）将中国在东盟国家面对的人才壁垒的原因归结于经济原因与非经济原因。然而，在实际执行上，我国自然人流动壁垒与自然人流动管理存在关系，相关监管政策缺乏和执行力度不足导致贸易摩擦。

（2）中观角度。在中观层面，蔡宏波（2019）认为，静态和动态的国际产业结构不匹配是引发贸易摩擦的深刻原因，其特质表现为当部分产业结构同质化时，动态的产业结构协调关系未能达成，结构调整的压力向外转移。例如，南北贸易就是比较容易产生贸易摩擦的贸易领域。由于发达国家劳动力失去优势，劳动密集型工业成本增加，发达国家失去优势产业并向其他国家转移，最终导致国家内部产业失调。

随着产业结构调整升级，邓路和刘帷韬（2019）从技术进步角度，分析得出技术进步影响中国与他国产业结构趋同，进而使国与国之间贸易竞争增加，进而技术进步越快、渗透率越高的行业越容易遭受贸易摩擦。李波和刘昌明（2019）研究非对称相互依赖的贸易国之间的贸易摩擦，两国基于产业结构性矛盾影响两国的预期，进一步导致贸易壁垒的产生。

（3）宏观角度。基于宏观经济的平衡方程式，解决国家间贸易摩擦应由各国从其国内因素入手，重点是缓和该国国内的民间储蓄和政府财政收支的影响。Bhagwati（1971）基于前人研究，从国际经济活动中的帕累托最优出发，分析存在帕累托改进时，各国调整不合理的资源配置状态最终会导致贸易摩擦产生。在"国内扭曲"的基础上，尽管一国采用征收关税的手段来保护幼稚产业以及新兴产业以使国家收益最大化，但会损害相关贸易国的福利水平，因此征收关税也会导致贸易摩擦。假设社会主体生产存在一定规模经济和外部经济，Baldwin（1988）衡量了自给自足与外部均衡之间的收益水平，认为贸易国发生贸易摩擦的原因是贸易一方选择自给自足经济均衡。

进入国际贸易发展的新特点阶段，Samuelson（2004）与Gomory和William（2000）在比较优势动态下提出贸易摩擦理论的新看法，认为技术进步以及规模经济所带来的生产能力的提高会损害他国福利，从而导致贸易福利在国家间的重新分配。由贸易双方制度不协调引起的贸易摩擦，也在后来被部分学者在研究利益分配的情况下加以分析，认为国与国之间不同的经济制度有导致贸易摩擦的可能性。郑慧（2016）认为，政府规模、国家对内部市场管理限制以及法制水平对国际贸易摩擦严重程度具有正向影响，但对外贸易限制程度越大，国家间贸易摩擦越严重。新型贸易壁垒有其产生动因和特点，有的学者认为各国经济差异和市场机制摩擦是导致其产生的原因，并通过企业向政府寻求保护的寻租行为和竞争行为来分析贸易摩擦产生的内在原因。贾玉成和吕静韦（2020）对中国贸易摩擦进行研究发现，中国经济的下行周期与不确定性政策对贸易摩擦会产生显著的影响。从产业结构方面分析，赵建（2004）认为，贸易国之间产业结构动态匹配性是贸易摩擦的主要原因，而各国经济政策与政治行为只是使国家间、产业间的摩擦外部化为贸易摩擦。仅从国家整体利益方面已经不能完全解释贸易摩擦的成因，因而学者开始从政府的政治决策过程进行分析。

综上所述，本书从不同经济学角度，结合贸易理论来阐述贸易摩擦产生原因，以了解贸易摩擦的理论发展，为分析贸易摩擦与行业进出口之间的关系提供理论支持。

（二）贸易摩擦衡量

1. 关税壁垒的衡量方法

随着研究的深入，关税壁垒的衡量方法得到进一步发展，并形成了关税有效保护率法、累计关税成本法、贸易限制指数法和加权平均关税税率四种主要方法。

（1）关税有效保护率法。由经济学家 Barber（1955）首先提出。这种方法是国家产业保护范围内衡量国家关税政策的重要手段。例如，段玉婉等（2018）、宋旭光和张丽霞（2019）均运用该方法进行了研究。该方法衡量关税壁垒的优点是衡量了关税对最终产品价格和成本的影响，即给国内总体带来的增加值。谢锐等（2020）基于更新的关税有效保护率法，建立双边产业率数据库，提出中国实际有效保护率的新动态。

（2）累计关税成本法。即测算产品价格中隐含的关税成本，Fally（2012）、Rouzet 和 Miroudot（2013）对该方法进行了进一步深入研究。倪红福（2020）也应用该方法对我国与他国之间的关税壁垒进行了研究。

（3）贸易限制指数法。Anderson 和 Neary（2003）首先提出该方法，从进口角度用来衡量贸易保护水平。国内外学者主要是运用其测算贸易政策福利效应。Chen 等（2017）研究中国关税保护结构，发现贸易限制指数衡量的保护程度较小，且能与行业特征相结合；王晓星和倪红福（2019）研究中美贸易摩擦导致的福利损失；李猛等（2021）估计了中国出口产品的贸易限制指数。

（4）加权平均关税税率。是加权行业层面的产品平均关税。李平等（2014）把进口国的行业进口平均关税税率与分行业的贸易值占总贸易额比重的乘积作为关税税率。陈维涛等（2018）采用产品贸易数据作为权重测算制造业细分行业的实际关税水平。

2.非关税壁垒的衡量方法

陈秀英和刘胜（2019）研究了非关税贸易壁垒的测算体系，认为其发展到数字经济下新型评价体系，逐渐向多元化与数字化发展。现有文献关于贸易摩擦由非关税壁垒来衡量的方法主要有四种：

（1）贸易壁垒频率法。主要是通过考虑非关税壁垒的数量、范围与强度计算非关税措施出现的数量、频率比率和产品覆盖率。

数量指标主要是通过计算进口国具有限制性质的法律法规或技术标准的数量、计算产品发生的限制数量以及各国的通报数据，作为一个统计变量。由于法律法规与技术标准的异质性，在计算进口国法规方法中不能区分开来，但是其去除了国别的异质性。现在研究中使用最多的方法是采用国别的技术壁垒的通报案例数和行业受到的反倾销数。例如，鲍晓华和朱达明（2015）、秦臻和倪艳（2013）使用各国对WTO的TBT和SPS累计通报量以及反倾销数据来衡量非关税壁垒；杨飞等（2018）在衡量中美贸易摩擦时，采用行业遭受的反倾销案件数量来测度贸易摩擦；冯帆等（2018）用WTO争端解决机构受理的案件数来衡量贸易摩擦度。

频数比率是通过衡量商品类别中受到贸易壁垒影响的产品数量占总产品数量的比例。频数比率与产品是否进口无关，即无内生性。产品覆盖率是指在贸易中受到非关税壁垒影响的产品进口额占产业总进口额比例。进口覆盖率在产品频数比率方法的技术上，弥补了仅仅衡量贸易壁垒是否发生且没有考虑不同产品贸易额差异的缺陷，反映不同类型的贸易产品和贸易壁垒。由于其以进口额为权重，因此忽略了贸易额与贸易壁垒的内生性，结果离实际情况存在一定偏差。在实证研究中，多数学者基于壁垒频率的可获得性采用此方法，如Movchan和Yakovchuk（2004）、鲍晓华和朱钟棣（2006）、刘天宇（2019）。

（2）贸易壁垒持久度，余振等（2018）、余振和陈鸣（2019）通过增加行业贸易摩擦持久度，即贸易国对中国发起贸易壁垒的持续时间，来衡量贸易摩擦。

（3）技术性贸易壁垒系数。蒋建业和汪定伟（2009）综合技术性贸易壁垒（TBT）

与卫生和植物检疫措施（SPS）的数据，提出了分行业测算双重非关税贸易壁垒，该方法后被学术界广泛认可，用于大量技术性贸易壁垒实证研究。

二、汇率波动相关研究

20世纪70年代，布雷顿森林体系瓦解后，各国签订牙买加协议，意味着浮动汇率实现了合法化。世界各国汇率呈现出不同的波动趋势，汇率时常处于非均衡的状态。当汇率出现大幅波动时，超出了正常的双向波动区间，表明出现汇率波动的现象。以人民币为代表的新兴市场货币，由于国家自身的经济基本面实力不强，较依赖国外的投资，经常会受到发达国家的货币政策调整带来的冲击，本国汇率面临着汇率风险，承受着汇率可能失控的压力。自我国汇率市场逐步开放以来，国内经济和对外贸易规模逐年上涨，呈高速增长的趋势，我国对外贸易呈现顺差变大的趋势，加剧了人民币的升值压力，国内外学者对人民币汇率是否存在低估展开了大量研究，通过评估人民币均衡汇率水平，以此为基准衡量汇率波动程度。同时，通过分析人民币汇率波动对于进出口行业的影响，进而对我国宏观经济发展、金融市场稳定产生的影响。本部分将分析归纳汇率波动的相关文献，从成因和均衡汇率的测算两方面展开。

（一）人民币汇率波动的成因

1.国外相关研究

国外对于宏观经济理论的研究开始较早，既有汇率波动的经济学理论，也有学者研究了均衡汇率的影响因素。在理论方面，Joumard和Reisen（2010）认为，人民币出现了名义汇率低估，从而对人民币的实际汇率升值产生了影响，主要是因为存在"巴拉萨—萨缪尔森效应"，同时该学者还进一步证实了政府并没有干预汇率，而是中国市场自身的特点导致非贸易品更加便宜，进而使汇率出现了低估。此外，还有一部分国外学者基于"三元悖论"理论进行了研究，随着中国的资本市场越来越成熟，我国逐步放开资本项目的限制，市场的对外开放程度显著提升，在保持货币政策的独立性的前提下，将会抑制人民币汇率政策的有效性，导致人民币汇率偏向正常的双向波动区间，出现人民币汇率波动。汇率对一国对外贸易十分重要，汇率波动与宏观经济波动相互影响、相互作用，Cassel（1918）基于对购买力平价理论的研究，将其进一步推导发现，在可贸易品"一价定律"的前提条件成立的情况下，可贸易品发生的汇率波动将会被市场中不断的交易平息下来，那么，不可贸易品无法通过市场机制进行调节，则非贸易品导致了实际汇率发生的波动。还有学者进一步对"一价定律"进行了研究，Drozd 和 Nosal（2008）进一步说明了可贸易品的增加对于实际汇率的影响，提出了两个国家之间存在大量贸易往来的情况下，一个厂商为了保持其市场地位，即维持自身拥有的市场份额，在满足可贸易品的"一价定律"前提成立的情况下，该国将通过不断增加可贸易品，降低实际汇率波动幅度。从总体上来看，早期国外学者是从经济学理论上分析汇率出现波动或失衡的原因，其主要影响因素有可贸易品和非可贸易品产生的劳动生产率差异，以及两个国家间物价水平的差异，被广泛应用于后期学者研究的计量经济学模型之中。

随着计量经济学的广泛应用，大量学者从定性到定量的角度对汇率变动进行了实证分析。Clark 和 MacDonald（1998）以两国之间的劳动生产率不同、国内生产总值的构成以及石油价格构建模型，研究发现影响实际汇率波动的主要原因是可贸易品的实际汇率，以及两个国家总体价格水平权重的不同。随后有学者通过建立关于均衡汇率决定因素模型，探讨了哪些宏观经济因素会对汇率产生影响，Montiel（1999）从国内、国外两方面研究了影响汇率的因素，国内影响因素有总供给和财政政策，国外影响因素有经济环境变化和商业政策。Obstfeld 和 Rogoff（1995）建立了 Redux 模型分析实际汇率波动情况发现，如果一个国家贸易开放程度高，那么在一定程度上能够降低产生国际贸易摩擦的概率，降低对外贸易的交易成本，进一步缓解对实际汇率波动的不利影响，此后很多学者开始从贸易开放视角研究汇率波动的影响因素。Hau（2000）进一步研究了 Redux 模型，通过增加劳动力变量研究发现，在不对称货币冲击非贸易品的情况下，会导致购买力平价产生失衡，加剧汇率波动程度，该学者认为一个国家的贸易开放程度与实际有效汇率波动具有十分显著的负相关关系。Calderón 和 Kubota（2017）进一步对贸易开放做出了区分，将其分为总体指标与细化指标，研究发现不同品类的可贸易品对实际有效汇率波动产生了不同影响，工业产品与初级产品的影响恰好相反。此外，还有国外学者们从金融体制和结构开展了大量的研究，或从其他宏观经济冲击的视角展开分析。Rogoff（1999）研究认为，一个国家的金融一体化程度对汇率波动具有显著影响，并且Clarida和Gali（1994）在此基础上分析了不同情况对日元的实际汇率变动情况的冲击作用。

2.国内相关研究

我国对均衡汇率的研究相比国外起步较晚，且主要是在国外研究均衡汇率理论的基础上进行的。国内学者引进各种不同的均衡汇率模型，并结合中国的经济情况，选择相应宏观经济变量，大量学者实证分析了人民币均衡实际汇率，不仅测算出人民币汇率波动程度，还针对汇率制度变更、央行干预程度变化、贸易开放程度、采取的财政政策、货币政策稳健性、经济发展状况等方面对于汇率的影响进行了相关研究。关于汇率波动的成因，现有文献的解释一般有基本经济因素在短期内出现偏离，汇率制度以及外部经济冲击等因素的影响。谭祖谊（2013）通过对国外相关文献的分析得出，中国这一类新兴市场中不可贸易品的价格较低，在一定程度上造成汇率的低估，并不是政府有意操纵人民币汇率。国内学者在研究巴拉萨—萨缪贝森效应时，发现Penn效应对我国实际汇率波动影响显著，王雪珂（2013）以Penn效应为基础用扩展购买力评价法估计人民币均衡汇率时发现，Penn效应和结构转型对实际汇率波动有稳健的解释力，2008~2010年实际汇率存在严重高估。

随着西方贸易保护主义盛行，出现了一系列对于我国汇率政策的质疑，如中国政府对外汇市场是否存在强有力的干预行为，人民币汇率是否市场化，是否刻意造成人民币汇率低估等问题，而我国学者针对国外政府和学者的质疑进行了大量研究予以回应，在使用均衡汇率模型研究时，引入了市场干预、央行干预的变量，继续分析宏观经济冲击对汇率产生的影响。李宝瑜和张莉（2007）使用统计学的方法汇总了不同目标下的均衡汇率值，发现我国汇率总体处于偏低的状态，长期偏低会对中国宏观经济产生不利影响，认为在人民币汇改初期，人民币应快速升值才有利于中国经济增长，还可以改善中国国内的价格体系。随着人民币汇率市场化进程的不断推进，谷宇等（2008）基于国际资本流动的背景，根据利差因素、经济转型因素的特点，将其引入模型测算人民币均衡实际汇率，研究发现体制转型因素推动人民币实际汇率升值，利差使人民币汇率贬值。李艳丽和黄英伟（2015）利用外汇市场压力模型衡量央行干预汇率的情况，研究结果表明：央行的干预行为会对人民币实际有效汇率产生显著影响，但是整体上我国汇率总体的偏离程度并不高，尤其是在2005年汇改之后，我国外汇市场化程度提升，央行干预对汇率的影响微乎其微。此外，还有大量的国内学者从其他方面展开研究，如宏观经济冲击对汇率波动的影响。当前关于汇率的研究，已经从传统宏观经济变量波动对于汇率的影响，逐步转向经济政策、外汇制度改革等非经济变量对于汇率的影响。

（二）人民币汇率波动的测算

如何判断人民币汇率是否正常、合理，即衡量汇率的波动情况首先要确定一个基准水平，也就是衡量均衡汇率的水平，而这在国际金融理论与宏观经济学中是一个难题。国外学者最先开始对均衡汇率的研究，自从Nurkes（1950）首先提出均衡汇率的理论之后，国外学者紧跟其后提出多个关于均衡汇率的理论模型，并得到广泛的应用，以模型产生时间发展顺序来看，分别是：Cassel（1918）最早提出的购买力平价（PPP）理论引申出计算均衡汇率的方法；Williamson（1994）提出宏观经济平衡的状态下实际有效汇率，用以衡量均衡汇率的基本均衡汇率（FEER）理论；Clark和MacDonald（1998）考虑到短期因素和随机因素对于汇率影响，提出行为均衡汇率（BEER）模型。国内学者通过引进各种模型测算均衡汇率，模型应用方面呈现出从购买力平价理论相关模型，逐渐转向基于宏观经济平衡角度的FEER、BEER等理论的发展趋势。

Cassel最早于1922年提出了平衡状态下汇率的计算方法，即提出了购买力平价理论，这是测算均衡汇率最简单、直接的模型，购买力平价方法假设在完全自由的国际贸易中存在"一价定律"，是最早被学者使用来计算均衡汇率的方法，国内学者已经利用购买力平价的模型开展了大量的研究，陈学彬（1999）通过计算人民币与主要国际货币的实际均衡汇率研究发现，20世纪90年代人民币对美元实际汇率低估，人民币对亚洲主要货币、英镑、马克为高估。王泽填和姚洋（2008）运用扩展的购买力平价模型，计算1985年以后的人民币均衡汇率，发现人民币一直处于低估状态，通过估算人民币向均衡值趋近的时间发现，1994~2001 年一直处于低估状态是合理的。而一些学者对采用购买力平价方法提出了质疑，认为这种模型衡量人民币的均衡实际汇率存在缺陷，例如，张晓朴（2000）使用 1979~1999 年的月度数据进行实证分析发现，购买力平价方法主要适用于计算超长期的均衡汇率，不适用于测算短期内的人民币实际汇率波动，他认为应当使用中长期均衡汇率理论均衡汇率，能有效解释人民币汇率波动情况，为调整汇率政策提供有效支撑，降低在决策中的经济成本。还有学者从其他方面提出购买力平价模型的缺点，谭祖谊（2013）研究发现，使用不同的数据区间会对计算结果产生较大影响，均衡汇率也受到了均衡汇率参照标准不一样或采用的价格指数类型不同的显著影响。由于我国经济呈现出飞速增长和汇率制度不断完善的新形势，使实际汇率表现出结构性变化，而这意味着购买力平价方法难以准确衡量均衡汇率水平。但不可否认的是，购买力平价在一定程度上反映了均衡汇率的情况，若想要提升该模型计算结果的有效性需要满足一系列条件，与此同时，国外又有学者提出了新的模型。

Williamson（1994）在宏观经济平衡状态下，即不考虑短期和临时性影响因素的情况下，主要分析基本经济因素对于汇率的影响，创立了基本均衡汇率（FEER）模型。我国学者对该模型进行了大量应用，如李泽广和 Man-Wsh Luke chan（2012）使用具有中长期特点的 FEER 和经常账户缺口两种方法测算了人民币汇率的均衡区间，发现人民币低估的水平处于 10%~15%，人民币没有被显著低估。王义中（2009）使用 FEER 模型计算得到了 1982~2006 年的人民币基本均衡汇率，研究发现 1991 年之前人民币汇率呈现出高估的状态，而在 2004 年以后汇率出现了低估，并且低估的程度越来越严重。而胡春田和陈智君（2009）使用 FEER 模型计算了 1994~2008 年的人民币均衡汇率，并测算了人民币汇率失调的程度，研究发现人民币在 2007 年第二季度已经处于合理状态，如果持续不断地升值将会造成人民币汇率出现失控，甚至会对整体经济产生剧烈的负面反应。FEER 的局限性是模型存在变量选取的固有缺陷和数据处理操作中的困难，该模型选取变量时，仅包括了中长期经济的基本面因素产生的影响，如何过滤短期的和周期性的影响因素对于模型产生的影响存在困难。以上这些模型更多适用于发达国家长期均衡汇率的测算，与发达国家相比，发展中国家市场成熟度不高，政策管制汇率现象偶有发生，并非完全自由的资本流动，因此，有学者进一步提出了适用于发展中国家计算均衡汇率的模型。

Edwards基于发展中国家中存在诸如外汇管制、平行汇率等非市场化的影响因素，在1989年提出了适用于发展中国家计算均衡汇率的模型，即均衡汇率理论（ERER）。此后，Elbadawi、Baffesetal等又对该模型进行了改进和修正。由于我国是世界上主要的发展中国家，与发达国家成熟的外汇体制具有显著的差异，因此，有大量学者使用该模型测算了我国的均衡汇率。张晓朴（2000b）通过ERER模型测算了人民币均衡汇率，并在此基础上衡量了人民币汇率失调状况，研究结果表明，1980~2005年人民币汇率的高估与低估交错出现，并出现过两次明显的高估和低估。储幼阳（2004）也使用ERER模型得到了类似的结论，还发现了1990~1994年人民币汇率明显低估，1995~2002年汇率轻度高估。王维国和黄万阳（2005）建立了人民币ERER模型，研究1980~2003年的年度数据发现人民币汇率错位是经常性的。张露（2009）基于ERER模型测算了人民币均衡汇率，发现1988~1994年人民币均衡汇率上升，人民币贬值；1994~2006年人民币均衡汇率趋于稳定，这与我国的汇率体制改革有很大关系。ERER模型充分考虑到了发展中国家经济独有的特点，为不成熟的外汇市场制度或具有贸易管制等限制条件下估算均衡汇率提供了新的思路，但该模型并不具有普适性，因为这是一个仅仅适用于小型开放经济体的一般均衡模型，随着发展中国家的不断发展，使用该模型的计算结果将会产生偏离。随着全球经济一体化程度越来越高，汇率受短期经济因素影响的程度不断加深，如果使用超长期的均衡汇率模型计算得到汇率波动程度，对现实经济环境的指导意义将会减弱，这时亟需一种适用于中长期均衡汇率计算模型。

行为均衡汇率（BEER）理论是由Clark和MacDonald（1998）提出来的，这个模型克服了过去模型多只从长期角度衡量均衡汇率的缺点，将可能影响汇率的中长期和短期因素引入了模型，并且克服了FEER模型和ERER模型一系列的缺陷，适用于分析一个国家历年来汇率变化程度，因此被大量的学者应用。Wong（2013）运用BEER模型计算了马来西亚过去30多年来的均衡汇率；Owoundi（2016）则运用该模型计算了非洲撒哈拉以南地区的16个国家，从1980年以来的30年间的均衡汇率；Bénassy-Quéré等（2008）比较了不同方法下五个亚洲国家的均衡汇率计算结果，发现BEER模型更为接近，并且该模型不受数据量不同的影响，其有效性较为稳定。国外学者一系列的研究表明，该模型在计算大多数国家的均衡汇率时存在优势。国内也有大量学者使用BEER模型，研究结果表明人民币汇率没有出现严重偏离均衡汇率的情况，张晓朴（1999）也曾利用BEER模型估算过人民币均衡汇率的水平，对比当前实际汇率认为当前汇率水平基本合理。胡再勇（2008）通过构造BEER模型计算了近30年的人民币实际汇率失调程度，研究发现在2005年汇改时汇率出现了比较严重的低估。唐亚晖和陈守东（2010）则通过BEER模型研究发现，1994~2008年金融危机前人民币长期均衡汇率不断走高，而低估与高估的现象时常交替出现，并没有出现严重汇率波动的情况。沈军（2013）在考虑金融发展因素的基础上拓展了BEER模型，改善了模型测算人民币均衡的适用性，利用协整分析功能研究发现，人民币汇率并不存在严重波动。

随着新形势对国内外经济环境的影响，学者们从不同视角测算实际均衡汇率，以判断汇率波动程度。特别是近几年又涌现出了一些新的方法，如苏明政和张满林（2018）认为，BEER和FEER的主要区别在于参数选择的主观性，引入动态模型平均（DMA）的方法对模型参数进行了动态选择，更好地估计实际汇率波动的程度；田侃等（2019）根据全球价值链实际有效汇率测算方法，计算了中美分行业的实际有效汇率。不可否认，BEER模型相比于其他模型具有可操作性强、经济意义简单明显等优点，依然是实践中应用较广泛的方法之一。

三、贸易摩擦及汇率波动对进出口影响相关研究

（一）贸易摩擦方面

贸易摩擦与进出口贸易的关系研究主要聚集于进口国设置的关税壁垒或者非关税壁垒对出口国的出口的影响。各行业具有异质性，其出口贸易受到的关税壁垒、非关税壁垒的影响也存在一定的差距。贸易摩擦发展的特点是

通过技术贸易壁垒代替关税壁垒达到限制进口的目的。本部分对贸易摩擦对不同行业进出口影响的文献进行梳理和分析发现，主要受到贸易摩擦影响的行业有农产品行业、机电设备行业、纺织品行业、化工行业、贱金属及其制品行业以及交通运输设备行业。

1.机电设备行业

邹宏元和崔冉（2020）研究结果表明，关税率下降在中国机电设备出口方面发挥着非常重要的作用。但尹华等（2020）研究表明，我国对"一带一路"国家机械产品出口效率受到进口国关税的影响不显著。

对于非关税壁垒，夏友富等（2002）认为，目前国外技术壁垒主要表现在国际标准要求、产品质量及其管理体系认证要求、节能要求以及绿色要求上，电磁污染方面的要求对我国机电产品的出口产生的影响比较大。王领与宋熙晨（2018）通过实证分析技术性贸易壁垒对出口企业的影响发现，技术性贸易壁垒阻碍了中国机电产品对美国的出口。由于电气设备行业十分依赖国外中间品投入，李真等（2021）的研究结果表明，美国单边技术管制对中国电气设备行业造成明显的出口冲击。但王霞（2021）发现，中美机电设备行业中HS85是受抑制作用比较明显的行业，从整体行业视角，措施行业频度指数的变化并不明显导致机电设备行业没有表现出显著的进口抑制效应。对于技术贸易壁垒的正向作用，国际统一的欧洲产品标准对欧盟进口的净影响在成本效应与信息效应结合的情况下，电子产品标准对进口贸易具有积极的净影响。在贸易活动中，技术性贸易壁垒中的知识产权壁垒在贸易中越来越明显。李丹丹（2020）认为，知识产权贸易壁垒也在一定程度上促进了技术密集型行业的出口，特别是我国高技术产业，原因可能是美国设置的贸易壁垒使我国企业积累了应对经验和提高了自主创新意识。产生了跨越促进作用。还有学者研究了贸易摩擦对机电设备行业贸易不同时期的影响，刘明明（2014）认为，欧盟技术标准在短期内可能对我国机电产品出口产生负面影响，在长期内可能产生正面影响。

在进出口方面，徐步和张博（2017）就中国—东盟自贸区的非关税贸易壁垒进行研究，由于机电设备行业是主要的进出口行业，技术标准差异性比较大及信息不透明会对双方之间的贸易进口与出口产生负向冲击。梁琦和吴新生（2016）认为，区域自由贸易协定带来的自由贸易消除了技术贸易壁垒对于机电设备类产品贸易量的负向影响。

2.纺织品行业

多数学者认为，技术性贸易壁垒成为限制我纺织品服装出口的主要手段。"绿色贸易壁垒"对纺织品的市场进入与竞争力产生影响。一方面，由于环境标准标志及企业环保意识的不足，我国纺织品贸易不断遭到发达国家的"绿色贸易壁垒"；另一方面，朱永安（2003）发现，发展中国家也会建立自己的绿色标准，限制了进口，对国内市场形成保护，从而在国内市场有自己的竞争力。吴学君（2004）与凌海生（2008）都认为，发达国家利用具有合理性、灵活性的技术贸易壁垒对我国服装纺织行业的出口产生抑制作用，降低了我国产品的国际竞争力。

长期来说，技术性贸易壁垒对贸易产生一定的促进效应。焦德涵（2020）认为，绿色贸易壁垒带来的出口限制会促使出口国改善和提高产业技术，不断优化产业结构。在企业层面，罗璐（2011）认为，应提高我国纺织品服装出口企业的技术创新能力。从环境标准方面，邹小芳（2011）认为，贸易壁垒会助力环境标准的建立，增强环境保护与可持续发展的理念，激励产品质量的提高，从而促进出口。

在纺织行业进口贸易方面，原料是我国纺织行业进口的主要产品。郭燕（2021）研究结果表明，我国设立的《禁止进口固体废物目录》，有效地限制了废纺织原料及制品进口，促进了国内废纺织原料及制品再生循环利用。王霞（2021）研究了不同的技术措施对纺织业小类行业进口的影响，结果表明，技术壁垒的进口覆盖率较低，对相关产品进口的抑制效应是有限的，从整体来看，技术壁垒对纺织业进口并未表现出显著的抑制效应。冯宗宪和向洪金（2010）从欧美对中国纺织品反倾销数据研究发现，反倾销具有负的贸易破坏效应，即反倾销导致中国减少对指控国涉案产品出口量，同时欧美对中国的竞争国的同类产品进口增加，即正的贸易转向效应。

3.化工行业

相较于其他行业来说，化工行业是污染比较严重的行业，整体废气、废物、废水的排放量比较高，现有研究对环境规制与化工行业出口的关系尚未有定论。Mani 和 Wheeler（1998）研究发现，对于从发达国家转移到发展中国家的污染密集型产业，环境规制会影响产业的发展以及出口贸易。国内学者田素妍等（2011）、王传宝和刘林奇（2009）基于工业数据，从环境规制的出口成本效应角度验证了环境规制通过增加产品价格来抑制出口。李龙杰（2020）也持有同样的观点，研究发现化工产品被纳入综合名录后出口贸易规模会显著下降，但存在时滞效应。还有学者认为，环境规制与出口的关系是不显著的。董敏杰等（2011）研究发现，环境规制对出口部门价格影响未显著增加，得出环境规制对污染密集型产业的出口额的影响是有限的结论。Tobey（1990）基于资本要素禀赋占优假说，认为环境监管未能明显改善企业资源禀赋赋予国际贸易企业的比较优势，故环境规制与企业出口的关系不显著。梁冬寒等（2009）的研究结果表明，高度污染的行业是基于自然资源和劳动力占据国际市场，故贸易地位与环境规制对污染密集型产业的高成本进行对冲，使其出口未受到环境规制的显著影响。

促进作用体现在环境规制会提高生产技术水平，实现产业升级，增加出口国竞争优势，从而促进贸易。陆旸（2009）分析了环境规制与污染密集型产业的关系，精确的环境规管生产提升了部分污染密集型产品（化工产品、钢铁产品及纸和纸浆产品）的比较优势，资源禀赋与环境规制带来的消极影响相抵消。傅京燕和李丽莎（2010）基于我国24个制造业数据，分析环境规制和要素禀赋对产业竞争力的影响，环境规制会增加企业生产成本和激发企业技术创新，故环境规制对企业产生"U"形影响，环境规制短期会对企业的竞争优势产生负向影响，长期会提高企业竞争优势。王霞（2021）认为，美国对中国化工行业的TBT措施的进口抑制效应是显著的。总体来说，技术贸易壁垒对出口贸易的影响是先抑制后促进的。

除了技术贸易壁垒之外，还有反倾销手段对进出口产生影响。美国对我国化工行业的反倾销威胁或者反倾销关税通过贸易限制效应和贸易转移效应来影响我国产品的出口量。李秀芳（2009）认为，由于贸易转移效应比较明显，因此反倾销后对我国出口贸易总额的影响不大。但成璐（2019）认为，美国反倾销申诉具有较强的贸易限制效应与贸易转移效应，会影响我国化工行业的出口金额与数量。王孝松等（2015）在引力模型中加入反倾销因素来定量考察贸易限制效应，并发现贸易限制效应的显著程度具有行业差异性，其中化工行业的显著性最高。马克遥（2020）认为，由反倾销措施带来的贸易破坏效应在往后的几年中会一直保持一定的影响力，且产生持续的贸易偏转效应。卢青（2014）认为，进口国反倾销调查占比对中国化工产品出口遭受世界反倾销调查和措施有着主要的影响，是一个相互影响的过程。在进口方面，贸易转移效应使反倾销措施最终导致非被诉国相关产品的进口金额份额和进口数量份额显著增加。

4.植物产品与动物产品行业

美国是中国主要的农产贸易国，其中对美农产品的进口速度快速增长。多位学者从不同角度研究中美贸易摩擦对我国农产品贸易的影响，重点聚焦于中美贸易中份额占比较大的农产品贸易。Zheng 等（2018）、Taheripour 和 Tyner（2018）测算了中国关税对美国农业的影响，结果表明美国对中国出口份额较大的农产品（大豆、玉米、猪肉、棉花）出口量将下降。Yuan 等（2020）认为，美国对中国的棉花销售因关税而下降，中国纱线进口转向新的市场，而美国优质棉花的需求可能继续扩大。贺梅英和赵萍（2021）研究认为，关税对扩展边际和数量边际均具有负作用，对价格边际具有正向影响，即关税增加使水产品的种类与数量减少，但价格会相对减少，进而使贸易量增加，总的结果还是具有负向的影响。

由于中国在农业进出口方面都是贸易大国，因此对技术贸易壁垒与农产品行业进出口的研究也比较丰富。技术贸易壁垒分国外技术贸易壁垒与国内技术贸易壁垒，但研究国外技术贸易壁垒对出口国的出口贸易影响的文献比较丰富。Henson 和 Loader（2001）通过研究进口国的黄曲霉毒素标准、卫生检疫要求对出口国出口贸易的影响进行了量化分析，认为标准趋于严格，将对农产品出口形成限制，即出口能力被遏制。吴克烈（2002）研究表明，我国农产品与食品受到欧盟的绿色贸易壁垒的限制在日益增多，且对我国农业出口影响很大。Beghin 和 Melatos（2012）的分析结果为澳大利亚猪肉进口检疫措施对贸易和利益产生重大影响。涂涛涛（2011）认为，技术壁垒的抑制作用主要体现在TBT实施的卫生检疫要求对农产品出口的影响，发达国家农产品技术贸易壁垒会提高我国农产品的出口价格，从而对农产品行业出口竞争力产生负向影响。鲍晓华和朱达明（2014）认为，技术性贸易主要是通过影响贸易国出口的变动成本和固定成本，对农产品的贸易量呈现抑制的作用。因为我国农产品卫生标准可能相对落后，日本、欧盟与美国曾限制中国农产品的某些产品，比如，禽类产品、蜂蜜产品、大米以及水产品等，技术性壁垒给我国企业造成了一定的损失。张相文等（2010）分析了欧盟的TBT体系对中国农产品出口的影响，其短期的负面影响是比较突出的，但是从中长期来看也会带来一定的正面影响。陈晓娟和穆月英（2015）研究发现，韩国技术贸易壁垒的设置有明显贸易保护主义的性质，抑制了中国对韩国农产品的出口量。

国内外对技术贸易壁垒正面效应的研究较少，研究角度主要是技术标准，比如，Carrillo-Hermasilla（2006）、柳萍等（2009）认为，双边技术标准在长期来说是促进贸易的作用，通过增加贸易伙伴之间的信任，为企业技术创新提供动力，促使了技术水平较低的国家的技术进步和产业结构的调整，进而实现贸易的增长。Mangelsdorf等（2012）则从自愿与非自愿角度分析技术标准的作用，发现中国企业实施自愿性的欧盟技术标准，实证结果是农产品出口增幅介于0.5%~1.54%。

在进口方面，董银果和李圳（2015）研究结果表明，加拿大、澳大利亚、日本等国食品的SPS措施对食品的进口短期内有限制作用，长期来说这些限制效应会转化为促进效应。Anders和Caswell（2009）研究发现，美国海产品的危害分析与关键控制点（Hazard Analysis and Critical Control Point，HACCP）食品安全标准对供应商的整体进口产生显著负面影响。

5.贱金属及其制品行业

在关税壁垒方面，王小梅等（2014）认为，关税措施是对金属行业产品的出口有较大的负面影响的贸易壁垒之一，但关税税率变动对中国贱金属及其制品行业的出口的影响较弱。

贱金属及其制品行业是我国主要的进出口行业，且遭受的反倾销调查最多，也是受到反倾销立案调查比较多的行业。多位学者从贸易效应与非贸易效应对该行业与贸易壁垒之间的关系进行研究，认为贸易壁垒对出口产生负向作用。邹宏元和崔冉（2020）、杨连星和李海龙（2015）认为，反倾销对该行业出口贸易通过贸易转移、贸易破坏效应对出口金额与数量产生负向影响。杨仕辉和谢雨池（2011）研究发现，反倾销对贱金属及其制品行业出口存在负向贸易破坏效应与正向贸易转移效应。胡捷（2013）从印度对中国贱金属及其制品行业进口的研究发现，该行业在终裁阶段存在显著的贸易破坏效应和贸易转向效应，反倾销会减少印度从中国进口。巫强等（2014）认为，贱金属行业受到的负面冲击尤其严重，且产生持续的负面冲击的幅度加大。

从技术贸易壁垒的正向作用来看，反倾销对出口的抑制作用往往存在滞后性，李雪娇（2018）认为，反倾销第二年却出现了显著的促进作用，是企业积极地应对反倾销案件所取得的成果。Moenius（2004）考察产品和流程标准，发现协调标准可促进国际贸易，进口国异质标准促进了制造业的进口，特别是促进了工业制成品贸易。Blind 和 Mangelsdorf（2012）研究发现，制造业技术标准认证对双边出口有积极影响，具有"拉"和"推"的效果。显然，信息不对称在潜在买家和卖家之间减少，从而产生更多交易，来自发达国家与欠发达国家的企业都能从 ISO9000 认证中获益。

由于钢铁产品出口在贱金属及其制品行业贸易中占比最大，因此学者对贸易摩擦与钢铁行业出口贸易关系的研究比较丰富。熊春晓和温宇静（2018）研究表明，美国实施的关税、配额等贸易保护政策直接造成我国钢铁企业出口量的下降。除关税措施以外，钢铁行业还遭受了非关税措施。邵雯筠和王娜（2018）认为，以劳动者环境和生存权利为借口采取的贸易保护措施使劳动密集型行业的出口成本增加，从而导致出口竞争力的下降。朱悦（2020）基于贸易引力模型研究发现，环境规制对我国钢铁行业出口贸易有抑制作用。从另一角度来看，贸易壁垒在一定程度上对该行业出口产生正向影响。肖远飞和杨双鹏（2019）对中国11个资源型产业的数据进行分析，发现投入端与产出端的规制，包括工业废气治理设施的投入与工业污染治理投资完成额，都会促进我国资源型行业的出口。对于钢铁行业来说，杨雪（2015）认为，短期的减排或低碳规制对钢铁行业产生抑制作用，但长期的环境约束有利于提升行业竞争力。邵雯筠和王娜（2018）也从蓝色贸易壁垒的角度说明企业可以改善劳资关系，进而实现企业的长期可持续发展。祝莹（2016）发现，绿色壁垒通过削弱我国出口产业竞争力，对中国出口产业造成了消极影响，但也为中国出口产业带来了发展机遇，有助于培育先动优势，推动产业升级。但有学者认为，环境规制对钢铁行业出口贸易没有明显影响。例如，Melo和Grether（2003）用钢铁产业数据进行实证，结果表明污染密集型产业的贸易壁垒较高，没有证据表明环境规制可以有效地改变污染密集型产品的国际贸易流量。

6.交通运输设备行业

交通运输行业中汽车、船舶产业是中国目前具有较强比较竞争优势并且在将来一段时间仍然具有很大竞争潜力的产业，但关税与技术壁垒新规在一定程度上对中国出口产业造成了消极影响。卢锦芳（2011）认为，碳关税真正被征收将会对我国汽车产业出口贸易产生负面影响。宁昊（2019）研究发现，处于产业链中高端的交通运输业对关税壁垒负担更为敏感。基于关税在产业间传递的核算，叶君和谢建国（2022）发现，美对华加征关税对汽车整件产业的下游会产生较大的负作用。

在非关税壁垒方面，由于我国是世界汽车生产大国，且主要的出口地区分布于"一带一路"沿线国家，詹玉兰（2018）通过研究东盟与俄罗斯高标准技术壁垒，发现其对我国汽车企业出口产生不利影响，澳大利亚、欧盟的技术标准与环境标准也会使出口受阻。进口国为保持贸易救济能力，对出口国征收较高的反倾销税率，且汽车零部件成为主要的反倾销对象。王霞（2021）研究发现，铁道及电车道车辆之外的车辆及其零件行业是美国实施技术性贸易壁垒的敏感行业，另外，航空行业与船舶行业运输工具也是受技术性贸易壁垒抑制性作用比较明显的产品。刘天宇（2019）分行业研究得出结论，美国技术性贸易壁垒对航空航天设备制造业的影响呈现促进作用，因为出口企业能够适应新的技术标准和合格程序，从技术创新方面跨越技术性贸易壁垒。交通运输行业中，航空航天、船舶行业是受知识产权壁垒限制比较严重的技术密集型产品行业。徐元（2010）指出，发达国家设置知识产权壁垒对出口国产生的影响主要是通过数量和价格来控制的。蔡静静等（2017）使用中国与贸易伙伴国的贸易数据研究发现，进口国的知识产权壁垒与中国高技术产品的出口存在负向关系。但徐艳（2015）与方君兰（2011）则认为，知识产权壁垒对我国高新技术产品出口产生的影响，从短期来看，知识产权壁垒会造成企业出口减少，阻碍竞争力提升；从长期来看，知识产权壁垒对我国高技术产品的出口具有激励作用。樊秀峰等（2019）研究了技术贸易壁垒与中国对"一带一路"沿线国家高新技术产品出口的关系，发现高新技术产品的出口种类增加，但数量较少，且TBT减少了原产品的出口量，但对扩展效应有促进作用。

在进口方面，Awokuse和Yin（2010）认为，中国知识产权保护强度增加会对中国进口产生正向影响，证明了市场扩张效应的存在与知识产权保护对进口贸易的影响是相互促进的。

（二）汇率波动方面

汇率是联系国内外经济的纽带，是保持内外部国民经济均衡的杠杆，当实际汇率长期波动超过正常区间，释放出不正常的价格信号时，会给市场参与者带来严重的损失，对国际贸易部门的竞争力产生不利影响。通过梳理国内外的相关研究文献发现，汇率波动影响进出口贸易的基础是汇率传递效应，几乎所有的研究都支持汇率传递的不完全性，而且这种不完全性日渐呈现递减趋势，同时不同行业的汇率传递程度也存在明显的差异化。汇率的变动对进出口贸易的影响是一个有机动态传导机制，主要分为三个阶段：一是汇率的变动直接影响价格的变动，利用价格传递机制导致进出口商品价格产生变化；二是价格变化的影响逐渐积累，达到一定量级则会对进出口的国际贸易流量产生显著影响，进而造成国际收支变化；三是长期的国际收支不平衡会促进一个国家进出口商品结构发生调整。现有汇率波动文献大多是对宏观经济的研究，而具体对进出口行业的影响较少有人研究，但可以通过相关学者研究汇率变动对进出口影响的情况，间接分析汇率波动对于进出口行业的影响，从而达到研究目的。本部分主要集中于论述汇率变化对总体进出口贸易、国际贸易收支等方面的影响。

1.国外相关研究

汇率是国家间进行贸易往来的重要基础，如果实际汇率波动且大幅度偏离均衡汇率时，会引起进出口贸易规模及结构发生变化，不利于国际贸易和经济发展。Throstensen等（2012）通过对巴西、美国和中国的实际情况进行分析，发现汇率波动将会影响多边贸易谈判的开展，甚至会产生比关税严重的壁垒。Nicita（2013）也研究发现，汇率波动对国际经济贸易有显著影响，会引发世界各国之间的贸易转移；同时，他还建议货币当局在制定宏观贸易政策时应当考虑汇率波动的影响，以此来抵消汇率波动产生的部分不利影响，通过制定较为稳定的汇率制度以实现贸易均衡。

国外大部分学者认为，汇率波动对进出口的影响是负向的。Edwards（1989）研究发现，实际汇率不稳定不利于部分拉丁美洲国家出口的发展，而实际汇率稳定会产生积极作用。Cottani和Khan（1990）通过研究多个发展中国家实际情况发现，实际汇率波动对一国进出口有负面的影响。且与经济增长有着密切联系。Ghura（1993）通过研究非洲的亚撒哈拉地区的33国实际情况发现，汇率波动对总产出、进出口、储蓄、投资均有不利影响，Pick和Vollrath（1994）使用BBER模型估计了10个发展中国家的长期均衡汇率和汇率波动情况，研究发现汇率波动会对其中4个发展中国家的农产品出口表现出显著抑制的作用。Serenis和Tsounis（2015）通过部门数据研究发现，进一步证实了汇率的大幅波动会显著影响各部门的出口。但也有学者研究发现，汇率波动对进出口贸易的影响的作用是积极的或者中性的，Krugman和Obstfeld（2008）研究发现，虽然一个国家货币的升值在理论上会导致该国出口的减少和进口的增加，但其货币升值是有利于贸易结构优化的，Mckenzie（1999）的研究也认为，一个国家货币的升值会促进其贸易结构的优化。

汇率波动不仅会对进出口产生影响，进而也会对国际贸易收支产生显著影响，Clark（1973）研究发现，汇率的波动与贸易收支之间存在负相关，汇率波动会阻碍国际贸易。也有较多学者认为，汇率波动对国际贸易收支产生正面影响，Kroner和Lastropes（1993）研究发现，汇率变动的波动性会为一国贸易带来积极的影响，认为风险偏好程度高的厂商将会相应地增加贸易规模，将会产生正向效应。Doyle（2001）构建协整方程研究了汇率波动对于英国与爱尔兰间的贸易收支影响，研究发现汇率波动对爱尔兰出口具有显著正向影响。Rahman和Thorbecke（2007）基于贸易引力模型，研究发现人民币汇率升值对中美两国进出口的影响程度不同，升值将会降低我国出口，但对于进口的影响却不显著。Garcia-Herrero和Koivu（2008）也得出了类似的结论，人民币实际有效汇率变动对于中国贸易收支账户具有显著影响，进而对于总产出也有影响。Broda 和 Romalis（2010）则将产品划分为同质产品和异质产品两种，发现不同产品对汇率波动的敏感性不同，其中同质商品的贸易受到汇率波动影响更小。

2.国内相关研究

国内学者对汇率以及出口贸易方面做出了大量的研究，现在文献研究了汇率波动情况，进而对于进出口规模及国际贸易收支的影响，国内学者的理论探讨相对于国外文献而言数量较少，但分析结论殊途同归，认为汇率波动对进出口及经济增长具有重要影响，吴丽华和王锋（2006）衡量了汇改前30年人民币汇率波动情况，以此构建进出口方程发现汇率波动对进出口有消极影响。如果一个国家的汇率长期处于失衡状态，会影响市场上的资源配置以及国民福利，最终会影响该国经济发展。李建伟和余明（2003）研究发现，人民币实际有效汇率贬值有利于经济增长，而升值的影响相反，升值还会对世界经济产生巨大冲击。卢万青和陈建梁（2007）发现，在人民币汇率偏离程度较大时，会对进出口贸易以及经济增长造成不利影响，但在汇率面临巨大升值压力时，可以适时、适当进行小幅升值。实证研究的文献数量较多，研究方法也在不断改进，但普遍认为一国货币汇率波动会显著抑制进出口贸易。

关于汇率波动对于进出口贸易影响的研究，大多是从汇率水平变动（升值或贬值）角度展开，殷德生（2004）通过对中国贸易收支方程、进出口需求方程进行协整分析发现，人民币汇率波动并不会对进出口产生显著影响，即使汇率面临较大升值压力，同样影响不大。而马丹和许少强（2005）通过实证研究发现，人民币实际有效汇率的升值将会对国际贸易收支产生不利影响。徐明东（2007）根据我国加工贸易的特征，通过动态分析实际汇率波动与国际贸易收支关系，发现两者之间具有显著影响。潘红宇（2007）从出口贸易的角度研究汇率波动与出口规模的关系，发现了中国向美国和欧盟的出口和汇率波动长期呈负相关，而中国向日本的出口却不受影响。蒋文婷和付波航（2014）测算1994~2011年的各个季度人民币均衡实际汇率情况，研究发现汇率波动不利于我国进出口。大量研究通过采用宏观进出口数据，对人民币汇率与总体国际贸易收支的关系进行了分析。改革开放后我国经济得到强劲的发展，国际贸易规模也不断扩大，而这一时期由于各地改革开放程度不一，各省份的国际贸易存在显著差异，个别学者研究了汇率波动对于省级区域进出口的影响，朱林锋（2013）以2008~2011年上海市贸易数据为基础，分析汇改以来人民币升值对上海市进口的促进作用和出口的抑制作用。除研究人民币汇率波动对我国的影响之外，还有学者分析人民币汇率波动对于其他国家的影响，曹伟和罗建强（2020）利用"一带一路"沿线国际经济数据研究发现，汇率波动对主要贸易伙伴国的进口没有影响，而在滞后1期和2期情况下，升值对进口影响较大。总体来看，当汇率出现失衡时，国际贸易会受到不利影响，应当保持汇率在合理区间内波动，尽可能保持稳定，减少对我国进出口贸易的影响。

李广众和Lan P.Voon（2004）对制造业进行研究发现，实际汇率回归均衡时有利于制造业出口，而实际汇率错位会对中国制造业出口贸易产生不利影响。曹瑜（2008）利用协整检验的方法分析2005年汇改后的月度数据，研究发现人民币实际汇率升值将会显著改善我国与美国的贸易收支情况。韩国高（2010）建立BEER模型测算1994~2008年的实际汇率情况，研究发现了汇率波动对向美国的出口贸易的影响是正向的，而实际汇率波动的影响相反并且显著。王凯和庞震（2012）基于均衡实际汇率计算了汇率错位程度，进而分析了汇率错位程度对于经济增长的影响，研究发现汇率低估对中国经济增长有正向影响，主要是成本效应导致出口贸易快速增长，进一步改善经常项目收支情况。陈智君和施建淮（2015）从产业结构角度出发，研究人民币外部实际汇率的产业结构效应，认为实际汇率贬值有利于产出的提升但存在时滞。宫旭红和曹云祥（2017）通过研究实际汇率波动和经常账户失衡的关系，发现存在明显的门槛效应，当汇率变化较小时没有影响，而当汇率出现严重失衡超过了门槛时，将会加剧经常账户失衡，并且不同国别间的阈值不同。但也有学者的研究结果恰好相反，即汇率波动会促进进出口贸易，汇率持续升值将改善优化对外贸易的产业结构。巴曙松和王群（2009）研究发现，人民币实际有效汇率对不同产业造成的影响方向并不相同，即升值有利于第三产业，而造成第二产业的就业压力，但实际有效汇率上升对我国的产业结构优化有正向影响，在短期内会对就业产生不利影响。李利（2012）以区域特征将30个省级地区划分为东、中、西三个部分，分别研究汇率对于各地区产业结构的影响，研究发现汇率升值对第二产业发展有显著的抑制作用，进而有利于全国产业结构的升级。

汇率波动总体上会对产业结构产生影响，但对于各个产业的影响却不尽相同。赵娜（2010）认为，人民币汇率升值对中国出口产生负面影响，但对于纺织服装行业、钢铁行业和汽车行业的影响程度和影响时间存在差异。谷任和张卫国（2012）发现，在2005年汇改以后，汇率波动对进出口行业的范围、进出口行业的利润有着十分显著的影响，尤其对于汽车行业影响最大。徐贵彦（2012）从汇率传递的角度探讨人民币汇率升值和贬值对不同产业进出口的影响，发现汇率变动对于国际贸易收支的影响是非对称的。陈怡静（2015）细化汇率波动对于具体子行业影响研究发现，汇率波动显著影响了我国纺织服装行业出口贸易，人民币升值促进企业技术升级，又有利于出口，长期还能改善行业结构。金祥义和张文菲（2017）研究发现，在2008年全球金融危机时人民币汇率波动程度最大，汇率波动及失衡对机电行业进口量产生了负面的影响。张亚淋（2018）研究发现，人民币汇率变动对我国电子信息产业总体进出口影响存在滞后效应，但对于计算机产品的出口贸易额没有显著的影响，长期贬值能有效改善国际贸易收支状况。谢非和胡小英（2020）根据国际贸易标准分类，利用同期我国十类进出口行业数据研究发现，汇率波动在不同行业、不同时间的影响效果不同。

四、研究述评

（一）关于贸易壁垒方面

综观上述文献，不难发现，贸易摩擦一直是近年来国内外学者们研究的一个热点话题。对于贸易摩擦产生的原因，学者们有着不同的看法，从不同的理论视角、不同国家的角度来解释贸易摩擦产生的原因，本书主要通过微观到中观，再到宏观的研究厘清大概的理论逻辑与研究基础。不同学者对关税壁垒与非关税壁垒等贸易摩擦的衡量方式众多，且各有其优缺点。在对于贸易摩擦以及贸易壁垒对进出口的影响研究中，绝大部分学者都认为，贸易摩擦给出口国带来的负面冲击比较明显，长期来说也会有一定促进作用，在对单一行业进行研究时，发现关税壁垒与非关税壁垒对不同行业进出口的影响存在一定差异性，即存在行业异质性。不足的是，现有文献大多是从单一具体行业、从单一的进出口方向或者从单一的关税壁垒或非关税壁垒角度来进行理论或实证分析，而本书从不同行业在进出口方面面临的贸易壁垒异质性进行整体分析研究。因此，本书在当前学者研究的基础上，将关税壁垒与非关税壁垒同时加入到不同行业面临的进出口情况进行研究，具有一定的全面性与创新性。

（二）关于汇率波动方面

在关于汇率波动的相关文献中，大部分学者认为，汇率贬值对进出口贸易具有正向影响，而汇率出现大幅度波动则不利于国际贸易的发展。当前国外与国内学者采取了多种不同的人民币均衡汇率及失调程度的计算方法，各种方法在不同时期充当着均衡汇率主要衡量标准，从基于购买力平价理论模型，逐步转向基于宏观经济平衡条件下的FEER模型，适用于发展中国家的ERER模型。由于BEER操作简单且经济意义明确，同时符合我国经济新常态的特点及发展状况，逐步成为主流方法。在综合权衡数据获取难度、代表性后，本书选取了贸易条件、贸易开放度、劳动生产率、货币供应量、政府支出以及国外净资产作为影响汇款的基本经济变量，数据来源方式均为公开方式，不存在掩饰及处理。目前，虽然各位学者对汇率波动的测算结果存在偏差，但总体上认为自1990年以来人民币汇率波动的情况时常发生，没有出现严重偏离均衡汇率的情况。随着人民币国际化进入新阶段，跨境贸易中大量使用人民币进行交易结算，与此同时，中美贸易摩擦、新冠肺炎疫情反复，世界经济环境呈现出极大不确定性，国际货币体系受到冲击、面临重构，因此，面临新形势下的机遇与挑战，需要重新审视各因素带来的新变化，关注当前中国各种贸易条件受到的影响，重新判断当前均衡汇率状态并评估汇率波动程度，显得尤为必要。

关于汇率对于进出口影响的相关文献，国内外学者大多从国际贸易理论出发，一般是建立汇率波动的指标，将其代入进出口方程中，进而判断汇率对于进出口的影响，但是由于不同阶段的经济发展状况存在差异性，不同时期、不同国家、不同汇率发展阶段下，学者采取了不同方式衡量了汇率波动程度；尽管实证研究模型愈加复杂，有时实证结果并不完全相同，但在参数选取、考虑宏观政策所带来的影响等方面仍具有借鉴意义。目前，关于汇率波动的测算，大部分学者主要使用BEER模型测度了不同时期、不同宏观经济变量条件下的均衡汇率，但其模型控制变量的选择存在一定的主观性，可能会导致计算出的均衡汇率存在较大差异，同时模型不可能涵盖所有有影响的经济变量，如何消除遗漏变量的不确定性，提高模型计算结果的精确度又是一个新的问题。国内学者也对这些问题进行了探索，有学者曾经利用动态模型平均（DMA）的方法进行改进，对现有模型参数进行了动态选择，但BEER模型在研究中仍是应用广泛的方法之一。总体来看，汇率波动对进出口影响的研究较为丰富，形成了一定的研究体系，主要体现在两个方面：一是汇率波动影响进出口贸易流量，进而影响国际收支账户的余额；二是汇率波动对国家的产业结构、总产出的影响。但是国内外现有文献关于汇率波动对于进出口行业的影响较少，只有少部分的文献从汇率升、贬值对一个国家总体的进出口贸易和产业的影响进行了分析，对于国际贸易标准下行业层面的研究较少。

第三章 贸易摩擦、人民币汇率波动及进出口行业贸易现状分析

第一节 我国对外贸易摩擦现状分析

一、我国对外贸易摩擦回顾

（一）时间角度

我国成为世界第一货物贸易大国，得益于改革开放的一系列经济政策，得益于70年对外贸易的繁荣发展。2020年全球经济受新冠肺炎疫情影响表现低迷，而我国成为全球唯一实现经济正增长的主要经济体，货物贸易进出口总额达到32.16万亿元人民币，同比增长1.9%。中国对四大货物贸易伙伴的进出口规模都在增长，其中，对东盟进出口总额4.74万亿元，同比增长7%；对欧盟进出口总额4.50万亿元，同比增长5.3%；对美国进出口总额4.06万亿元，同比增长8.8%；对日本进

出口总额2.20万亿元，同比增长1.2%。然而，经济全球化的深入发展，给国际贸易带来利益的同时也产生许多贸易摩擦，我国在实现对外贸易高质量发展的道路上也由于面临日益增多的贸易摩擦而遭受严峻挑战。由于我国巨大的进出口贸易额、不断扩大的贸易顺差以及贸易出口的集中性和出口产品结构的特殊性等，因此一些国家为自身利益，挑起贸易摩擦和贸易分歧，使我国对外贸易碰壁。

1.国外涉华贸易救济

从以往经验来看，在国际贸易中各国基本是通过贸易救济措施对我国发起贸易摩擦。在我国加入WTO之前，我国出口方面遭受到的国外涉华贸易救济案件相对较少，而在我国2001年加入WTO之后，面临的对外贸易摩擦开始频繁出现，从改革开放至2021年，国外涉华贸易救济案件共计2239起，如图3-1所示。1995~2021年，全球对我国发起贸易救济案件累计2194件，趋势如图3-2所示。2001~2008年，全球对我国发起的贸易救济案件总计680起，其中：反倾销477起，占比70.15%；反补贴24起，占比3.53%；保障措施102起，占比15.00%；特别保障措施77起，占比11.32%。从国别来看，排名前三的申诉国家/地区分别为美国116起、印度93起、土耳其67起；从行业来看，排名前三的分别为化学原料和制品工业123起、金属制品工业111起、纺织工业103起。2008年美国次贷危机的爆发对全球经济造成了严重的影响，造成世界性经济衰退，一些国家为了发展本国的对外贸易，希望增加出口并控制进口货物，选择推行贸易保护主义措施。然而越来越多的国家效仿并实施贸易保护主义措施，导致贸易摩擦在全球范围内迅速增长，而在不断增加的贸易摩擦中，最大的受害者就是中国。据中国贸易救济信息网2009~2021年，全球对我国发起的贸易救济案件共1250起，其中：反倾销838起，占比67.04%；反补贴172起，占比13.76%；保障措施229起，占比18.32%；特别保障措施11起，占比0.88%。从国别来看，排名前三的申诉国家/地区分别为美国194起、印度193起、欧盟83起；从行业来看，排名前三的分别为金属制品工业229起、钢铁工业219起、化学原料和制品工业202起。

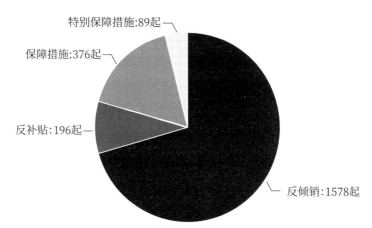

图 3-1 1978~2021年全球对我国发起的贸易救济案件类型分布

资料来源：中国贸易救济信息网。

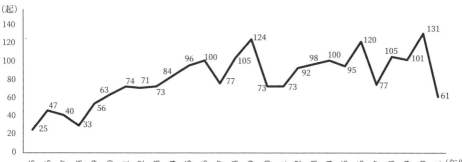

图 3-2 1978~2021年全球对我国发起的贸易救济案件数量趋势

资料来源：中国贸易救济信息网。

2.我国发起贸易救济调查

从我国对他国或地区发起的贸易救济调查来看，1997~2020年共对全球发起贸易救济调查案件314起，立案趋势如图3-3所示，其中：反倾销295起，占比93.95%；反补贴17起，占比5.41%；保障措施2起，占比0.64%。从贸易救济案件类型来看，我国对外发起贸易救济调查主要依靠反倾销手段。1997~2020年，我国对外贸易救济案件所涉及的国家或地区中，排名前三的被诉国家分别为美国68起、日本54起、韩国43起。从行业来看，我国发起的对外贸易救济调查案件共涉及14个行业，其中频繁出现的是针对化工产品的案件，共221起。近年来，针对新兴产业和技术附加值高的产品发起的贸易救济调查案件数量也在不断增加，其他涉及的产品是造纸、钢铁、农产品、电气、化纤、光伏、金属制品等。

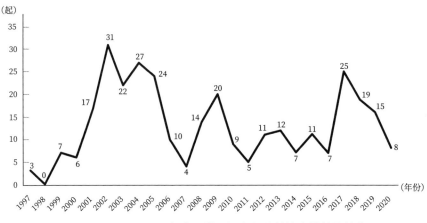

图3-3　1997~2020年中国进口调查贸易救济案件数量趋势

资料来源：中国贸易救济信息网。

随着我国进口贸易的增长，以及国内产业布局的调整，我国对外发起贸易救济调查呈现不同的特点。在加入WTO后，我国发起的对外贸易救济案件的数量也在存在上涨。2010~2016年，我国对外发起的贸易救济调查年均数量不超过9起。从我国对外发起贸易救济调查可以看出，2010年以来，我国对发达经济体发起的贸易救济调查明显多于发展中经济体。因为金融危机爆发以后，发达经济体通过扩大出口促进本国经济复苏，我国成为其出口的主要市场之一，对我国部分产业的正常竞争环境构成冲击。近年来，我国大力追求经济高质量发展，高技术、高附加值的新兴产业突飞猛进，但国内相关产业的需求缺口仍然较大。大量进口产品企图以低价倾销挤占我国市场，阻碍我国新兴产业发展，因此，国内产业应当提升维护自身合法权益的意识与能力，我国对外贸易救济法律体系建设仍需不断完善，贸易救济组织结构仍需持续优化。

（二）国别角度

从国别来看，与我国发生贸易摩擦最多的国家或地区是美国和欧盟。除此之外，许多发展中国家因贸易结构与我国相似，由此以各种理由设置贸易壁垒来限制我国产品出口。本部分从国别或地区角度出发，对典型发达国家或地区和发展中国家或地区分别与中国贸易摩擦进行回顾，了解中国贸易摩擦的历程和现状。

1. 发达国家或地区

（1）美国。中美经贸领域的贸易摩擦伴随着整个中美关系的发展而不断产生。自20世纪90年代起，美国就因中国大量廉价产品的出口对其国内产业造成冲击为由曾多次对中国进行"特别301调查"，要求中国加强知识产权保护。中国加入WTO后，美国更是频繁对我国发起贸易摩擦，2010年10月动用"301"条款，宣布对我国政府制定的清洁能源补贴政策及一系列措施发起调查，2018年3月，美国再次启动"301调查"，对从中国进口的商品大规模征收关税，并限制中国企业对美投资并购。从类型上来看，美国对中国发起贸易摩擦的形式是以反倾销为主，1979~2021年，美国对中国发起的贸易救济调查案件总计360起，居全球首位。然而，传统的贸易救济措施无法满足美国需要，于是技术性贸易壁垒、337调查、知识产权保护、人民币汇率问题、社会性贸易壁垒等更加具有隐蔽性的贸易保护手段成为美国对中国发起贸易摩擦的新型利器。

从行业来看，20世纪80年代，从服装纺织品贸易摩擦开始，中美贸易摩擦逐渐扩展到家具、彩电、农产品、机电产品等领域。随着中国比较优势的产业动态变化和新型贸易摩擦方式的不断涌现，中美之间的贸易摩擦从劳动密集型产品向资本技术密集型产品扩散，由传统的农业、纺织、钢铁、轻工、化工等低附加值的产品向机电产品、电子信息、生物科技、飞机制造等高附加值产品延伸。随着中美贸易的频繁往来，中美之间贸易不平衡的问题也日渐突出，美国与中国在中美贸易平衡、人民币汇率、知识产权保护、技术专利应用等领域的摩擦不断加剧，贸易摩擦程度也不断加深。经过这些年的贸易竞争与协商，中美贸易摩擦已经进入全方位、多领域、多层级的贸易摩擦交替发生阶段，并逐渐向更高级的领域和层次渗透。

（2）欧盟。自2003年开始，中国成为欧盟的第二大贸易伙伴国。中欧贸易关系的迅速发展也使中欧贸易摩擦不断加剧，中国加入WTO对中欧贸易摩擦产生了显著的影响，中欧之间的贸易摩擦在2002年之后出现明显上升趋势，并且从对我国发起的贸易救济调查案件数量上来看，欧盟仅次于美国，并以反倾销调查为主。此外，中国加入WTO以后，欧盟对中国的贸易摩擦手段也开始多样化，保障措施、特别保障措施调查、技术性贸易壁垒几乎都是在我国加入WTO之后开始出现。据中国贸易救济信息网统计，1979~2021年，欧盟对我国发起的贸易救济案件184起，其中：反倾销154起，占比82.8%；反补贴17起，占比9.14%；保障措施5起，占比2.69%；特别保障措施10起，占比5.38%。

反倾销是中欧贸易摩擦的主要方式，在欧盟对中国发起反倾销调查数量不断增长的同时，反倾销的范围也越来越大。1979~2021年，欧盟对中国发起的反倾销调查从未中断过，并且涉及各个行业，主要矛头都集中在中国具有明显比较优势的化工、轻工、冶金、纺织等行业，甚至对中国出口的鞋类、自行车及零部件、金属制品、机械设备、纺织品、钢铁等产品也多次发起反倾销调查。在新型贸易壁垒上，欧盟不仅是最先意识并运用技术性贸易壁垒的地区，也是当前世界上技术性贸易措施标准严格、运用频率高的地区之一，中国出口商品遭遇最多的技术性贸易壁垒就是欧盟设立的，目前由于欧盟的技术性贸易壁垒而引起的中欧贸易摩擦日渐增多。

（3）日本。随着中国与日本经贸往来日渐密切，中日贸易摩擦在数量上不断上升，而且在贸易摩擦领域也有扩大的趋势。据中国贸易救济信息网统计，1995~2021年，日本对我国发起的贸易救济案件中，反倾销7起，占比58.33%；保障措施3起，占比25.00%；特别保障措施2起，占比16.67%。目前，日本对中国主要设置技术性贸易壁垒，两国贸易摩擦所涉及的产品主要集中在农产品、纺织品、化工原料、机电设备和金属制品等几个行业。通过占比来看，与农产品相关的贸易摩擦占中日贸易摩擦的比重超过了60%，在中国加入WTO之前，日本对中国出口农产品主要采用保障措施调查，如1995年日本政府针对中国的生姜、大蒜发起保障措施调查，最终双方协商由中国实行出口配额、日本实行进口商申报得以解决；2001年日本进口突然大量增加，政府以对国内农业经济造成损害为由，针对中国进口的鲜香菇、大蒜等产品启动临时保障措施。中国加入WTO后，由技术性贸易壁垒所引起的中日农产品贸易摩擦频繁出现。

2.发展中国家或地区

（1）印度。印度对中国出口产品发起反倾销调查的数量一直都在以惊人的速度增加，贸易摩擦体量在不久的将来可能会超越美国。据商务部中国贸易救济信息网相关统计，2001~2021年，印度对中国发起的贸易救济案件中，反倾销269起，占比82.01%；反补贴9起，占比2.74%；保障措施40起，占比12.20%；特别保障措施10起，占比3.05%。由于中国对印度的出口规模不断扩大，对印度本国产品产生较大冲击，印度为了保护本国产业并控制进口，从而对中国发起贸易救济措施，且贸易摩擦案件数量增长迅速。目前中国对印度出口数量最多的五大类商品分别是化工、机电、钢铁、纺织和轻工产品，同时印度启动反倾销调查的重点对象也是这些商品。近年来，中国化工、医药产品在印度对中国的反倾销立案调查中所占的比例有所下降，同时汽车、电子、纺织产品遭遇反倾销立案调查的数量开始明显上升。中国对印度出口结构的变化可以从倾销行业结构的变化中充分反映出来。

（2）土耳其。中国是土耳其的重要贸易伙伴，中土经贸关系往来频繁，贸易摩擦也不断升级。2001~2021年，土耳其对我国发起的贸易救济案件共123起，其中：反倾销84起，占比68.29%；反补贴2起，占比1.63%；保障措施30起，占比24.39%；特别保障措施7起，占比5.69%。土中贸易往来最密切的行业是纺织行业，羊毛、纺织面料、人造纤维等都属于土耳其的优势产业，2005年以前土耳其发起的反倾销调查对我国外贸的影响不大。但是之后土耳其与各大纺织、服装协会联合，提议将纺织品配额的取消日期进行推迟，以避免各国的纺织业受到中国纺织品的"威胁"，从而阻止中国纺织品分割自身的市场份额。很多国家和地区的纺织业支持土耳其等各大组织共同签署的《纺织品服装公平贸易伊斯坦布尔宣言》，他们不顾《纺织品与服装协议》（ATC）规定和WTO的基本原则，都要求WTO对我国出口纺织品进行限制。

（3）阿根廷。中国是阿根廷对外贸易的重要伙伴国，随着不断扩大双边贸易规模，两国之间的贸易摩擦也日渐加剧。金融危机后，为加强对进出口贸易的控制并确保国内市场供应和对外贸易顺差，阿根廷政府采取了一系列贸易保护措施，其中包括非自动进口许可证制度、FOB最低限价措施、征收反倾销税、征收反规避税、为进口商品设置报关参考价格、提高临时性关税限制进口等，大量中国出口产品被牵连其中，这对两国双边贸易的发展产生了极大的负面影响。据中国贸易救济信息网统计，2001~2021年，阿根廷对中国发起贸易救济调查111起，其中：反倾销108起，占比97.30%；保障措施3起，占比2.70%。之前中阿双边贸易摩擦的对象大部分以劳动密集型产品为主，但近些年逐渐转向高端领域，这是因为中国的产业结构不断调整升级，出口产品的结构也不断优化，更多技术含量高、附加值含量高的产品成为遭受贸易摩擦的主要对象。阿根廷在这些领域不断设置贸易壁垒，希望通过高技术拓展新兴产业领域来升级产业结构、振兴国内经济。中阿双方都重视本国高技术、高附加值产业的未来发展，所以相关产业的双边贸易竞争十分激烈。阿根廷对中国出口商品的贸易救济调查不仅直接影响了两国的正常贸易往来，而且也对其他拉美国家产生了不良示范效应。

（三）我国对外贸易摩擦特点

1.国际贸易摩擦领域不断扩大，贸易摩擦对象不断增加

随着我国的对外经贸业务不断扩展、产品类型不断丰富、外贸总额持续扩大，并且，随着对外贸易规模的扩大和国际竞争力的增强，我国的贸易摩擦领域也不断扩大，从少数经济体扩大到几乎各个贸易伙伴国，从小规模产品延伸到各种相关行业，甚至从一个贸易措施扩展到国家的宏观经济政策。贸易摩擦的对象也逐渐从钢铁、轻纺等传统的劳动密集型产业，扩展到机电设备、电子通信等技术密集型产业，甚至向金融、零售等现代服务产业发散。随着区块链技术、互联网技术、通信技术等高科技技术日新月异，国际贸易摩擦有了新的方向，出现了以技术性贸易壁垒为主面向虚拟产品发起的贸易摩擦，还有面向新兴行业比如通信、高铁的贸易摩擦。

2.贸易摩擦数量增多

据WTO相关数据统计，近些年由于世界经济环境复杂、市场竞争激烈、各国就业压力增大等不利因素突出，国际上贸易保护主义势力增强，各国贸易限制措施急剧增加，主要表现为提高关税、滥用贸易救济措施、设置非关税壁垒等。虽然经济全球化为中国带来了顺风而行的便利，中国成为进出口贸易大国，但是也为中国带来了逆风直上的挑战，现阶段我国已由贸易进口大国逐渐转为贸易出口大国，与此同时，其他国家的贸易保护主义势力凸显，国际贸易摩擦事件也在逐年增加。

3.贸易摩擦手段多元化，新贸易限制措施不断出台

我国在应对贸易摩擦时，基本上以反倾销措施为主，而许多国家为了保障自身利益，越来越偏向于采用技术性贸易壁垒、知识产权保护、绿色贸易壁垒等新型贸易壁垒对我国出口商品设定限制，贸易摩擦方式由传统的反倾销调查向技术性贸易壁垒、绿色贸易壁垒和知识产权保护等新型贸易摩擦方式转变。因此，我国当前面临着更加尖锐和复杂的贸易摩擦环境。

4.中国遭遇贸易摩擦的程度持续加深

从国际贸易的宏观环境来看，许多国家对我国发起的贸易摩擦正从各个方面进行不同程度的加深，其中对我国贸易摩擦影响程度最深的国家是美国；从贸易摩擦的方式来看，许多新型贸易壁垒被应用；从贸易摩擦的金额来看，涉及的金额越来越大；从贸易摩擦涉及的产业来看，不再是单一的某个廉价劳动力产业，更多的是新兴高技术产业，由此看出贸易摩擦的程度从各个方面都在深入。

二、我国对外贸易摩擦方式

（一）传统贸易壁垒

传统贸易壁垒是指关税壁垒和传统的非关税壁垒，包括高关税、许可证、配额、反倾销、反补贴、保障措施等。传统贸易壁垒如关税、许可证、配额等大多数都在逐渐弱化，但是反倾销、反补贴等则有长期存在并继续增长的趋势。

1.关税壁垒

在复杂多变的国际贸易竞争环境下，各国贸易摩擦的手段主要以关税贸易壁垒为主。无论是发达国家还是发展中国家，均会选择不同程度地提高关税壁垒来减少其他国家对本国的产品倾销，保护本土产业以保证本国获得超额利润，使本国在对外贸易摩擦中占据上风。

近年来，中美贸易摩擦是国际贸易中关税壁垒的典型案例，在中美贸易往来中，中美贸易摩擦一直都客观存在，并且以关税壁垒为核心的贸易战愈演愈烈，其中以美国分别利用其商务部进行的"232调查"和贸易代表办公室进行的"301调查"为代表，对中国钢铁产品、铝产品、知识产权领域的部分

商品加征关税。2018年，美国基于"301调查"，对总额涉及约500亿美元的中国出口商品征收关税，税率为25%，并且涉及的行业以中国目前正在大力发展的人工智能、机械设备、通信技术、电子信息、生物医药、航空航天等行业为主。中国对于美国的行为也作出了回应，对原产于美国的大豆、化工品、汽车等14类共106项商品加征25%的关税，涉及金额约500亿美元。在美国拟对中国加征关税壁垒的同一天，中国决定自2019年6月1日零时起，对原产于美国的部分进口商品加征关税税率，针对不同税目的商品分别加征25%、20%、10%和5%的关税。在贸易摩擦愈演愈烈期间，经过长期谈判与磋商，中美双方在某些阶段暂时达成一致，贸易摩擦得到些许缓和，但中美之间的贸易摩擦不是一成不变的，关税壁垒仍持续存在，解决贸易摩擦也不可能一蹴而就，未来谈判仍然具有较大的不确定性。

自1978年改革开放以来，我国对关税水平进行了不同程度的调整，目前我国的关税总水平已经由加入WTO前的15.3%降至7.5%以下，实现了2001年加入WTO的时承诺。我国的关税下降过程可以分为三个阶段：1978~2001年，国内本土部分产业被过度保护，相应的关税持续下调，对当时不具备供应能力的材料、设施和一些生活必需品等进行大范围的降税；2001~2016年，我国加快了贸易自由化和经济全球化的步伐，在实现贸易便利方面，顺应经济全球化的浪潮，我国不断扩大开放力度，逐步降低关税水平，已实现我国进口商品高质量发展；第三阶段为2016年至今，我国已实现在服装鞋帽、箱包、日化用品、家用电器、医药健康类等产品上降低进口关税水平，关税总水平在2016年和2017年稳定保持在9.8%，2018年又一次主动降低进口关税至7.5%。

中国加入WTO后，实行了大批关税减让措施，这一系列的降税措施都展现了中国主动开放市场的决心，有利于进一步扩大开放力度。但是在保持关税总水平呈现下降趋势的前提下，中国采取了结构性的关税保护，对农业和汽车产业设立高关税，而通信技术等领域的进口关税则较低。但在中国加入WTO后的20年里，被重点实行关税保护的汽车和农业，发展得却没有好于处在自然竞争状态下的电子通信技术产业。由此可以看出，贸易保护可能会产生反作用，以至于不仅不能有效促进被保护产业的发展，反而使企业在保护中失去国际竞争力。

2.传统非关税壁垒

自2001年我国加入WTO以来，对外贸易得到快速发展，但我国所面临的对外贸易摩擦也不断增加。2003年之前，中国遭遇的反倾销调查占当年全球反倾销调查总数不超过20%，而这一比例自从在2003年超过20%之后，就呈逐年增长的趋势，到2020年更是达到了27%。除反倾销之外，中国遭受的反补贴、保障措施和特别保障措施等贸易摩擦案件也都呈现有增无减的状态。据中国贸易救济信息网统计，2001~2021年，全球对中国发起的贸易救济案件中，反倾销1315起，占比68.13%；反补贴196起，占比10.16%；保障措施331起，占比17.15%；特别保障措施88起，占比4.56%。其中，反倾销和反补贴案件共1773起，占全球发起的贸易救济案件的38.29%。2001~2021年，中国遭受他国贸易救济案件的类型及数量如图3-4所示。他国或地区频繁的对华贸易救济调查不仅制约了我国对外贸易的发展，也破坏了国际贸易的公平格局。2018年由于中美贸易摩擦形势，我国出口产品在国际上遭受了很多国家针对，2018~2021年，我国遭受的反倾销254起、反补贴65起、保障措施79起。从中国遭受贸易救济调查的具体方式来看，反倾销调查在我国遭遇的全部贸易救济调查案件中的比例均超过了60%，是这四种传统贸易救济调查的主要手段。

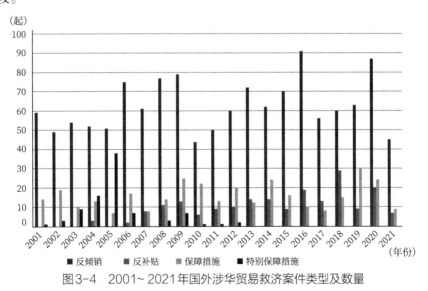

图3-4　2001~2021年国外涉华贸易救济案件类型及数量

资料来源：中国贸易救济信息网。

（二）新型贸易壁垒

新型贸易壁垒的产生是基于科学技术的推动和经济社会的发展，随着经济全球化的深入，传统贸易壁垒对自由贸易往来产生严重的威胁，表现为国际竞争形势越来越激烈，因此，隐蔽性较好的新型贸易壁垒成为进口国偏爱的贸易保护手段。新型贸易壁垒是指以技术壁垒为核心，包括绿色壁垒、知识产权保护和社会壁垒等在内的所有阻碍国际商品自由流动的新型非关税壁垒。

1.技术性贸易壁垒

技术性贸易壁垒是指商品进口国提高进口产品的技术要求，对出口国出口的产品制定比较严苛的卫生检疫标准、技术标准、商品包装和标签标准等，增加出口国产品进入本国市场的难度，最终实现限制进口他国产品的目的。但是，很多国家出于自身利益的考虑却扭曲了技术规则的初衷，将技术标准的制定无理化，将技术管控的应用混乱化，使其成为实施国际贸易保护的隐蔽性手段，进而成为引发贸易摩擦的重要根源。

以WTO公布的技术性贸易壁垒通知数作为量化技术性贸易壁垒的指标之一，图3-5为WTO官网公布的1995~2020年成员公布的新增技术性贸易壁垒通知数及累计技术性贸易壁垒通知数，可以看出技术性贸易壁垒通知数的累计数量逐年递增，且数量庞大。与此同时，虽然技术性贸易壁垒通知数的总体数量一直处于上升趋势，但随着时间的变化，其新增趋势有所不同，即新增数量有升有降。新增通知数首先在1997年达到第一个峰值，然后迅速下降，接下来分别在2003年和2009年又两次达到峰值，之后在2018年新增值又达到一个新的高峰，为2085件。我国现居于全球贸易调查的首位，近年来随着传统贸易壁垒弊端的显露，技术性贸易壁垒夹杂着知识产权贸易壁垒成为我国产品出口面临的最严峻的障碍。

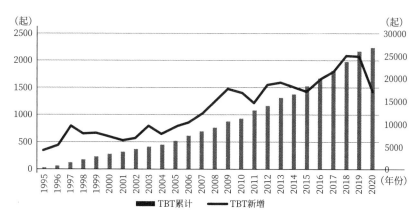

图3-5　1995~2020年WTO成员公布的技术性贸易壁垒通知数

资料来源：WTO官网。

　　如果中国不愿被技术性贸易壁垒挡在市场之外，那么就必须提高生产力和技术水平，跟上发达国家的标准，必须发展和培育高水平人才。从近几年的中美贸易摩擦可以看出，我国在基础信息科技、基础软硬件开发、芯片技术等核心技术领域暴露出了严重缺陷，应对技术性贸易壁垒，我国应在科研和技术攻关等方面大量投入人力资本，培养出大批专业人才。对此，我国实施的入境免签政策正是提升人才流动量、增加人才供给、提高人才竞争力的重要举措，为境内外人才交流、企业商务往来等提供便利条件。据统计，自2013年相关城市实施72小时过境免签政策以来，上海共计免签数量为12万人次，北京超10万人次，但是有些城市的过境免签效果并不显著，例如，成都近2000人次，重庆使用该政策7年共计旅客数量不足500人次，成渝双城经济圈作为中国经济增长"第四极"和内陆开放新高地，更应该在人才流动方面提供便利条件，以实现地区产业高质量发展。2019年，重庆成为国家首批20个实行144小时过境免签政策的城市，但是"144小时过境免签"政策实施一年以来，过境免签人数却不足150人次，远低于预期，尤其与北京、上海等地每年超2万人次的过境免签数量相比差距较大。由此可见，中国各省市在人才引进和人才交流方面发展不平衡，进而可以推断各行业在应对技术性贸易壁垒方面的发展也不平衡。

　　技术性贸易壁垒随着时代的发展不断呈现出新的发展趋势，主要体现在以下几个方面：一是从自愿性向强制性技术法规转化，自愿性措施正在与强制性措施结合并呈现明显向强制性法规方向转化的趋势;二是技术性贸易壁垒案件数量增长迅速,且扩散效应日益明显;三是技术性贸易壁垒针对的热点领域向环保节能方向扩展;四是各国都注重健康和安全问题,对相关方面的要求更加严格;五是技术性贸易壁垒越来越多地与知识产权相结合;六是拓宽监督对象的范围,过去以最终产品的检测为主,然而现在对产品的生产、包装、运输、销售等环节进行全过程的监督;七是技术性贸易壁垒不断由发达国家向发展中国家扩散。

2.绿色贸易壁垒

在社会经济及现代科技迅猛发展的今天,国际上特别关注环境污染问题,工业崛起导致的水源污染、交通运输繁荣导致的大气污染、农业运用高新技术得以兴盛导致的土壤污染等都严重影响着人类的健康生活和经济社会的高质量发展。为了避免生态环境破坏进而引起资源短缺等一系列问题的出现,各国都直接或间接地在绿色环保方面对外国进口产品采取不同程度的限制性措施,因此,近些年不断涌现出一种新兴的贸易保护手段,即以环境贸易壁垒为核心的绿色贸易壁垒。绿色贸易壁垒的主要内容包括绿色技术法规和标准、绿色环境标志、绿色包装制度、绿色关税和市场准入四个方面内容,各国对于产品生产加工到运输销售,每个环节都有非常严格的标准。

对于中国来说,农产品是遭遇绿色贸易壁垒的重灾区。农业是我国的支柱产业,在国际贸易中不断扩大农产品出口的贸易规模,将农产品贸易视为解决"三农"问题的重要途径,但是自加入WTO以来,我国对日本的农产品出口额占对外农产品总出口额的比重呈现下降的趋势。究其原因,随着绿色环保意识和检验检测技术的不断发展,在农产品方面,日本实行严格的绿色监管手段,通过绿色贸易壁垒制定的标准越来越严格。日本绿色贸易壁垒成为我国农产品出口过程中无法避免的硬性指标,对我国农产品出口的经济利益产生了不利影响。

3.知识产权贸易壁垒

随着知识经济全球化深入发展,各国都将知识产权保护作为国际贸易竞争的重要手段。目前,美国、欧盟、日本等专利大国和地区通过设置较高的知识产权贸易壁垒对中国出口产品施加了巨大的压力,也导致我国在海外知识产权纠纷的数量不断增加。中国因知识产权遭受的贸易摩擦主要来自带有贸易保护主义色彩的美国"337调查"，尤其是中国加入WTO后，涉华"337调查"的数量呈明显上升趋势，甚至在2019年被调查的案件数量占全球的60%，可以预测未来涉华"337调查"案件数量仍然会居高不下。

随着中国经济发展突飞猛进，我国的国际竞争力逐步提升。美国政府利用"337调查"限制我国出口贸易的发展，为争夺市场份额，又将贸易摩擦的矛头转向中高端产业，不断打击我国高新技术企业，引起两国贸易摩擦。移动通信、通信设备、计算机领域的发展是一个长期且变化迅速的过程，领域内积累的专利较多且知识产权密度极高，我国还存在很多"卡脖子"的专利技术需要长期研究。因此，美国对我国海外企业施加巨大的知识产权压力，通过不断增加"337调查"案件数量来限制我国高新技术企业的发展，争夺市场份额。我国制造业是最先在全球得到发展的产业，市场份额逐渐增大给美国带来了压力，因此美国在相关制造业领域，如针对汽车及零部件、电子产品、机械设备等不断发起"337调查"。近几年随着全球对健康和安全的重视，涉华"337调查"的范围也扩展到生物医药行业，包括药品和医疗器械，医药行业的研发成本较大，涉及的相关研发专利纠纷也比较频繁。从近年来我国遭遇的"337调查"经历来看，当相关出口产品对美国企业的市场份额造成较大影响时，美国对中国发起"337调查"的可能性就会增大，对中美两国相关产业的发展产生负面影响。

4.社会贸易壁垒

社会贸易壁垒是按照各种国际公约围绕劳动者的各项权利和劳动条件而采取的贸易保护措施，主要是一系列与公民权利相结合的社会条款。这些社会条款建立的初衷是为了保护劳动者的合法权益，但有时却成为一种削弱或限制发展中国家廉价成本产品出口的新型贸易壁垒。社会贸易壁垒并不完全限制我国对外贸易发展，它既有促进作用，也有潜在威胁。一方面，社会贸易壁垒可以培养高技术人才，增强企业的竞争力，改善我国的劳动环境，从而推动我国产业升级，并打造高质量的经济发展环境；另一方面，社会贸易壁垒也可能引发多种社会问题，因为我国以出口劳动密集型产品为优势，社会贸易壁垒会侵夺我国低成本劳动力的优势，导致劳动密集型产品出口受阻，引发中小企业的裁员危机。

5.签证壁垒

签证壁垒（Visa Barriers）是指一国政府利用签证对外来人员入境、出境和过境进行调节、管理和控制的一种政策性手段。同技术性贸易壁垒、绿色贸易壁垒等非关税壁垒相同，是限制贸易自由化的壁垒措施。但签证壁垒对贸易限制的影响不同于其他非关税壁垒，其主要针对于个人，限制外国人入境，影响自然人跨国自由流动，尤其是针对具备高素质的技术性人才的流动。由签证壁垒所形成的贸易摩擦可分为直接影响和间接影响，直接影响指签证壁垒对国际贸易投资自由化的影响，间接影响指签证壁垒影响我国服务贸易自由化发展，从而通过服务贸易传导机制影响我国货物贸易自由化发展。

较长的等待时间、烦琐的申请程序和拒签的不确定性风险是影响自然人流动的主要原因，签证壁垒已成为各个国家进行商务交流的重大问题。近年来入境免签政策的落地，可有效减小签证壁垒给贸易自由化发展带来的制约。入境免签政策是提升入境旅游人数、增强城市影响力和竞争力的重要举措，既能助推旅游、会展、商贸、文化、教育、科技、健康、体育以及航空、邮轮等产业融合发展，带动餐饮、酒店、高端消费等提质升级；也能提升国际物流枢纽功能，积极参与国际航空资源的广泛配置；还能拓展开放空间，提升开放能级，加快城市进入现代化国际都市行列，从而为城市贸易带来新的发展机遇。

北京、上海、广州、成都、重庆作为我国较早实行72小时过境免签政策的城市。2013年首批相关城市实施72小时过境免签政策效果差异大，上海和北京均超10万人次，而成都近2000人次，重庆不足500人次。可见我国在使用入境免签政策时，除北上广全国各省会城市普遍存在未用好用活入境免签政策的问题。以重庆市为例说明：2019年，重庆成为国家首批20个实行144小时过境免签政策的城市。"144小时过境免签"政策实施一年以来，重庆市过境免签旅客数量不足150人次，远低于预期，尤其与北京、上海等地每年超2万人次的过境免签旅客数量相比差距较大，可谓"起个大早，赶个晚集"。究其原因，主要是由于过境免签政策实施过程中存在"三个痛点"：一是政策实施不顺畅，表现为"四个缺乏"。重庆并未出台指导性文件，缺乏政策和制度设计层面的统筹推进；重庆尚未对相关企业及各类服务进行有效整合，缺乏统筹协调，政策实施存在"散、乱、软"现象；调研中发现，重庆过境免签政策缺乏宣传引导，绝大多数游客是在重庆航空口岸内才知晓该政策，无法提前进行旅游及消费线路规划；成渝地区双城经济圈内尚未获批实施一体化的过境免签政策，导致川渝两地缺乏联动协作，未形成统一的入境游市场。二是配套服务不多，表现为"四个不足"。重庆机场服务不足，国内枢纽机场针对跨境免签的特色服务较少，重庆市更是尚未开展相关服务；重庆国际交往平台不足，大中小型国际交往平台不多，国际会议、高端论坛、大型赛事、学术交流、专项会展等中外交流合作活动较少，邀请国外专家利用跨境免签政策开展短期交流项目缺乏；重庆市内国际国内知名品牌首店、旗舰店、体验店不多，免税店、外汇免税店和口岸免税店数量少、规模小，高端消费供给不足，中高端消费市场仍未形成集聚效应；重庆特色旅游产品不足，各大旅行社还没有专门针对144小时过境免签游客推出特色旅游产品，缺乏富有创意、便于携带、兼顾观赏与实用的高附加值特色旅游商品。三是枢纽功能不强，表现为"两个少"。国际航线较少，重庆面向53个免签国的100多个城市直飞航线仅18条；过境免签口岸较少，重庆市内获得过境免签政策的口岸仅有重庆江北国际机场。

因此，面对签证壁垒给我国贸易发展带来的弊端，我国应有效促进各省份、各区域用好用活落地免签政策，削减签证壁垒带来的负面影响。

（三）其他贸易摩擦方式

1.贸易平衡问题

中国对外贸易迅猛发展，成为持续推动世界经济增长的主要动力源，为我国带来了长期的巨额贸易顺差，持续增加的贸易顺差对于拉动我国经济增长、增加外汇储备等方面产生积极影响，但是也增加了产生贸易摩擦的风险，使经济增长的不确定性增加。由历年《中国统计年鉴》货物进出口总额的数据可以看出（见图3-6），我国货物贸易顺差在2008年达到2981亿美元的高峰，之后几年缓降，但在2015年中国货物贸易顺差再创5930亿美元的历史新高峰。

图3-6　1978~2019年中国进出口贸易差额

资料来源：历年《中国统计年鉴》。

　　我国对外贸易存在发展不平衡的问题，贸易顺差主要集中在劳动密集型产品领域。我国凭借大量廉价的劳动力资源在工业制成品加工组装环节形成了巨大的竞争优势，因此，我国成为世界主要的工业品生产国和出口国，每年有大量的工业品在我国加工并销往美国、欧盟等市场。随着中国参与国际分工的不断深化，加之全球产业逐渐转移，韩国、日本、新加坡等国家或地区将其原有的劳动密集型加工环节向中国大量转移，就导致他们对美国、欧盟等国家或地区的贸易顺差变成了中国对美国、欧盟等的顺差。贸易盈余本身并不一定意味着获得真实的贸易利益，在政治利益团体内部，将国内产业和就业等问题转嫁给贸易伙伴通常是最经济方便的选择，是欧美等国家或地区经常就中国的贸易顺差问题发起贸易摩擦的原因。

　　在全球贸易失衡的大背景下，处于中心位置的自然是中美贸易问题，更为重要的是，中美贸易问题使得人民币汇率问题成为中美贸易摩擦的焦点，持续增长的巨额贸易顺差带来不断增加的外汇储备，也不断加深我国对外的依存度，我国拥有巨额外汇储备也会因美元贬值面临外汇资产严重缩水的风险，增加人民币升值压力和金融风险，可能导致我国出口贸易迅速下降、失业率增加，我国的经济也面临着通货膨胀的潜在风险，同时也不利于我国外贸增长方式的转变。

　　2.气候变化问题

　　气候变化是全球生存和可持续发展必须面临的复杂挑战，现如今全球贸易蓬勃发展，国际贸易发展方式日趋"低碳化"和"绿色化"，各个国家逐渐将气候变化与贸易保护关联起来，气候变化问题成为新的贸易摩擦方向。气候变化的主要原因是生产和贸易活动产生的碳排放，面对气候变化问题，国际上主要采用碳关税这种更加具有隐蔽性和针对性的方式。碳关税是指对高耗能的产品进口征收特别的二氧化碳排放关税，主要针对进口产品中的碳排放密集型产品进行关税征收。站在全球能源环境问题的角度上看，碳关税的目的在于减少二氧化碳排放、阻止全球变暖。但从国际贸易实践的角度来看，碳关税已经成为一种新的贸易壁垒形式，是部分国家为了自身利益而限制其他国家发展的新措施。中国被许多国家指责碳排放量超标，如果我国要购买先进减排设备和技术就需要向部分国家或地区支付高额的费用，我国出口产品的成本被严重增加，出口产品的国际竞争力也将被严重削弱。

3.贸易救济措施问题

目前国际上贸易救济案件的比例不断增长，且贸易救济措施的形式也在逐渐趋于多样化。中国加入WTO后，遭遇的贸易救济调查案件明显比加入WTO前增加了许多，并且贸易救济措施也往往不是单一出现，一般都会以组合的形式不断出现，即反倾销、反补贴与保障措施共用，"双反"就是其中使用最频繁的一种组合。"双反"是指一个国家对来自其他国家的部分进口产品采取反倾销与反补贴共同使用的，以保护本国产业不受他国侵害的贸易保护方式。2006年美国首次对我国发起"双反"调查，美国对华的"双反"调查主要集中于金属制品工业，按照HS编码分类主要是第72章（钢铁）、第73章（钢铁制品）。美国的"双反"政策给中国钢铁行业带来了巨大考验。在1998年之前，中国冶金行业遭遇的贸易救济调查仅有反倾销一种形式，自2007年开始，中国冶金行业遭遇的"双反"调查迅速增多，尤其是美国对中国冶金行业发起的贸易救济调查基本上都采取反倾销与反补贴并用的"双反"调查方式。针对美国的"双反"调查，中国也一直积极运用WTO争端解决机制予以应对，尽管中国在贸易摩擦中采取积极的解决措施，抵制了他国滥用"双反"的贸易摩擦行为，但是美国对中国发起"双反"调查的势头仍然强劲，未来美国的贸易保护将更加密集地针对包括我国高端制造业在内的新兴产业领域。

三、我国对外贸易摩擦行业结构研究

（一）中国对外贸易摩擦行业概述

1. 在出口方面

（1）发生贸易摩擦的行业集中。表3-1列出了1979~2020年全球对我国发起的贸易救济案件中数量排行前十二的案件分布情况，可以看出第二类和第三类行业是我国遭遇贸易救济案件较多的行业，并且以反倾销为主要方式。1979~2020年，全球对我国的反倾销案总计1533起，而化学原料和制品工业、金属制品工业、钢铁工业、纺织工业、非金属制品工业是反倾销调查的重点行业，并且这些行业也是反补贴和保障措施的主要对象。

表3-1　1979~2000年主要行业贸易救济案件分布

（单位：起）

行业	贸易救济案件数量	反倾销	反补贴	保障措施	特别保障措施
化学原料和制品工业	375	286	19	66	4
金属制品工业	367	274	58	26	9
钢铁工业	261	174	32	54	1
纺织工业	192	100	3	32	57
非金属制品工业	167	111	10	40	6
电气机械和器材制造业	109	82	10	16	1
造纸工业	61	38	7	16	0
橡胶制品工业	58	43	8	5	2
食品	57	22	1	33	1
通用设备	57	45	6	5	1
有色金属	54	40	6	7	1

续表

行业	贸易救济案件数量	反倾销	反补贴	保障措施	特别保障措施
文体、工美和娱乐用品	49	45	0	4	0

资料来源：中国贸易救济信息网。

　　据中国贸易救济信息网统计，1979~2020年反倾销调查主要针对化学原料和制品工业及金属制品工业。期间，我国遭遇1533起反倾销案件，涉及化学原料和制品工业的案件有286起，占18.66%；涉及金属制品工业的案件有274起，占17.87%。如图3-7所示，这两个行业在统计的前十二个行业中分别占22.70%、21.75%。

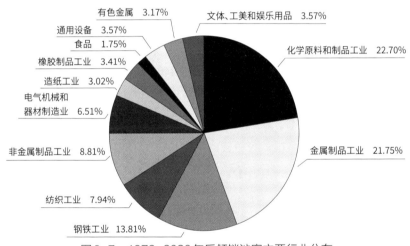

图3-7　1979~2020年反倾销涉案主要行业分布

注：图中数据存在四舍五入的情况。
资料来源：中国贸易救济信息网。

　　据中国贸易救济信息网统计，1979~2020年反补贴调查主要针对金属制品工业。期间，我国遭遇189起反补贴案件，涉及金属制品工业的案件有58起，占30.69%。如图3-8所示，金属制品工业在统计的前十二个行业中占比36.35%。

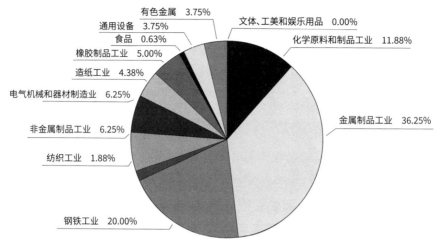

图3-8　1979~2020年反补贴涉案主要行业分布

注：图中数据存在四舍五入的情况。

资料来源：中国贸易救济信息网。

据中国贸易救济信息网统计，1979~2020年保障措施调查主要针对化学原料和制造业。期间，我国遭遇367起保障措施案件，保障措施案件，涉及化学原料和制品工业的案件有66起，占17.98%。如图3-9所示，在统计的前十二个行业中，占21.17%。

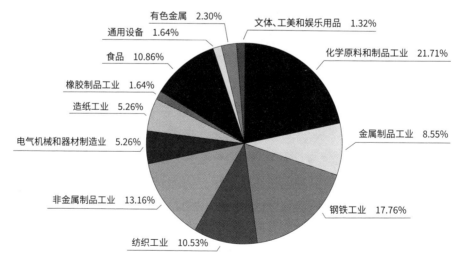

图3-9　1979~2020年保障措施涉案主要行业分布

注：图中数据存在四舍五入的情况。

资料来源：中国贸易救济信息网。

据中国贸易救济信息网统计，1979~2020年特别保障措施调查主要针对纺织工业，期间，我国遭遇89起特别保障措施案件，涉及纺织工业的案件有57起，占64.04%。如图3-10所示，纺织工业在统计的前十二个行业中占68.67%。

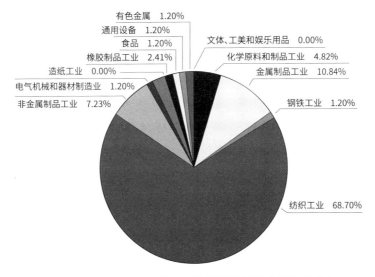

图3-10　1979~2020年特别保障措施涉案主要行业分布

注：图中数据存在四舍五入的情况。
资料来源：中国贸易救济信息网。

以上足以看出我国发生贸易摩擦的方式集中，主要方式覆盖的行业范围广，但涉及的某些行业集中度却很高。

（2）知识产权贸易摩擦涉及的中国产业逐渐增加。随着科技创新的发展和中国实力的增强，我国对外贸易中关于知识产权摩擦的案件数量也大幅度增加。中国遭遇的知识产权贸易摩擦涉及大量行业，按照世界海关组织HS编码分类体系，几乎所有产业（除了第3类的动植物油脂、第21类艺术品及古玩之外）均涉案，被调查的产业覆盖率达到了91%。

美国的"337调查"是专门针对知识产权问题的调查，而中国自2011年以来已连续9年成为遭受美国"337调查"案件数量最多的国家，且贸易摩擦在数量上呈现不断上涨的趋势，尤其是中国加入WTO之后，美国对中国的"337调查"案件数量迅速增长。1998年之前的"337调查"主要涉及中国的轻工产品；在1998年之后，贸易摩擦涉及的行业变多，涉及的产业结构在不断升级，美国涉华"337调查"的主要目标也逐渐变成了知识密集型的高新技术行业，如计算机软件、电子芯片、半导体集成电路等。2001~2020年，在美国发起的259起涉华"337调查"中，电子产品沦为侵权的主要调查对象。2020年，美国国际贸易委员会共计立案49起，其中涉华案件（不含港澳台）20起，占比40.8%，在这20起涉华案件中，专利侵权纠纷19起，专利＋商标双重侵权纠纷1起，可以看出"337调查"以专利侵权纠纷为主的格局依然没有改变，纠纷行业主要集中在电子工业领域，2020年"337调查"主要涉案行业分布如图3-11所示。

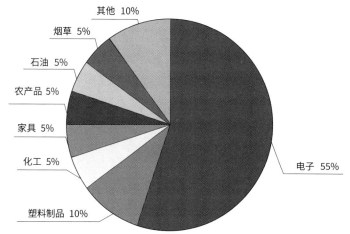

图3-11　2020年"337调查"主要涉案行业分布

资料来源：WTO官方网站。

　　我国出口产品受到限制的情况正在从低端向高端转变，其中涉及知识产权内容的贸易摩擦也越来越多，虽然从2011年起我国专利技术的申请数量就排在全球第一位，但面对贸易摩擦结构的变化，我国应进一步加强科技创新水平，以进一步提升企业创新竞争力，同时我国应进一步加强知识产权服务贸易，以提高知识产权贸易的成交额。除此之外，面对贸易摩擦结构的变化，应该正确认识到我国在关键核心技术领域"卡脖子"的关键问题。从我国专利技术本身来看，尽管我国的专利技术有数量大的优势，但是却存在着质量低的劣势，很多企业并不是为了自身企业的发展而申请的专利技术，而是看中了国家的资助，污染了我国知识产权外贸发展环境，还为知识产权方面的贸易摩擦埋下了巨大的隐患。我国现在强调追求高质量发展，知识产权方面更是如此，我国知识产权指数在国际上并不占竞争优势，反而暴露出来与美国、德国、日本等国家在知识产权贸易上的差距。

2.在进口方面

（1）发生贸易摩擦的行业集中。1979~2021年，我国对全球发起的贸易救济案件共计314起，其中：反倾销295起，占比93.95%；反补贴17起，占比5.41%；保障措施2起，占比0.64%。从分布的行业来看，排名前三的行业分别为化学原料和制品工业218起、钢铁工业27起、造纸工业24起、。由此可见，反倾销是中国进口调查贸易救济案件的主要方式，而化学原料和制品工业是中国进口调查贸易救济案件涉及的主要行业。在我国对全球发起的295起反倾销贸易救济案件中，首先是有212起为涉及化学原料和制品工业的案件，占所有反倾销贸易救济案件的71.86%，产业集中度较高。近年来涉案产品属于高技术、新兴产业的数量也在逐渐增加，但这些产业在我国具有良好的发展前景，如光纤属于战略性新兴产业，对国内通信产业、制造业的发展以及国家信息安全都具有十分重要的战略意义，因此，新兴产业和技术附加值高的产品发案数量在不断增加。

（2）主要行业发生贸易摩擦的国家或地区集中。1979~2021年，我国发起对外贸易救济调查的国家和地区中，排名前四的被诉国家或地区分别为美国67起、日本54起、韩国43起、欧盟34起。化学原料和制品工业是中国进口调查贸易救济案件涉及最多的行业，对外贸易救济调查共218起，其中有40起是对美国发起的进口调查案件，被诉国日本为38起，被诉国韩国为32起，在化学原料和制品工业方面对这三个国家发起的进口调查贸易救济案件占总数的50.46%。由此可见，化学原料和制品工业的贸易摩擦主要集中于美国、日本和韩国。

（二）中国主要进出口行业贸易摩擦分析

1.出口行业

反倾销、反补贴、保障措施和特别保障措施等传统贸易救济仍然是中国遭遇出口贸易摩擦的主要方式，本部分主要从传统贸易救济角度分析我国在化学原料和制品工业、金属制品工业、钢铁工业、纺织工业四大类行业出口所遭受的贸易摩擦特点与趋势。

（1）化学原料和制品工业。从我国遭遇贸易救济调查的年度立案情况来看，化工行业一直都是国外对我国发起贸易摩擦最为频繁的行业，我国出口的化工产品在1979~2020年共遭遇贸易救济调查375起，占对我国遭遇贸易救济调查总数的17.22%。我国化工产品频繁遭遇贸易救济调查的原因在于以下三个：一是化工产业是中国的传统支柱产业，具有价格优势，改革开放之后其整体规模迅速提升；二是化工行业的产业链条比较长，上下游之间的关联范围比较广，因此为化工产业连锁立案调查创造了有利条件；三是我国化工产业的子行业发展良莠不齐，对外贸易结构不平衡。从而使我国化工产品之前价格突出的竞争优势减弱，以致频繁遭遇贸易摩擦。

国外对我国出口的化工产品发起的贸易救济调查方式主要是反倾销调查，1979~2020年我国化工行业遭受的反倾销调查案件共计286起，占所有反倾销调查数量的18.66%。改革开放以来，我国出口化工产品遭受国外发起的反倾销调查在数量规模上呈现大幅度上升的趋势。按时间段来看，我国在1979年遭到首起贸易救济调查措施后10年时间里，虽然化工产品遭遇贸易救济调查的年均立案数量不足3起，1990年之前化工产品遭遇反倾销立案调查一共只有4起，但是在中国遭遇调查总数中的比例却相对较高，平均在40%以上；在1989年之后，化工产品遭遇的贸易救济调查案件数量开始出现上升趋势，但是由于在这一阶段，中国其他行业遭遇的贸易救济案件在不断增加，因此化工行业遭遇调查案件在全部调查案件中的比例开始下降。尽管如此，大多数年份中化工产品遭遇贸易救济调查的数量依然位居所有行业首位；1990年到中国加入WTO之前，化工产品遭遇反倾销调查年均立案数上升到44起；在中国加入WTO之后，化工产品国外涉华反倾销调查年均立案数大幅上升至约12起。而且，在国外对中国化工产品的反倾销调查有许多涉案产品是被多个国家和地区或一个国家或地区进行过多次调查。在中国加入WTO之前，仅有印度（17起）、美国（11起）、欧盟（6起）、韩国（3起）、墨西哥（3起）、澳大利亚（2起）、阿根廷（1起）、土耳其（1起）、巴西（1起）、菲律宾（1起）、哥伦比亚（1起）和南非（1起）共12个国家和地区对中国化工产品启动过反倾销调查。2001年之后，对中国化工产品启动过反倾销调查的国家和地区数量明显增长，2001~2020年，中国化工产品遭遇的反倾销案件共计284起，且大多数案件的申诉国都为发展中国家。

由此可见，发展中国家已经成为对中国化工产品发起反倾销调查的主体，其根本原因在于全球化工产业结构调整使包括中国在内的发展中国家化工产业发展结构基本趋同，生产的化工产品具有很强的同质性，因此在国际贸易中的竞争显然比较激烈。而中国作为发达国家产业转移的首选目标，无论是在劳动力成本还是在宏观经济政策上，和其他发展中国家相比具有明显的竞争优势，因此对其他发展中国家化工产业的发展造成了巨大的竞争压力。同时，随着中国国内化工产业产能的日益扩张，化工产品的出口市场结构也从原来的发达国家向发展中国家扩大，这又进一步加剧了与发展中国家产品的直接竞争。

（2）金属制品工业。1979年至2021年底，中国金属制品工业共遭遇贸易救济调查381起，居所有行业中第二位，在遭遇的全部贸易救济案件中的比例为17.02%；在中国金属制品工业遭遇的381起贸易救济调查中，反倾销调查286起，占总数的75.07%，是对中国冶金行业影响最大的贸易救济措施。从整体来看，2001年之前，中国金属制品工业共遭遇贸易救济调查53件，年均案件数量不足3起；中国加入WTO之后，截至2021年底案件数量为340起，年均案件数量为16起，由此可见，金属制品工业遭遇的贸易救济调查数量较加入WTO之前明显增加。在1998年之前，中国金属制品行业遭遇的贸易救济调查仅有反倾销一种形式，美国于1999年1月对中国出口的钢盘启动首起保障措施调查，并于2005年8月对非合金环形焊缝钢管发起首起特别保障措施调查，加拿大于2006年对中国钢管发起首例反补贴调查，这也是中国冶金行业遭遇的首起"双反"调查。自2007年开始，中国冶金行业遭遇的"双反"调查迅速增多，尤其是美国在此后对中国冶金产品发起的贸易救济调查基本上都采取反倾销与反补贴并用的"双反"调查。

（3）钢铁工业。钢铁工业是我国传统制造业的代表，也是我国经济发展的基础动力和支柱力量，在促进我国经济发展和对外贸易飞速发展方面，扮演着不可替代的角色，正是因为钢铁工业的重要地位以及对外贸易的繁荣发展，钢铁工业的贸易摩擦不断涌现。1979年至2021年底，我国钢铁工业遭遇贸易救济案件共计263起，占同期我国遭遇的全部贸易救济案件的11.75%；

其中案件以反倾销调查的方式为主，反倾销案件数量为176起，占总数的66.92%。在中国加入WTO之前，钢铁工业遭遇的贸易救济案件数量一共只有26起，在2001年之后，案件数量呈现迅速增长的趋势。尤其在2015年后有明显的增加，例如，2015年巴西外贸委员会对2015年对从中国进口的合金钢铁启动反倾销调查，中国最终被征收5年的反倾销税；在不断升级的中美贸易摩擦中，美国对我国钢铁制品的反倾销案件数量更是创下近年来最高的历史纪录；印度在2018年对我国的非钴制高速钢产品发起反倾销调查，我国因此被征收5年反倾销税。

对我国钢铁行业发起反倾销的国家和地区主要是韩国、日本、欧盟，这些国家和地区掌握钢铁行业的先进技术，并且其发展程度相对成熟，与我国低价优势之间产生竞争关系。同时近几年发展中国家也在构建自身的工业体系，对中国钢铁的需求逐渐减少，因此，这些国家与我国钢铁行业也产生了竞争关系，这种激烈的贸易竞争自然就引发了越来越多的贸易摩擦问题。并且中国钢铁产业的进出口结构有着巨大的贸易差额，且我国钢铁产业出口产能过剩、出口地区较为集中、加工工艺和产品质量与发达国家之间有一定的差距，这些问题都容易引起与其他国家之间的贸易摩擦。

（4）纺织工业。中国纺织业的发展迎来上升期是在加入WTO以后，生产能力随着改革开放的步伐不断提高，出口额突破千亿美元，伴随着出口规模的迅速扩大，纺织业的出口增长速度一直保持在20%以上。然而，在受金融危机影响期间，我国纺织品服装的出口增速放缓，但是仅过了2年，纺织品服装出口就恢复如初且欣欣向荣，开始了从恢复性增长向实质性增长转变的过程。正是这样的实质性增长影响了其他国家的市场份额，纺织业遭受大量的贸易摩擦。虽然比不过欧盟、美国、日本长期发展的纺织业成熟市场，但我国纺织业在经过多年的探索后开拓出一些新兴市场，促使我国出口规模扩大，而在国际市场需求减缓的情况下，其结果就是其他国家对我国纺织品、服装等相关产业的出口产生阻碍，因而贸易摩擦频频发生。截至2021年底，中国纺织工业共遭遇贸易救济调查193起，占同期中国遭遇贸易救济调查总数的8.62%。从纺织工业遭遇的贸易救济调查发起的时间段来看，1982~1998年，中国纺织业遭遇贸易救济调查13起，而且其形式全部都为反倾销。1999~2001

年底中国加入WTO，中国纺织业在3年时间内遭遇贸易救济调查7起，年均2起，数量上和上一阶段相比变化不大，但是从方式上来看，除了反倾销之外，增加了2起保障措施和1起特别保障措施。2002~2020年，中国纺织业遭遇的贸易救济调查大幅增长，18年间共遭遇172起，年均近10起，其中，从方式上来看，遭遇反倾销83起、反补贴3起，遭遇保障措施30起和特别保障措施56起。

2.进口行业

中国发起的进口调查贸易救济案件主要涉及化学原料和制品工业，因此，该部分只分析化学原料和制品工业的贸易摩擦特点与趋势。改革开放以来，截至2021年底，我国对全球发起涉及化学原料和制品工业的贸易救济调查案件共计218起，其中以反倾销为发起方式的案件212起，占总案件的97.25%。

我国相关法律要求反倾销立案调查针对同类产品进行，化工产品等加工材料都有固定的化学式，正是因为这样的特点，此类产品在贸易摩擦中比较容易认定。我国对他国化工行业发起反倾销调查不是故意针对，而是在遵守WTO相关规则的前提下的正当防御措施。从国内市场来看，中国加入WTO后，按照协议规定，将化工产品的关税从10%降到5%，当时中国的化工行业刚刚起步，国内大力发展经济，各部门对于化工产品的需求相当大，关税的降低意味着国内更多的市场份额被其他国家抢占，许多外国企业甚至不惜通过倾销等不公平的手段来占领更大的中国市场，而中国本土产业长期被国外成熟产业冲击，难以健康发展。基于这样的国际外部压力，加之受到严重的国际贸易不公平对待，国内化工行业的产业集中度较高，我国不得不针对化学原料和工业制品等相关行业发起贸易救济调查。通过对多年的贸易摩擦的合理应对，我国化工行业逐步走向工业化水平。

对进口产品发起反倾销贸易救济调查在恢复受损害产业、促进产业结构调整、维护公平竞争秩序、维护国家产业经济安全等许多方面都具有明显的效果。我国在化学原料和制品工业方面发起的反倾销调查给产业发展带来很多机会，不仅使国家重视该产业的发展并为产业研发提供支撑动力，还加强了同行之间的密切联系。随着数据成为新的生产要素，行业内的正向竞争促进数据共享，同时也提醒加强行业数据的保密性。

第二节 人民币汇率波动现状分析

一、人民币汇率波动特征及走势分析

汇率制度是指各个国家对于确定、维持、调整与管理汇率的原则、方式方法、管理机构等所做出的相关法律规定。汇率制度分为固定汇率制和浮动汇率制两种。固定汇率制是指一国与其他国家的货币汇率基本上是固定的，仅在一定范围内小幅度的进行波动。浮动汇率制是指一国没有强制规定本国货币与其他国家货币的汇率，主要通过外汇市场进行货币供求调节决定汇率，具体可分为以下两种：自由浮动汇率制，是指央行不会对汇率波动采取任何干预措施，汇率受到外汇市场机制调整；有管理的浮动汇率制，是指央行会采取干预汇率波动的措施，主要包括在外汇市场上购买外汇或者出售外汇，通过调整外汇市场中的供求关系间接影响汇率的波动。

（一）1994~2005年我国宏观经济形势及汇改措施

这一时期，我国根据市场供求关系，推行单一、有管理的浮动汇率制度。主要特点有三个：一是人民币汇率不再是由央行制定的固定汇率，而是根据前一日银行间外汇市场形成的价格，公布当日人民币汇率，而外汇指定银行根据央行公布的汇率和规定的浮动范围，自行确定和调整对客户的买卖价格。二是由外汇指定银行制定出的汇率是以市场供求为基础的。三是以市场供求为基础所形成的汇率是统一的。

1.1994~2005年我国宏观经济形势

第一，经济的增长会对汇率造成短期和长期的影响。短期经济的高速增长促使进口增加，加快了本币贬值。而在长期过程中，一方面，由于经济高增长将会促进投资收益增加，吸引国际资本流入，最终导致本币升值；另一方面，劳动生产率的提高可以促进本币升值。1994~2005年，我国实际GDP增长率在1994~1999年出现持续下降，后又稳步提升。前两年是政府为防止经济过热治理通货膨胀的结果，后两年则是受东亚经济萧条和我国内需低迷影响的结果。2000~2005年我国GDP增长率出现持续上升，从2000年的8.5%到2005年的11.4%，这表明外部因素和内需不足的困难已经克服。

第二，国际收支特别是贸易收支会对汇率产生长期影响。如果一个国家长期处于国际贸易收支的顺差，那么国外对该国货币的需求就会上升，从而引起该国货币升值；反之，该国货币贬值。据国家统计局数据资料显示，我国贸易顺差额已经从1994年的53.9亿美元增至2005年的1020亿美元，这期间，贸易顺差额大约增长了19倍，尤其是在2004~2005年，贸易顺差大幅度增长，并伴随人民币的加速升值。

第三，从图3-12可以看出，以M2为指标的我国货币供应量增长率从1994年开始持续下降，由34.5%的高增长率逐年降低，到1998年该增长率已不足1994年的一半，而2000年的M2增长率达到了这个时期的最低点12.3%。货币供应量的下降克服了经济过热和高通货膨胀率，但也引发了此后数年的内需不足和经济低迷。从货币供应的结构看，作为M2组成部分的M0和M1增长变化趋势与M2有很大不同，1994年、1997年和1999年为M0和M1的增长高峰，但在M2中的比重逐渐降低，而储蓄存款与定期存款对M2的影响在逐步加大。

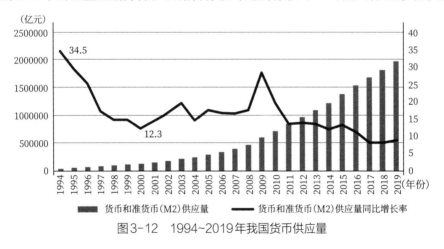

图3-12　1994~2019年我国货币供应量

资料来源：国家统计局。

第四，通货膨胀水平与汇率之间的关系可以通过购买力平价理论进行解释。根据购买力平价理论，购买力的变动导致了汇率变化，而购买力的变动源于物价的变动。由此可见，汇率的变动与物价的变动具有一定关联。如果本币的通货膨胀水平高于其他国家货币的通货膨胀水平，那么本币贬值；反之，本国货币会升值。我国的物价指数经历了从两位数高位的大幅回落，然后又持续地上升。1994年我国经济处于过热状态，CPI和GDP平减指数均处于20%。随着经济的调整，物价指数迅速下降，到1997年CPI已回落至2.8%，GDP平减指数回落至1.63%，这表明我国经济软着陆成功。我国物价走势与货币供应量走势十分类似，1994~1998年以较快速度下降，随着物价指数和货币供应量下降速度缓慢，CPI甚至出现小幅反转。

2.1994~2005年我国汇改措施

根据上文各经济因素对汇率的影响的分析，总结了1994~2005年我国汇改措施以及央行对外汇市场干预的情况。如图3-13至图3-15所示。

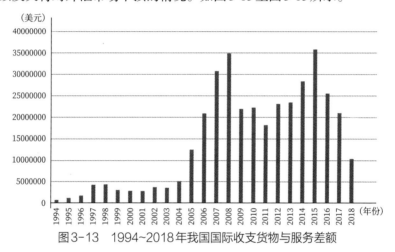

图3-13　1994~2018年我国国际收支货物与服务差额

资料来源：国家统计局。

图3-14　我国人民币汇率趋势

资料来源：国家外汇管理局。

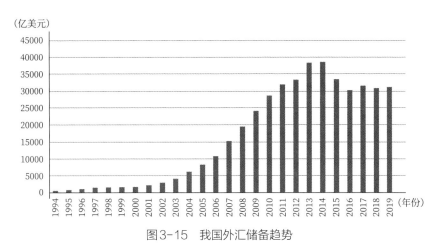

（亿美元）

图3-15　我国外汇储备趋势

资料来源：国家统计局。

从图3-13至图3-15中可以看出，在此阶段我国的国际收支顺差额、外汇储备都得到大幅度的提高，同时汇率的波幅也逐年加大。在此期间，根据中国人民银行采取的冲销手段的不同，可以划分为三个不同的阶段：

第一阶段为1994~1997年。自1994年开始，人民币汇率进行双轨制合并，开始实行以市场供求为基础，单一的、有管理的浮动汇率制。这段时间由于中国贸易出口和外商直接投资增长迅速，人民币汇率面临升值压力，央行为稳定汇率进行入市干预，导致外汇占款急速增加，从而使人民币汇率走势由快速升值转为渐趋稳定。但受利率和资本管制的限制，增加国内货币供给，却未带来市场利率下降和短期资本的流出，反而造成国际套利资本大量流入，国内面临通货膨胀的压力，因此，主要采取了回收再贷款的方式进行冲销干预。

第二阶段为1998~2000年。这段时间受亚洲的金融危机冲击，出口大幅减少，国内出现通货紧缩，央行为治理通货紧缩接连降息，使短期资本大量外流。同期美国利率更高，国内短期资本为进一步套利和规避人民币贬值压力，加速逃离中国，进一步减少了国内货币供应。这一时期的人民币汇率持续稳定，央行于1998年和1999年通过债券逆回购等方式投放基础货币，进行公开市场操作，对市场进行冲销干预。2000年开始，伴随着金融机构流动性增强，为了防范债券市场的投机现象，央行开始采用债券正回购政策进行货币回笼。

第三阶段为2001~2005年。我国出口与外商投资恢复了高增长，外汇市场对人民币升值预期日益增强。央行为保持人民币供给稳定，使用扩大公开市场操作和回购债券的种类等方式，以最大限度增加冲销的程度，但由于当时政府债券的严重缺乏，冲销空间受到限制。因此，自2003年4月起，央行滚动发行央行票据，进一步提升冲销力度。

（二）2006~2019年我国宏观经济形势及汇改措施

2005年7月我国开始改革汇率的形成机制，人民币不再盯住美元，而是与美元开始脱钩，并且央行选择参照"一篮子"货币制定人民币汇率，由此人民币汇率市场化迈出了积极的一步。"811汇改"采取的措施使市场供求的决定性作用和浮动汇率制度真正得到体现，增加了人民币汇率弹性，强化了人民币汇率在未来稳定发展的基础。2006~2018年人民币一直处于上升通道，在此期间由于国内宏观经济形势处于不断变化当中，央行对外汇的干预目标和干预措施也在改变。

1.2006~2019年我国宏观经济形势

从2005年后GDP增长率呈现出持续性增长趋势，从2005年的11.4%上升到2007年的14.2%。遭受全球金融危机的冲击，2008年、2009年GDP增长率接连大幅度走低，2005~2007年的经济增长是由于经济的发展以及金融危机之前经济过热造成经济过快增长。2008~2009年遭受全球金融危机的影响经济发展缓慢，直到2010年GDP增长率有了一定的回升，但总体上仍然呈现下降趋势，主要是由于我国经济发展达到一定水平后逐步放缓，经济增速转为中高速，经济进入了新常态。

相较于前十年，2006~2019年我国贸易顺差波幅较为平和，但体量很大。由于经济受到金融危机的冲击，2008年后贸易顺差大幅下滑，2011年达到了最低值1552.53亿美元。之后贸易顺差稳步上升，2018年达到了3509.48亿美元。

分析此阶段的货币供给，以M2为指标的我国货币供应2006~2009年持续上升，增长率从16.9%达到了峰值28.5%。2009~2014年又呈持续下降态势，2015年有小幅度回升。货币供应量的下降克服了经济过热和高通货膨胀率，是政府宏观调控的结果。

从货币供应的结构来看，作为M2组成部分的M0和M1的增长变化趋势与M2有很大不同，M0增长率2006~2010年有小范围的波幅，总体呈上升趋势，

2010年后开始大幅度下降。M1增长率的波动性很大，最高增长率达到33.2%，而最低只有9.1%。波动性的增加主要是因为2005年开始汇改以来，人民币汇率的波动幅度呈现出显著扩大趋势。尽管人民币表现出持续升值的趋势，但央行的外汇干预方向仍以买入外汇、卖出本币为主，使外汇储备规模的变化比较大，且导致M1、M2过快增长。在此情况下，央行不得不进行冲销，采取的冲销措施主要以提高法定准备金率为主，使得M1、M2的增长率开始大幅度下降，从而也影响到M0的变化。

在2008年国际金融危机以后，我国进出口总额下滑，货币的购买力下降，2006~2012年CPI上升率和GDP平减指数呈现"M"形，此后一直处于缓慢下降阶段，直至2015年后有所上扬。由于相对于别国来说，我国通胀水平较低，因此，在金融危机后虽然进出口额减少，但是这段时期人民币汇率波动不大。

2.2006~2019年我国汇率改革措施

2005年央行对人民币汇率形成机制进行改革之后，进一步增加了人民币汇率的弹性，与此同时，对中国外汇干预机制也产生了深远的影响。

首先，外汇干预的目标已彻底放弃了单纯盯住美元式的汇率稳定，汇率形成机制更加灵活，人民币汇率的市场化程度显著提升。其次，中国人民银行干预的自主性和主动性得到提高，参考"一篮子"货币而非盯住单一货币，使得央行可以根据国内外经济金融形势，从宏观上灵活把握干预的必要性与干预时机。最后，随着中国外汇市场的不断健全和进一步开放，市场效率得到有效提高，外汇干预的手段和工具也越来越丰富，有助于央行干预策略的提升。

央行在2006年7月至2012年已连续17次提高法定准备金率，中国存款类金融机构法定存款准备金率处于历史上的高位，达到了17%，已经远远高于英、美等西方发达国家的水平。

2015年8月11日，央行再次改革人民币汇率形成机制，人民币汇率基于市场供求，参考一篮子货币计算人民币多边汇率指数的变化，维持人民币汇率稳定在合理均衡水平上，进而形成有管理的浮动汇率制。一系列的汇改实践表明，为了避免汇率不稳定带来的汇率风险增加，我国采取了强有力的汇率干预手段。2017年5月，为了防范外汇市场中可能存在的"羊群效应"以及受顺周期影响，央行通过引入逆周期因子调整人民币汇率中间价报价模型。

随后几年受迫于人民币快速升值带来的压力，央行在2018年1月9日再次调整逆周期因子为中性。由于受到美国加息以及中美贸易摩擦的影响，半年内人民币呈现出持续贬值趋势，于是央行在2018年8月24日宣布重启"逆周期因子"。

（三）汇改后人民币兑美元汇率波动特征及走势分析

人民币汇改一直在市场化的大方向下开展，而我国一直坚持浮动汇率制度。然而，由于国际上人民币升值呼声的不停歇以及国际政治环境的不稳定，我国经济也受到一定程度的冲击，人民币汇率时常双向波动且波动幅度逐步增大。

自2005年汇率改革以来，人民币逐步摒弃了只盯美元的汇率制度，实施了以市场为导向、适时管理的浮动汇率制度，人民币汇率在受到2008年全球金融危机影响出现两年停滞期后整体上保持着升值的态势。人民币对美元汇率2019年较2005年整体升值了13.56%。

表3-2　人民币对美元汇率升值率

日期	USD/CNY（美元／人民币）	升值率（%）
2005/12/30	8.0709	0.00
2006/12/29	7.8087	3.25
2007/12/28	7.3046	6.46
2008/12/31	6.8346	6.43
2009/12/31	6.8282	0.09
2010/12/31	6.6227	3.01
2011/12/30	6.3009	4.86
2012/12/31	6.2855	0.24
2013/12/31	6.0969	3.00
2014/12/28	6.1186	−0.36
2015/12/31	6.4936	−6.13

续表

日期	USD/CNY（美元／人民币）	升值率（%）
2016/12/30	6.937	-6.83
2017/12/29	6.5342	5.81
2018/12/28	6.8632	-5.04
2019/12/31	6.9762	-1.65
2020/12/31	6.5249	6.47

资料来源：国家统计局。

从表3-2中可以看出，人民兑美元汇率的走势可以分为四个阶段：第一阶段为2005~2008年的快速升值阶段；第二阶段为2008~2010年的汇率平稳阶段；第三阶段为2010~2014年的稳步升值阶段；第四阶段为2015年起双向波动阶段。

1.2005~2008的年快速升值阶段

2000~2004年，我国国民经济发展连年以7%以上的速度增长，保持着良好的发展势头，尤其是对外经济贸易，增长势头和后续力十分强劲，在全球国际贸易中的占比不断增大，贸易顺差不断加大。同时，在美元持续贬值的国际经济环境下，中国经济的快速崛起对我国紧盯美元的人民币汇率制度提出挑战，而长期的国际贸易顺差更加剧了国际贸易冲突，将人民币升值的矛盾具体化，部分对华贸易逆差国家对人民币汇率制度提出质疑。

为促进中国经济的平稳运行，改善当时国际贸易失衡的情况，提升货币政策的独立性，更好地适应国际货币"多极化"趋势，央行于2005年7月21日改革人民币汇率形成机制，通过测算均衡汇率水平，并基于我国贸易顺差程度和结构调整的需要，确定当日人民币对美元升值2%。之后，人民币汇率的缓慢升值在一定程度上缓解了中国与他国的国际贸易冲突，使国际关系得到改善。自2007年5月，中国人民银行再次放宽了人民币汇率浮动范围，在将人民币汇率波动幅度扩大三个点以后，人民币汇率进入快速升值阶段。即使在2007年世界金融危机初期的冲击下全球经济逐步陷入发展低谷，我国的国际贸易顺差仍保持着高增长趋势，我国一贯保持巨额外汇储备，吸引了大量国际游资，从而进一步推动了人民币升值。

2.2008~2010年的汇率平稳阶段

自2007年世界金融危机爆发，多数国家和地区采取了一系列措施尽可能地抑制金融危机可能出现的经济破坏，然而最终并没有取得理想的效果，金融危机对实体经济的冲击逐渐显露。从2008年第三季度开始，我国实体经济增长减速、物价水平回落、居民消费需求降低，这对我国国民经济发展造成了严重影响。虽然在出口贸易方面也采取了加大补贴等一系列激励措施，但还是无法改变国内经济整体受到影响的事实，此时人民币汇率变化微乎其微，趋于平稳。

3.2010~2014年的稳步升值阶段

自2008年开始，美国先后启动了三轮QE[①]，再加上世界各国仍然处于经济恢复阶段，为增加出口，全球竞争性贬值的意愿十分强烈。其间，人民币汇率间歇性保持高位升值。随着美国逐步缩小QE规模、世界经济缓慢复苏，人民币升值速度也渐渐放慢。然而，近几年随着我国利率、汇率市场化进程的加快，央行逐步淡出汇率市场，人民币汇率的波动越来越贴近汇率市场行情的变化，人民币汇率也越来越贴近市场均衡值，缓慢升值与平稳发展协同共进。

4.2015年起人民币进入双向波动阶段

自2005年人民币汇改开始，人民币汇率总体表现为汇率持续单边升值的态势，仅在2008年金融危机期间出现了非常小幅的年度下跌。然而，自2014年以来，汇率呈现小幅度双向波动。2014年人民币对美元汇率出现了汇改后的首度贬值，较2013年贬值0.36%。为提升整个人民币汇率市场化程度和弹性，使其更接近市场汇率，2015年8月11日，央行对人民币进行贬值性调整。此后，受汇改和美联储加息预期，以及新兴市场货币贬值潮的多重影响，人民币加剧波动，承受较大贬值压力。在人民币汇率双向波动阶段，汇率风险

---

① QE（Quantitative Easing）主要是指中央银行在实行零利率或近似零利率政策后，通过购买国债等中长期债券，增加基础货币供给，向市场注入大量流动性资金的干预方式，以鼓励开支和借贷，也被简化地形容为间接增印钞票。

带来的对企业的压力不断加大。当前"中美贸易战"以及世界经济局势变化，使人民币汇率走势变化的不确定性加大，涉外企业在日常经营中应进行汇率风险管理，需要树立汇率风险中性理念，不利用汇率波动进行套利，合理、充分运用外汇衍生工具防范风险，才能起到有效规避企业经营冲击影响的作用。

二、人民币汇率波动情况分析

（一）人民币汇率波动的度量模型的构建

Clark 和 MacDonald（1998）提出了行为均衡汇率（Behavioral Equilibrium Exchange Rate，BEER）模型，该模型的优点是考虑了实际有效汇率的短期影响因素和中期、长期影响因素。BEER 模型运用时间序列模型检验各影响因素变量之间是否存在协整关系，在协整关系存在的基础上导出人民币均衡汇率，并测算汇率波动程度。模型的数学表达式如下：

$$Y_t = \alpha_1 X_{1t} + \alpha_2 X_{2t} + \alpha_3 X_{3t} + \varepsilon_t \tag{3-1}$$

其中，Y_t 表示人民币实际有效汇率，X_{1t}、X_{2t}、X_{3t} 分别表示影响人民币实际有效汇率的短期、中期和长期因素，α_1、α_2、α_3 分别表示变量 X_{1t}、X_{2t}、X_{3t} 的三个系数矩阵，ε_t 为随机干扰项。

根据式（3-1）代入解释变量的当前值，得到人民币当前均衡汇率 CEER（Current Equilibrium Exchange Rate），即：

$$CEER = \alpha_1 X_{1t} + \alpha_2 X_{2t} + \alpha_3 X_{3t} \tag{3-2}$$

通过 HP 滤波技术处理数据，得到各解释变量的长期均衡值 LFX_{1t}、LFX_{2t}、LFX_{3t}，根据式（3-1）代入解释变量的长期均衡值，得到人民币长期均衡汇率 LEER（Long-term Equilibrium Exchange Rate），即：

$$LEER = \alpha_1 LFX_{1t} + \alpha_2 LFX_{2t} + \alpha_3 LFX_{3t} \tag{3-3}$$

通过式（3-1）、式（3-2）的结果计算人民币实际有效汇率的当前波动程度（Current Misalignment，CM）和长期波动程度（Long-term Misalignment，LM）。其数学表达式如下：

$$CM = \frac{REER - CEER}{REER} \times 100\% \qquad (3-4)$$

$$LM = \frac{REER - LEER}{REER} \times 100\% \qquad (3-5)$$

（二）人民币均衡汇率的影响因素分析

根据行为均衡汇率（BEER）模型理论，计算均衡汇率的程度差异主要源于所选择的影响实际有效汇率的经济变量不同。在 Clark 和 MacDonald（1998）研究基础上，综合参考国内多位学者构建的模型，例如，严太华和程欢（2015）、姚宇惠和王育森（2016）等诸多学者的相关研究，同时根据我国国情并考虑数据的相关性和可获得性，最终选取了劳动生产率（LP）、贸易条件（TOT）、贸易开放度（TO）、国外净资产（NFA）、政府支出（GE）、广义货币供应量（MS）六个变量作为影响人民币实际有效汇率的短期和中长期因素。

（1）人民币实际有效汇率（Real Effective Exchange Rate，REER）指数。通常是指该国与所有贸易伙伴国的双边名义汇率计算的加权平均数，并且去除了通货膨胀的影响，反映了该国在国际贸易中的竞争力、货币的相对购买力以及对外价值。本书选取了国际清算银行（Bank for International Settlements，BIS）公布的人民币实际有效汇率指数进行分析。

（2）劳动生产率（Labor Productivity，LP）。根据巴拉萨-萨缪尔森效应，随着一个国家可贸易品部门的劳动生产率的提高，该部门工资水平也会提高，由于存在不同部门的工资平均化的趋势，不可贸易品部门工资水平也将提高，从而带动物价水平的上升，使得本币升值。本书以中国人均GDP与世界人均GDP的比值，作为劳动生产率的代理指标，数据来源于世界银行。

（3）贸易条件（Terms of Trade，TOT）。通常是指在一定时期内，一个国家出口单位商品能够交换得到的外国进口商品的数量，该指标反映了该国对外贸易的状况。一般来说，出口导向型贸易增长会使一国贸易条件恶化，进口导向型贸易增长则相反。贸易条件的改善对经常项目收支产生有利影响，使本币升值；反之，则使本币贬值。本书以一定时期内的出口商品价格指数与进口商品价格指数的比值，作为贸易条件的代理指标，数据来源于《中国统计年鉴》。

（4）贸易开放度（Trade Openness，TO）。随着一个国家国贸易开放度的提高，贸易壁垒和关税壁垒也会降低，贸易自由化程度加深，此时进口贸易会大幅增加，贸易收支形成逆差，使本币贬值。若开放程度较低，贸易壁垒和资本管制则较强，这时进口减少，出口增加，导致对本币的需求上升，从而本币升值。本书选取进出口总额与GDP的比值，作为贸易开放度的代理指标，数据来自国家统计局。

（5）国外净资产（Net Foreign Assets，NFA）。随着一国国外净资产的提高，国外收益将会增加，经常项目收支状况得到改善，实际有效汇率上升，本币升值。并且中央银行对外汇市场进行调节时，外汇储备越大，调节能力越强。本书选取外汇储备总额与GDP的比值，作为国外净资产的代理指标，数据来源于世界银行。

（6）政府支出（Government Expenditure，GE）。政府支出在一定程度上反映了本国的财政政策。一方面，一国的财政收支能够通过影响储蓄与投资，进而影响本国贸易收支，从而对汇率产生影响；另一方面，财政支出还会通过影响社会总需求与物价水平，进而对贸易收支与国际收支产生影响，从而对汇率产生影响。本书选取财政赤字与GDP的比值，作为政府支出的代理指标，数据来自国家统计局。

（7）广义货币供应量（Money Supply，MS）。在其他条件不变的情况下，一方面，货币供应量增加会导致本国的物价水平上升，进而使本国货币购买力下降，本币贬值；另一方面，货币供应量的增加会通过收入效应、价格效应以及通货膨胀预期，使利率提高，进而本币升值，因此，货币供应量是影响本币汇率的一个重要因素。本书选取货币和准货币（M2）与GDP的比值，作为广义货币供应量的代理指标，数据来自国家统计局。

本书所选的样本数据为1994~2019年的年度数据，对较大的数据项REER进行对数处理保持数据的平稳性，则BEER模型表达式为：

$$LnREER= \alpha_0+ \alpha_1LP+ \alpha_2TOT+ \alpha_3TO+ \alpha_4NFA+ \alpha_5GE+ \alpha_6MS+ \mu \qquad （3-6）$$

（三）人民币汇率波动程度测算

为规避存在"伪回归"的现象，对各变量数据进行ADF检验，检验结果如表3-3所示。

表3–3　ADF检验结果

变量	水平变量检验结果		一阶差分变量检验结果	
	ADF 值	P 值	ADF 值	P 值
LnREER	0.869534	0.8908	−3.274980	0.0022***
LP	−0.600846	0.8514	−3.263989	0.0963*
TOT	−4.066325	0.0045***	−5.636295	0.0000***
TO	−0.820578	0.9499	−3.388464	0.0016***
NFA	−2.005167	0.2826	−2.334257	0.0218**
GE	0.379926	0.7852	−1.824760	0.0656*
MS	2.538345	0.9960	−3.359016	0.0017***

注：*、**、***分别代表在10%、5%、1%的显著性水平上拒绝原假设。下同。

检验结果表明，TOT为平稳的时间序列，即为I（0）。而其余各变量为一阶单整序列，即为I（1）。

通过Engle-Granger两步法检验各变量之间是否有协整关系。运用Eviews9.0统计软件对各变量数据进行回归估计，估计结果如表3-4所示。

表3–4　回归估计结果

变量	系数	t 统计量	P 值
C	4.254811	20.17279	0.0000

变量	系数	t统计量	P值
LP	0.028020	0.296442	0.7701
TOT	0.010044	0.055412	0.9564
TO	−0.885433	−6.017686	0.0000
NFA	−0.085018	−0.468858	0.6445
GE	−5.224053	−2.847950	0.0103
MS	0.517298	4.621723	0.0002

得到残差序列后，对其进行ADF检验，检验结果如表3-5所示。

表3-5　残差序列的ADF检验结果

		t统计量	P值
ADF统计量		−5.112054	0.0030
临界值	1% 显著性水平	−4.498307	
	5% 显著性水平	−3.658446	
	10% 显著性水平	−3.268973	

由表3-5检验结果发现，残差序列的t统计量小于1%显著性水平下的临界值，表明残差序列是平稳的，存在长期均衡关系，协整方程为：

$$LnREER=4.253-0.003LP+0.012TOT-0.921TO-0.095NFA-5.455GE+0.540MS \quad (3\text{-}7)$$

将各解释变量的当前值代入式（3-7）中，得到人民币当前均衡汇率的对数值，对其进行换算得到了人民币当前均衡汇率，将CEER代入式（3-4）可得人民币实际有效汇率当前波动程度（CM）。将使用HP滤波技术得到的各解释变量的长期均衡值代入式（3-7），能够得到人民币长期均衡汇率的对数值。同理，经过换算可得人民币长期均衡汇率，将LEER代入式（3-5）可得人民币实际有效汇率长期波动程度（LM）。

（四）人民币汇率波动程度分析

从图3-16中可以看出，人民币汇率波动状态阶段性特点明显，人民币实际有效汇率高估和低估现象交替出现，实证分析结果与周源和唐晓婕（2014）、严太华和程欢（2015）、谢非和胡小英（2020）等的研究结论相一致。汇率高估程度最大为1998年的10.0767%，汇率低估程度最大为1994年的16.5920%，且汇率高估与低估大多聚集出现。

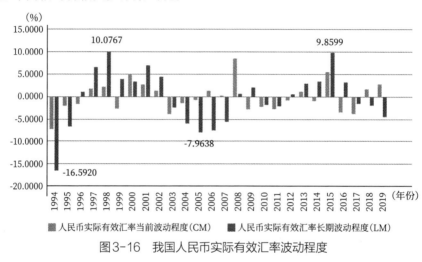

图3-16　我国人民币实际有效汇率波动程度

如图3-16所示，1994~1995年为汇率低估阶段，由于1994年我国进行大规模的税制改革，平均出口退税率从1993年的11.2%提高到17%，导致人民币均衡汇率上升，出现了低估。1997~2002年为汇率高估阶段，首先受到了东南亚金融危机冲击，其次1996年我国平均出口退税率从17%又降低到8.3%，因而均衡汇率下降，出现了人民币汇率高估。2003~2011年整体为汇率低估阶段，随着我国外汇储备快速增长，加之短期外债快速上升、美元疲软等因素，人民币均衡汇率不断上升，实际汇率出现低估。2012~2016年为汇率高估阶段，由于美国经济从金融危机中逐渐复苏，并放缓量化宽松政策，在这一时期，我国经济正处于转型升级期，国际资本持续流出，均衡汇率下降，实际汇率出现高估。2017~2019年为汇率低估阶段，2016年10月1日，IMF批准人民币加入特别提款权（Special Drawing Right, SDR）篮子，人民币国际化进程提速。与此同时，我国经济转型的换挡升级也使得均衡汇率逐步提升，而实际有效汇率的提升幅度，相比长期均衡汇率的提升幅度更低，造成了人民币汇率被低估。

第三节　我国进出口贸易现状分析

一、我国进出口贸易发展概况

尽管2001~2020年我国对外贸易的发展先后受到国际金融危机、国际地缘政治冲突、国内经济结构调整等因素的影响，但总体还是取得了世界瞩目的成就，无论是贸易总量还是贸易结构，我国均已成为贸易大国。

从总量上来看，我国的进出口总额从2000年的约0.5万亿美元增长到了2021年的约6万亿美元，年均增长率达12.89%。2014年，中国首次超过美国，成为世界第一大货物贸易国。同时，从2009年开始中国连续9年位居世界第一大货物贸易出口国，从2013年开始连续6年位居第二大货物贸易进口国。

从结构上来看，首先，我国对外贸易类别有了明显的改善，我国产业结构升级、产品体系优化取得一定成效，其中加工贸易出口额比率由2000年的55.2%下降到了近几年的20%左右。其次，我国也形成了较为稳定的出口产品结构，2006年后，我国出口产品中高级制成品占比逐步稳定在50%，形成了以高级制成品为主、简单制成品为辅的产品出口体系。最后，面对国际经贸与政治环境的不确定因素的增加，我国凭借"一带一路"和区域全面经济伙伴关系（Regional Comprehensive Economic Partnership，RCEP）等其他双多边自由贸易协定的推进与形成，已逐渐建立风险分散化、合作多元化的贸易市场结构。

（一）贸易总额

2000~2022年，我国外贸总额总体保持较快上升趋势。即使2009年与2015

年曾先后出现过总额和增速的阶段性回落，但之后仍较快地恢复了增长态势，如图3-17所示。

2001年以加入WTO为契机，中国把握住了国际产业转移浪潮的机遇，主动融入国际分工体系。利用国内低成本的劳动力，以加工贸易为主要形式、轻型工业制成品为主要出口产品的对外贸易飞速发展。2001~2008年，我国外贸总额年均增长率高达27.4%，由2001年的5097.68亿美元增长到2008年的25616.32亿美元。

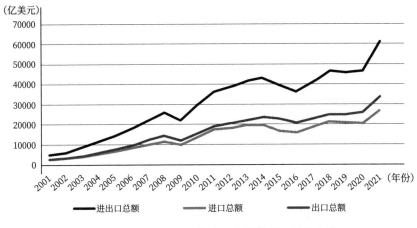

图3-17　2000~2021年中国贸易总额及结构变动

资料来源：国家统计局。

2008年美国金融危机对世界经济的负面溢出效应显现，由此世界范围内经济衰退带来需求下滑，彼时经济结构主要为出口服务且较为单一的中国受到了明显的影响，直接体现为出口和进口的锐减。贸易总额由2008年的25632.6亿美元下滑至2009年的22075.4亿美元，近20年来增长率出现首次负数，增速为-13.88%；其中，出口额同比减少16.01%，进口额同比减少11.18%。此后，我国通过积极的财政政策、相对宽松的货币政策、稳增长的贸易政策，较大程度抵消了金融危机对国民经济与外贸的冲击。

2010~2014年，通过扩大对外开放、优化经济结构、培育贸易新业态（跨境电商等）、加速人民币国际化（跨境贸易人民币结算）等，我国贸易总额逐步恢复上行态势。后金融危机时代的2015年，在全球经济尚未走出衰退阴霾、进口需求萎靡的情况下，我国外贸增速出现明显下滑，但总体仍保持增长态势。

如图3-18所示，2015年我国外贸总额出现了2008年金融危机后首次回落，下滑态势延续至2016年。2014年我国外贸总额达43015.3亿美元，2015年环比降低8.1%至39530.3亿美元；2016年进一步降低6.77%至36855.6亿美元。其中进口额下降尤为突出，2015年我国进口额同比减少14.27%，远高于当年出口额与进出口总额的下滑比率。

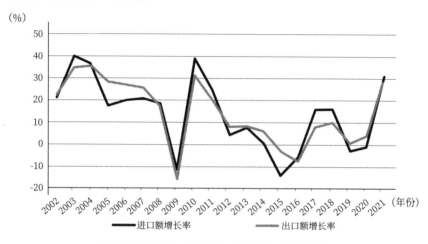

图3-18　2002~2021年中国进出口额增长率

资料来源：国家统计局。

2015~2016年，金融危机的负面效应仍在发酵，各国普遍采取的货币宽松与财政刺激走到了边际效用最低点。除美国外，中国主要贸易伙伴如欧盟、日韩、东盟仍挣扎在经济复苏的边缘。而中国国内也处于供给侧结构性改革的动能转换时期，内外时局交错，世界经济需求疲敝带来中国出口额的下滑，同时中国本身作为世界市场的重要需求方，中国经济与外贸在由外延粗放逐渐向可持续增长的转型中所减少的进口需求也会对国际市场产生重大影响。除此之外，我国贸易总额出现下滑的原因还有，2015年12月美联储加息，美国退出量化宽松，美元进入升值通道，中国对外贸易中以人民币与欧元计价的部分相应出现贬值。

2017年，我国贸易总额以11.44%的增长率回升至41071.4亿美元。从图3-17可以发现，进口额增长开始主导贸易总额增长。2017年进口额增长率达到16.11%，大于同期出口增长率7.90%；2018年进口额增长率15.83%，大于同期出口额增长率9.87%。这是一个不同寻常的迹象，区别于过去年份进口额增速对出口额增速的偶然超越。伴随前后一系列主动增加进口的政策出台，2017年的超越一定程度上体现了中国外贸结构从以往出口导向向贸易平衡转变的成果。

2018年中美贸易摩擦加剧，美国政府对中国进口商品加征关税。彼时美国还是中国最大单一贸易伙伴国，受此影响2019年中国对外贸易继2016年后再次出现负增长，外贸总额由2018年的46224.4亿美元下降到2019年的45778.9亿美元。其中出口额增速由2016年的16.11%下滑至2019年的-2.68%，进口额也由2016年的7.90%下滑至2018年的0.51%。2020年初，中美签署第一阶段贸易协定，贸易摩擦缓和在即，新冠肺炎疫情却又成为主导全球经济走势的"黑天鹅"。但是得益于我国领先全球的疫情防控效率，我国生产部门复工复产，国民经济全面复苏。2020年5月后，外国主要商品需求进一步转移至对中进口，中国外贸迎来一波逆势增长。中国外贸总额由2019年的45778.9亿美元上升到2020年的46559.1亿美元，其中出口额增长3.62%上升到25899亿美元，进口额相应下滑0.6%到20659.6亿美元。

（二）贸易类别

加入WTO后，我国借助于WTO的平台充分发挥了生产要素的成本比较优势，更大限度地承接了发达经济体劳动密集型产业的迁移。加工贸易作为我国外贸行业早期融入国际分工体系的主要方式，在我国外贸发展中扮演了重要的角色。

如图3-19所示，2000~2007年，加工贸易对我国外贸出口总额的贡献一直维持在55%左右，一般贸易的比例则在45%的水平徘徊。一方面，较高的加工贸易比例调动了国内闲置的生产要素，创造了就业与税收，对我国的国民经济与外贸发展起到了重要的推动作用；另一方面，过高的加工贸易比例也带来了隐忧，产生了本国产业结构优化、技术能力研发的迟滞效应、本国生产要素报酬率提高、全球产业价值链中地位提升的负面效应。

加工贸易是我国融入国际分工体系的最初尝试和必经之路。但以加工贸易为主导的贸易结构是不可持续的。以金融危机后的贸易复苏为契机，我国开启了贸易结构的优化进程。2011年一般贸易出口额首次实现了对加工贸易出口额的超越，同时中国在全球价值链中的上游指数由1995年的2.355提升到2011年的2.819。由此表明，伴随加工贸易比例的降低，我国在全球商品生产体系中供应中间投入品的能力得到了提升。

此后几年加工贸易形式的出口占出口总额的比例有了明显的降低，从2010年的43.73%下降到2021年的26.08%；一般贸易比例由53.93%上升到73.92%。此期间我国以商品本身技术、质量、服务、品牌综合优势的不断提升，逐步替代了劳动成本优势带动的简单加工装配模式，从而实现了我国外贸行业向国际产业链价值高地的迈进。

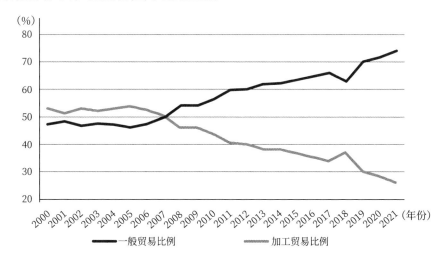

图3-19　2000~2021年中国历年各类贸易金额占比

资料来源：历年《国民经济和社会发展统计公报》。

二、我国进出口贸易行业结构分析

根据HS分类数据，2006~2017年我国对外贸易的行业结构体现出较高的集中度，少数行业贡献了绝大部分的贸易额，凸显了其在我国外贸发展中的重要作用。在相关行业内，出口和进口都保持了稳定的比例。说明此期间我国已经形成了与现阶段国内产业结构和国际分工体系地位相适应的外贸行业结构。

（一）出口行业结构分析

在出口方面，以HS分类中21大类行业各年度出口额占当年出口总额比重排序，前十大类行业（以下均为简称）依次为（后5类比例十分接近，为大致顺序）：①第16类"机电设备"（HS16）；②第11类"纺织品料"（HS11）；③第15类"贱金属及其制品"（HS15）；④第20类"杂项制品"（HS20）；⑤第17类"车辆等运输设备"（HS17）；⑥第18类"光学及计量等"（HS18）；⑦第6类"化工产品"（HS6）；⑧第7类"塑料制品"（HS7）；⑨第5类"矿产品"（HS5）；⑩第12类"鞋帽制品"（HS12）。前十大类行业出口额对出口总额的贡献比例如图3-20所示，2006~2019年，前十大类出口行业合计出口几乎维持在90%左右，表现出极强的出口行业集中度。

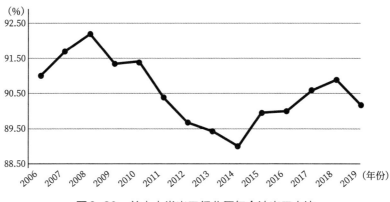

图3-20　前十大类出口行业历年合计出口占比

资料来源：国家统计局。

1.机电设备与纺织品料行业

如图3-21所示，2006~2019年，第16类"机电设备"和第11类"纺织品料"始终占据出口比例前两位。2006年第16类机电设备出口比例为42.73%，2019年则为43.50%，最高为2009年的44.69%，最低的2014年也达到41.49%。第11类"纺织品料"，2006年比例最高，达到14.25%，2019年为最低的10.41%。

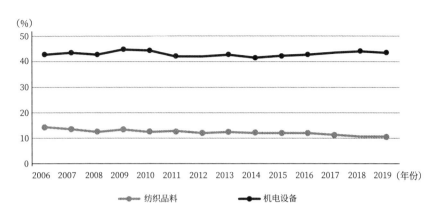

图3-21　HS16及HS11历年出口份额比重

资料来源：国家统计局。

　　与改革开放初期以初级产品为主的出口结构相比，在此期间机电设备行业在我国出口比例中持续而显著的龙头地位反映了我国工业化进程取得的重大成就。机电设备行业的出口总量反映了一国工业水平与制造产出能力。虽然出口比例较为稳定，但其背后的结构性优化是不能忽视的，随着国家产业政策引导与企业培育核心竞争能力意识的自发觉醒，我国逐渐崛起了一批集研发与生产、内销与出口等业务于一体，拥有先进管理理念和自主技术的新型企业集群。同时，实现了从以往装配和加工贸易为主的业务模式，到如今拥有完备产品体系，以质量、服务、品牌、技术取胜的行业业态升级。"中国智造"在我国机电设备行业出口中的比重正在逐年攀升。

　　纺织品料行业在我国外贸出口结构中有着特殊的意义。在改革开放后我国工业化进程的起步阶段曾是中国对外出口最主要的产品，远销欧洲和美国等发达经济体。但由于其主要呈现的劳动力密集的性质，长期来看由纺织品料主导的出口结构是需要优化的。随着我国产业结构升级，资本密集型和技术密集型产业兴起，出口外贸中纺织品料行业的贡献比例开始下滑。但作为一个有着传统优势的行业，纺织品料在出口外贸中仍然扮演了重要角色。同时，由于较高的行业贸易顺差，它也是我国遭遇国际非关税壁垒频度较高的行业之一。

　　2.贱金属及其制品行业

　　如图3-22所示，贱金属主要包括钢铁、铜、镍、铝、铅。2006~2019年，我国贱金属及其制品行业出口额所占比例呈梯度下降态势。2008年为断点，出口额比例由当年的10.07%下滑至2009年的6.42%，此后基本维持在7%附近。

贱金属及其制品行业是典型的资本密集型产业，需投入大量人力、土地、设备等生产要素。贱金属作为工业制造的原材料，行业的扩张与工业化进程、基建需求有较高关联。同时在现行技术条件下其产出往往还伴随着高污染、高能耗。从2011年开始，后金融危机时代下我国贱金属及其制品的主要出口地东盟仍处于经济恢复阶段，进口需求有所消减。加之我国逐渐从"保基础、稳增长"的经济政策转向寻求经济和产业结构的优化。随着供给侧结构性改革的推进，贱金属行业作为较为典型的"产能过剩"行业，行业内总体产能出现缩减。

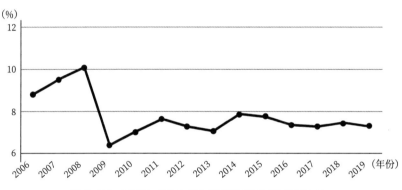

图3-22　2006~2019年HS15历年出口份额占比

资料来源：国家统计局。

3.其他行业

如图3-23所示，2006~2019年，虽然第17类车辆等运输设备与第18类光学及计量等两类行业出口额大体呈上升的态势，但其出口额以及占出口总额的比例相比于美、日、德等发达工业国家还有一定差距。第17类车辆等运输设备出口额所占比例从2006年的3.97%上升到2017年的4.63%，在2011年达到了最高的5.75%；第18类光学及计量等行业出口额比例近14年间基本保持在3.5%附近，2017年为3.39%。

第17类车辆等运输设备与第18类光学及计量等是典型的技术密集型产业，目前世界范围内的供给市场主要被美国、日本、德国、瑞典等国家垄断。较低的出口额和出口比例在一定程度上反映了我国在高精工业领域技术上的短板。但可以预见的是，在我国由制造大国迈向制造强国的路上，第17类汽车等运输设备、第18类光学及计量等行业的格局将会被打破。

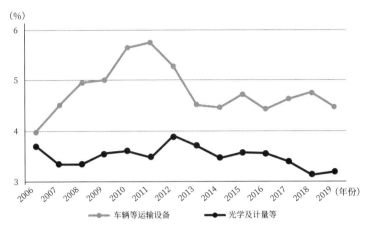

图3-23　2006~2019年HS17及HS18历年出口份额占比

资料来源：国家统计局。

　　如图3-24所示，第7类塑料制品、第5类矿产品、第6类化工产品、第12类鞋帽制品四大行业各自出口总额及比例不高，但每年对出口总额的贡献都稳定在10%以下。四大行业产品基本为初级制成品与低级工业品，较低的出口比例与我国当下的经济结构和外贸发展战略是相适宜的。

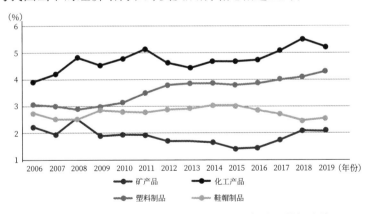

图3-24　2006~2019年四类HS行业历年出口份额占比

资料来源：国家统计局。

（二）进口行业结构分析

　　在进口方面，以HS分类中21大类各年度行业进口额占当年进口总额比例排序，前十大类行业（以下均为简称）依次为：①第16类"机电设备"（HS16）；②第5类"矿产品"（HS5）；③第18类"光学及计量等"（HS18）；④第15类"贱金属及其制品"（HS15）；⑤第6类"化工产品"（HS6）；⑥第7类"橡胶制品"（HS7）；⑦第11类"纺织品料"（HS11）；⑧第17类"车辆等运输设备"（HS17）；⑨第2类"植物产品"（HS2）；⑩第1类"动物产品"（HS1）。

前十大类行业进口额对进口总额的贡献比例如图3-25所示。

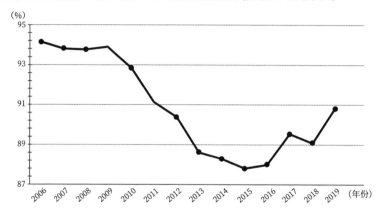

图3-25 2006~2019年前十大类行业历年合计进口占比

资料来源：国家统计局。

1. 机电设备行业

如图3-26和图3-27所示，同出口一样，第16类机电设备行业同样占据着进口比例第一位。第16类机电设备行业表现出"大进大出"的特点，这反映了我国机电设备行业在全球制造品生产链的重要地位。但与出口的基本稳定有所不同的是，进口比例呈现出逐年下降的趋势。与此同时，进口额增长率也低于同期的出口额增长率，使得行业内部贸易顺差加大。

期间存在相关出口国产出减少，使得我国机电设备行业进口相应减少的宏观因素。但我国制造业结构优化，行业实力、技术水平、产品竞争力提升是切实可见的，由此引发的进口替代也是机电设备行业进口额增长率放缓、行业内贸易差额扩大的重要原因。

图3-26　HS16历年进出口额及贸易差额

资料来源：国家统计局。

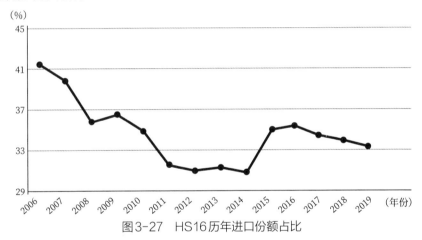

图3-27　HS16历年进口份额占比

资料来源：国家统计局。

2.矿产品、化工产品和贱金属及其制品行业

如图3-28所示，第5类矿产品行业、第6类化工产品行业、第15类贱金属及其制品行业的进口产品对我国经济运行、高新技术发展、国防军事、社会安定等方面有重大意义。例如，属于第5类的石油、煤炭等能源物资进口；属于第6类的贵金属、稀土资源进口；属于第15类的铜、铝进口。

我国是世界矿产进口大国。尽管我国有总量丰富的矿产资源，但庞大的人口基数导致重要大宗矿产人均水平低于世界人均水平。目前，可再生能源尚未实现技术和经济上的完全成熟，主要能源供应仍来自化石能源，且在国内储备有限的背景下，以石油、煤炭为代表的化石能源物资还将是我国重要的进口产品。

稀土与相关贵金属在现代工业体系中扮演了极其关键的角色，在冶金工业、石油化工、高新材料、军事等国家核心工业、技术领域都有重要的应用。此外，由于矿产全球范围内分布不均，我国某些类别矿产藏量极低，如镍、铬等几类贵金属，部分类别稀土矿等，加上部分矿藏品相不佳，导致我国此类矿产品对外依存度极高。

同能源物资一起，稀土与相关贵金属被认为是国家战略物资。在可持续发展战略的指导下，对国内储备进行适度开发、高效利用，同时保持稳中有升的进口是未来的发展趋势。

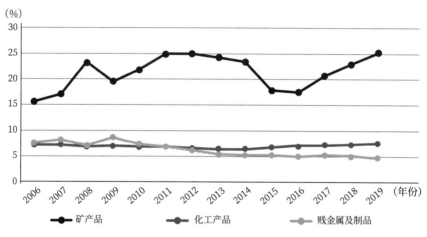

图3-28　三大行业历年进口份额占比

资料来源：国家统计局。

3.植物产品与动物产品行业

如图3-29所示，2006~2019年，第1类动物产品行业进口比例轻微上升，但总体比例不高。第2类植物产品行业进口比例也逐年增长，从2006年的1.39%上升到2017年的3.33%。

第1类动物产品和第2类植物产品行业虽然进口额与比例不高，但对国民生活却有重大的影响：第1类中的肉类进口与第2类中的相应农产品进口是我国重要的进口产品。粮食与肉类作为重要的生活资料，是一国国民最基本的生活需求。虽然我国为农业大国，但受制于人口众多与有限的耕地，对于部分粮食产品一直存在结构性的进口需求，如大豆、玉米、小麦等。此外，近年来国内生猪养殖条件的变化导致国内猪肉价格阶段性剧烈波动，以猪肉为代表的进口肉类也越来越多地出现在中国人的餐桌上。并且可以预见，未来为了实现国人更高层次的食品自由和安全，以提升生活水平，还会主动扩大开放，从更多国家进口更多种类的农产品与肉类。

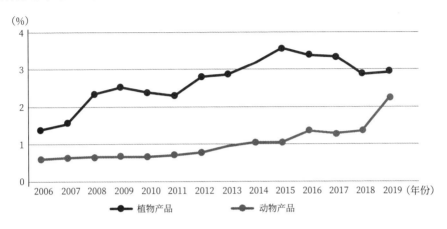

图3-29　2006~2019年HS1及HS2历年进口份额占比

资料来源：国家统计局。

4.其他行业

如图3-30所示，第17类车辆等运输设备与第18类光学及计量等是典型的技术密集型产业。2006~2019年，第18类光学及计量等产品的进口额比例有所减小，从2006年的7.59%降至2019年的4.98%。但结合前述同类产品较低且稳定的出口额比例，一定程度表明进口比例的缩减并非由于国内产品崛起引发的进口替代，可能是近年来外国技术封锁的结果。第17类车辆等运输设备则从2006年的3.76%增长到2019年的4.69%。

以汽车、相机镜头、医疗器材等产品为典型代表，作为现代尖端技术的集中体现，第17类车辆等运输设备与第18类光学及计量等领域技术创新能力的发展是由中国制造到中国智造的必经之路。只有提升品牌、增强产品竞争能力，才能以优秀的国内产品实现进口替代，同时打破跨国垄断。

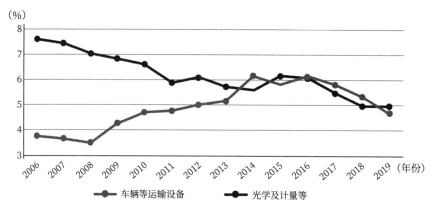

图3-30 HS17及HS18历年进口份额占比

资料来源：国家统计局。

（三）行业总体结构分析

从行业整体结构来看，将HS分类中各类产品所代表的行业依据其产品要求工艺水平、技术因素作简单归类。将第1~5类划分为初级产品行业，第6~15类划分为低技术工业制成品行业，第16~19类划分为高技术工业制成品行业。得到2006~2019年三大类行业的进出口比例变动，如图3-31和图3-32所示。

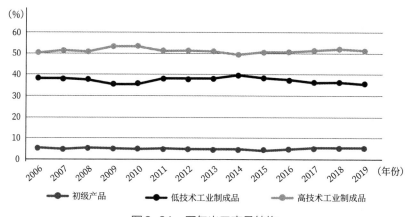

图3-31 历年出口产品结构

资料来源：国家统计局。

从整体来看，我国外贸出口结构非常稳定，高技术工业制成品、低技术工业制成品、初级产品呈现出显著的分层态势，反映了我国产品在国际市场上不断增强的竞争能力，以及日益提升的产品的技术含量和品牌价值。

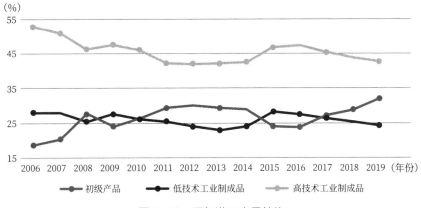

图3-32　历年进口产品结构

资料来源：国家统计局。

　　同时，我国进口结构也呈现出较为明显的分层态势，知识、技术密集型的高技术工业制成品与能源、食品等重要大宗商品物资进口不断扩大，享受世界经济开放互通的红利，实现"世界资源，中国使用"。目前我国已经基本形成了与现阶段国内产业结构和国际分工体系地位相适应的外贸行业结构。随着我国经济发展动能转换、贸易战略升级及贸易政策演进，我国进出口行业结构可能也会随之变化。

第四章 贸易摩擦及人民币汇率波动对我国进出口行业影响的调查与分析

第一节 调查方案设计

《贸易摩擦及人民币汇率波动对进出口行业的影响调查问卷》见附录二。

第二节 现状调查

一、典型行业进出口贸易现状及主要影响因素调查

改革开放以来，中国对外贸易不断发展壮大，在规模上实现了由小到大的跨越，为中国的对外开放、经济社会的发展做出了重要的贡献。加入WTO后，完备的产业结构与低廉的生产成本推动

了中国对外贸易的持续发展，贸易总量不断提升，市场占有率持续扩大，经济结构逐步外向，外贸进一步成为中国国民经济发展的重要动力。2016年后，国内产业结构调整促进了对外贸易的转型升级，在总量稳固的前提下各行业逐渐培育在技术、品牌、质量、服务方面的竞争力，由中国输出且供应链条完整布局在本国的制成品的比重明显增加。

2013~2015年，中国连续三年成为全球货物贸易第一大国，外贸总额分别达41589.9亿美元、43015.3亿美元、39530.3亿美元。受大宗商品价格下跌与人民币贬值影响，2016年美国反超中国成为世界第一大贸易国。而后中国外贸增速有所下滑，但结构继续优化。2018年中国外贸总额达到46224.4亿美元，同比增长12.55%，增幅创下6年来新高，再次成为世界第一大贸易国。2019年在中美贸易摩擦等地缘政治背景下，中国对外贸易仍然交出了45778.9亿美元的成绩，中国自主品牌商品出口增加12%，占出口总值比重较2018年提升了1.1个百分点。此外，产业链更长、附加值更高、更能反映企业自主研发能力的一般贸易占中国外贸进出口的比例达59%，也比2018年提升了1.2个百分点。中国外贸总量稳固提升，外贸转型稳中有进，外贸竞争力稳步增强。

中国已经成为名副其实的贸易大国，正处于由贸易大国迈向贸易强国的进程。目前中国进出口贸易已经实现在市场结构、贸易类型、行业结构上的优化。而行业结构的优化则是国内产业转型升级的直观结果，并与中国对外贸易竞争力的提升形成了良性的互动和激励。

（一）典型行业出口贸易现状

根据中国海关总署数据统计，2006~2019年中国对外贸易HS行业出口数据如表4-1所示。

表4-1　2006~2019年中国HS行业分类出口数据

单位：亿美元

年份	2006	2007	2008	2009	2010	2011	2012	2013	2014	2015	2016	2017	2018	2019
总额	9689.78	12200.60	14306.93	12016.12	15777.54	18983.81	20487.14	22090.04	23422.93	22734.68	20976.31	22633.40	24867.00	24994.80
HS1	71.22	73.97	84.73	95.76	120.17	149.66	154.77	168.41	187.21	173.57	176.18	176.28	177.89	167.72
HS2	88.97	112.65	115.54	123.19	158.69	187.69	176.29	198.53	209.88	222.31	244.05	251.39	255.72	271.40
HS3	3.91	3.27	5.95	3.30	3.69	5.44	5.67	6.07	6.45	6.67	6.00	8.39	10.93	11.88
HS4	138.02	164.74	182.08	160.12	193.71	243.38	274.17	280.65	290.09	279.11	285.47	299.76	331.05	318.51
HS5	213.92	235.88	364.86	227.66	303.75	362.88	348.27	376.34	386.74	317.19	301.33	393.26	516.06	521.73
HS6	377.52	510.85	688.74	540.26	749.73	970.91	944.42	976.89	1094.06	1061.94	993.18	1144.52	1365.39	1302.92
HS7	296.36	365.13	413.86	359.42	495.92	663.46	773.43	848.83	903.87	860.30	811.07	906.55	1018.68	1062.97
HS8	153.81	163.64	182.73	166.65	232.46	299.45	317.39	347.96	350.84	350.39	313.98	331.39	343.31	352.33
HS9	99.10	113.90	114.65	92.53	111.88	131.57	141.21	144.57	161.54	158.36	150.50	151.57	164.72	150.71
HS10	68.95	91.93	103.91	100.21	124.06	162.42	173.21	197.94	217.74	227.64	213.40	217.52	230.75	259.77
HS11	1380.94	1658.02	1797.34	1614.09	1995.33	2405.39	2460.45	2739.59	2875.84	2733.93	2532.63	2573.21	2660.07	2602.41
HS12	262.53	305.79	360.00	344.61	439.12	524.64	588.12	640.53	705.45	682.10	594.43	611.06	611.18	636.28
HS13	155.43	182.95	225.51	205.26	272.12	340.21	397.10	454.28	491.13	548.45	442.72	459.03	502.02	544.49
HS14	68.94	81.23	85.06	75.15	125.46	275.04	454.51	502.88	632.00	307.09	217.31	179.81	197.10	206.01
HS15	853.03	1155.30	1440.15	771.21	1107.99	1449.21	1490.73	1559.99	1842.57	1765.67	1544.12	1650.97	1854.35	1826.39
HS16	4140.46	5288.15	6107.55	5369.67	6985.68	7995.19	8632.09	9444.38	9717.59	9586.02	8969.75	9815.69	10933.36	10871.22
HS17	384.28	549.77	706.97	600.91	888.74	1091.07	1083.70	1001.65	1047.80	1072.15	928.87	1048.09	1180.06	1118.39
HS18	356.21	407.29	476.03	425.79	566.25	659.97	793.91	817.59	810.35	810.99	743.90	768.20	777.45	796.07
HS19	0.39	0.59	0.77	0.64	0.98	1.17	1.39	1.59	1.61	1.70	1.39	1.33	1.65	1.42
HS20	551.60	690.22	832.70	722.90	885.54	1037.89	1256.80	1353.69	1461.55	1558.38	1460.61	1591.58	1679.45	1794.64
HS21	0.65	0.75	0.76	0.50	1.60	3.75	5.34	10.41	5.97	5.65	2.15	1.28	1.88	7.43
HS22	23.12	21.73	17.04	16.29	14.67	23.42	14.16	17.28	22.66	5.07	43.27	52.85	53.75	170.66

资料来源：国家统计局。

2006~2019年，HS16一直是中国对外出口额最高的产品与行业类别，前述分析已经指出期间行业出口占当年出口总额之比均超过40%，2009年达到峰值44.69%，2019年也达43.49%。这显示了我国HS16行业内部的产业实力与外部的贸易竞争力。

HS11是我国出口比重第二大的行业，十余年行业出口占比稳定在10%~15%，是我国的传统优势行业，但同时也是频繁受到他国贸易壁垒影响的行业。

HS15长期位列我国外贸部门出口比重第三名。现行技术条件下贱金属及其制品生产过程伴随一定污染，随着环保与集约发展理念的深入人心，贱金属制品的生产总额与出口比重显著回落。HS15出口比重由2008年最高的10.07%回调并稳定在7%左右。

HS6、HS7、HS17是中国出口结构中另外三大产业部门，三者年均对当年出口总额的贡献稳定在13%左右。

出口占比前六大部门的产品既有技术水平较低的初级产品，也包括要素密集型的低技术工业制成品，HS17中更有技术密集的高技术工业制成品。丰富多样的对外出口产品结构的背后是我国国内完备齐全的产业布局。

（二）典型行业进口贸易现状

根据中国海关总署数据统计，2006~2019年中国对外贸易HS行业进口数据如表4-2所示。

表4-2　2006~2019 年中国HS行业分类进口数据

单位：亿美元

年份	2006	2007	2008	2009	2010	2011	2012	2013	2014	2015	2016	2017	2018	2019
总额	7914.61	9561.15	11325.62	10059.23	13962.47	17434.84	18184.05	19499.89	19592.35	16795.64	15879.26	18437.90	21357.50	20784.10
HS1	46.62	60.24	72.00	67.69	92.78	124.64	137.95	180.99	202.33	174.48	216.14	236.05	293.60	419.50
HS2	109.76	150.56	263.18	253.52	332.46	402.25	509.82	559.72	617.17	596.90	538.90	614.81	624.55	614.69
HS3	39.20	75.76	108.01	77.37	88.84	115.40	130.41	108.23	91.19	78.92	70.41	82.85	86.09	99.33
HS4	40.71	45.43	60.91	64.16	96.08	127.97	143.49	158.98	171.26	202.63	196.10	219.22	259.25	268.98
HS5	1235.38	1620.82	2613.05	1968.86	3030.28	4322.49	4533.50	4699.91	4576.93	2977.91	2756.90	3824.70	4932.60	5203.52
HS6	561.84	685.69	769.11	694.21	932.07	1179.62	1180.61	1254.60	1260.59	1130.48	1097.91	1325.51	1555.52	1549.20
HS7	462.73	549.16	607.65	588.90	806.30	932.59	900.72	922.89	925.61	797.04	747.62	876.83	917.96	869.60
HS8	62.75	68.64	67.95	56.36	76.99	93.57	99.38	111.47	116.00	111.16	91.89	95.21	91.31	86.67
HS9	64.96	80.21	80.66	72.90	112.89	159.18	149.98	188.18	228.50	187.09	196.81	234.84	249.91	220.41
HS10	118.93	145.26	174.45	155.69	200.65	253.75	233.86	235.77	236.32	237.59	228.19	279.10	322.87	266.91
HS11	256.77	253.72	249.98	217.80	295.80	375.88	408.68	404.16	360.02	323.68	283.96	310.99	341.38	321.76
HS12	7.76	9.44	12.39	10.87	13.70	19.19	21.63	23.58	26.49	30.88	33.56	39.61	50.25	61.02
HS13	39.43	44.72	47.50	41.78	65.23	83.54	92.69	96.02	97.77	88.15	91.84	99.12	108.49	106.38
HS14	46.16	62.57	75.48	65.45	108.47	149.12	132.20	183.40	423.33	965.93	793.27	652.88	780.20	604.64
HS15	597.79	776.95	795.16	864.53	1030.93	1188.36	1111.87	1036.67	1015.68	871.91	789.58	955.64	1065.24	964.11
HS16	3280.88	3810.03	4053.10	3672.64	4864.72	5502.46	5635.01	6099.88	6036.97	5857.37	5605.45	6274.55	7238.10	6878.20
HS17	297.29	350.16	397.54	429.47	655.95	830.30	911.76	1003.63	1209.10	979.33	973.34	1072.68	1149.11	973.91
HS18	600.98	711.40	797.65	687.37	923.36	1026.74	1106.06	1117.84	1096.85	1034.57	961.93	1011.99	1069.05	1033.52
HS19	0.02	0.02	0.03	0.05	0.03	0.08	0.09	0.05	0.06	0.08	0.13	0.07	0.08	0.10
HS20	24.23	33.99	35.51	36.43	50.33	52.32	55.77	58.87	71.69	74.59	75.18	83.65	86.69	84.11
HS21	0.12	0.10	0.22	0.11	0.26	0.42	0.88	7.71	5.24	3.60	1.37	0.77	1.73	8.41
HS22	20.29	24.63	44.08	33.05	184.33	494.98	687.69	1047.35	823.24	71.35	128.81	146.85	133.36	149.12

资料来源：国家统计局。

数据显示，2006~2019年，HS16行业的进口占据各年度进口总额的比重均超过30%，位列各行业之首。同时，进口比例呈现逐年下滑态势，2006年进口比重达到41.45%，而2019年则下降到33.09%。一方面，中国逐年主动加大进口力度，进口总额整体呈上升趋势；另一方面，近年来国内产业竞争力显著提升，促进行业进口替代。进口占比逐年下滑的同时，出口比重随之逐年上升。我国在HS16行业的"大进大出"也表明了中国在世界产业链中所处的关键节点位置。

HS5行业长期位列中国进口总额及比例第二位。中国是工业大国，对大宗商品在内的矿产品有着持续的需求。同时，中国矿产资源人均储备并不丰富，煤炭、石油、钢铁等重要战略矿产对外进口既是满足当下需求的自然之举，也不失为可持续发展思想下的发展战略。2006年HS5行业进口比例为15.61%，2012年达到24.93%，2019年行业进口比重达到峰值25.00%。

HS1、HS2、HS6、HS7、HS15、HS18是另外六大重要进口行业，2006~2019年，6个行业合计进口占全年进口的比重保持在26.01%～31.38%。

（三）进出口贸易主要影响因素

一国进出口贸易的发展与结构受到内部条件与外部约束的共同影响。资源禀赋是一国国内产业结构的先决条件，而进出口贸易又是一国产业结构比较优势的外化表现。一国参与国际分工的程度及其在世界产业价值链条中所处的相对位置与其国内产业结构密切相关，国内产业结构决定了其参与国际商品交换的形式和结构。本国拥有丰富的劳动力资源或技术、资本优势，则相应的要素密集型产品很可能成为本国在国际市场上具备显著比较优势的交换商品。在以资源禀赋与产业结构为代表的供给侧之外，进出口贸易还受到交换环节的影响。一国供给侧的基本面往往是稳定的、难以短期改进的，而交换环节则能在短期内影响一国进出口贸易绩效。根据外贸型企业实地调研与上市公司财报分析结果，贸易摩擦与汇率变动可能是我国企业进出口贸易的主要外部影响因素。

二、贸易摩擦对典型行业进出口贸易影响现状调查

贸易摩擦是对外经贸中难以避免的问题，例如，中国与美国。双方一度

互为各自最大单一贸易伙伴国，但"中美贸易摩擦"是两国自建立贸易关系以来就一直存在和持续变化的议题。2018年美国政府对中国进口商品加征关税，引发了而后持续两年的中美贸易战。此间中美企业均不同程度受到两国贸易摩擦带来的负面影响。调研结果显示，贸易摩擦对不同类型企业进出口贸易的影响存在显著的异质性。

首先，规模较小的实体企业受贸易摩擦影响较大。以华南某小型外向型企业A为例，A企业产品横跨HS6、HS7、HS11、HS16四大行业，其外贸业务主要为对美出口开关电源、音视频连接线、电脑连接线。出口产品技术含量不高，主要为劳动力密集和资本密集型产品。2018年A企业进出口总额为1530万美元，其中对美出口1358万美元占比达到88.76%，而剩余部分属于进口额，且全部为从美国进口的关键零部件。2018年4月美国宣布对从中国进口的500亿美元商品加征25%的关税，9月再次针对2000亿美元中国进口商品加征10%的关税。由于A企业在对外贸易中话语权不够，因加征关税产生的额外成本全部由其自身承担。利润压缩引起出口萎缩，受此影响A企业2018年的出口量环比下降50%。其主要零部件的采购和进口也随之受到影响，2018年A企业进出口总量下降达到60%。彼时经过预计，2019年全年A企业进出口总额很可能在2018年基础上再下滑80%，而利润也将在2018年基础上腰斩70%。关税等贸易壁垒对出口业务占比较高的中小企业无疑是灭顶之灾。

受贸易摩擦影响，大型外向型企业进出口量与利润均出现一定程度下降，但整体发展仍较为平稳。江苏苏锡常地区知名进出口企业B是当地规模最大的外贸公司，其产品主要为纺织服装、机电建材、轻工日用，涵盖HS6、HS11、HS16三大行业。2017年B企业进出口总额超过3.9亿美元，按当年人民币汇率进出口额达26.33亿元。其中对美进出口业务规模达到3000万美元，折合人民币2.02亿元。对美贸易份额占比约8%。2018年，B公司进出口总额3.23亿美元，相较于2017年减少约7000万美元。受中美贸易摩擦影响，其对美外贸及出口减少1500万美元，占全年减少量的21%。同时对美进出口占比从2017年的8%下滑至当年的7%。对美贸易的下滑趋势延续到了2019年。2019年4月，B公司单月外贸总额8300万美元，同比下跌26%，但事后分析发现，此间下跌的贸易额并非全部由中美贸易摩擦造成。尽管对美国的进出口量占比进一步下滑至5%，但从企业外贸总量角度来看，美国地区的外贸总量对公司进出口总量的影响也仅在5%左右。B公司估计，2019年中美贸易摩擦对其进出口和利润的影响将在6%以下。

此外，大型外贸企业在应对贸易摩擦对其主营业务带来的不确定性上也具备较强的能动性与执行力。C公司是一家主营电动工具、园林工具、空压机、高压清洗机、发电机组的外贸型企业，其产品主要出口到北美加拿大、美国，澳大利亚以及欧洲等国。美国是其最大单一产品市场，其对美出口占比达到了其出口总量的70%。但对于中美之间的贸易摩擦，C公司展现出了充分的预见性，其进出口收入在贸易摩擦期间仍然实现了平稳的增长。2018年，C公司有8000万美元商品在美国2000亿关税名单中，尽管涉税产品金额较大，但C公司的进出口量却并未受到太大影响。原来C公司与美国贸易伙伴签署的订单多为一年一签，前期已经签订的订单多为FOB价格，所以加征的关税成本实际由美国客户承担。加税之后，C企业充分预见到美国客户可能的顾虑，针对性制定了中长期内与短期内的应对措施。在短期内为提高美国方面采购的积极性，对美收汇的账期稍有延长，账期由原本的130天顺延至165天；在中长期内则是在东南亚新建工厂转移产能同时规避关税。因此总体来看，即使较大金额产品处于加征关税名单之中，C企业实际受到的负面影响也较为有限。

更有一些企业在面对贸易摩擦时展现出了令人惊奇的免疫力。D公司是华东沿海一家以新型装饰塑胶环保板材（PVC）为主要产品的外贸企业，同时其主要出口市场为美国，美国市场出口份额占比超过80%。2018年中美贸易摩擦加速升级，但D公司的出口业务不仅没有受到负面影响，反而大幅增长。出口额从2017年的4800万美元逆势增长到2018年的8800万美元，增长率达83.3%。进入2019年后，这一快速增长势头也没有消减。调研发现，D公司生产的产品在美国市场需求缺口极大，并且此款PVC板材的生产专利掌握在D公司手中，属于其自行研发、生产、出口，具备自主知识产权的产品。美方客户在和D公司建立业务关系前，需要对D公司进行严格的验厂。如果更换D公司，那么美方需要在设计、模具开发上增加支出，同时重新验厂，成本将大幅攀升。虽然贸易战激化，D公司产品被加征10%关税，但因为D公司掌握了核心技术优势，在谈判中具备强大的话语权，多征收的关税基本由美方承担，轻松化解了贸易摩擦带来的不利影响，从而逆势实现了出口额的增长。

三、人民币汇率波动对典型行业进出口影响现状调查

即使外贸企业按照既定经营策略完成生产、销售，其最终收益也并未完全锁定。原因在于对外贸易涉及结算、交割环节，涉及的结算币种往往是外币，依据外汇管理制度和企业盈余管理需求最终还要结算为本币，此外，按照权责发生制的会计原则，在交易被事实上认定为完成的时点可能实际货款交割尚未完成，因而此间的汇率波动带来的隐性汇兑损失，以及结算完成、持有外币后的显性汇兑损失共同决定了企业外贸业务的最终收益。对许多利润微薄的外向型企业来说，人民币汇率波动达到一定幅度，就可能将利润全部抹平。

对上市的涉外企业而言，由于汇率波动难以预测，企业对汇率波动引起的汇兑损益管理成效并不稳定，大额的汇兑损益一度成为企业主要的费用来源之一。

2017年人民币对美元扭转了持续近3年的单边下行态势，全年升值6.1%。由于在外汇风险应对上缺乏主动性，结存美元的风险敞口完全暴露，人民币升值使得大量外贸企业遭受额外的财务损失。全年A股披露汇兑损益项目总计173亿元，其中11家企业亏损在5亿元以上。浙江永强（002489.SZ）2018年一季报显示，受人民币持续升值影响，公司扣非净利润亏损641万元，同比下降102.86%，期间财务费用大幅增长492.06%至1.26亿元。而人民币汇率波动引起的汇兑净损失是财务费用增加的主要原因。

数据统计显示，HS11、HS13、HS16、HS20 4类行业的企业汇兑损失相对明显。相关企业出口业务占比较高，人民币升值对其结汇后的人民币利润有着直接的负面影响。例如，格力电器（000651.SZ）的汇兑损益从2016年的-37亿元增加到2017年的16亿元，同期财务成本也从-48.45亿元调整到4.31亿元，汇兑净损失显著推高公司财务成本。

2018年年中人民币对美元汇率进入下行通道，6月底突破6.60元关口，8月在岸和离岸汇率一度跌破6.90元。因此，结存有美元的企业其人民币计价

利润将进一步增长，而对有刚性美元支出的外贸企业来说，其财务成本则进一步加剧。2018年8月发布的一批A股涉外贸企业半年报显示，在已披露汇兑损益的190家企业中，有102家在汇率波动中实现收益，88家在汇率波动中产生损失。其中汇兑损失超过1000万元的有9家，超过1亿元的有2家；汇兑收益超过1000万元的公司有6家，超过3000万元的有4家。汇兑损益从最高净赚逾5000万元，到净亏损最高约3.25亿元。有企业汇兑收益贡献了其净利润的4成，也有企业汇兑损失超过了其净利润的4成。

万华化学（600309.SH）是一家全球范围内运营的化工新材料上市公司，其主要从中国向海外工厂出口聚醚多元醇等聚氨酯产品集群、水性PUD、PA乳液、ADI产品、橡塑材料等精细化学产品，主要涉及HS6、HS7两大行业。2018年上半年其汇兑收益达到4042.28万元，其半年报指出上半年人民币升值阶段完成的材料采购及中旬人民币下行时一批美元头寸的结转是其上半年汇兑收益的主要来源。根据公司在半年报中的测算，在其他变量不变的情况下，人民币对美元每贬值或升值1%，公司净利润就将分别增加或减少830.9万元。

欧菲光（原欧菲科技，002456.SZ）2018年半年报显示其上半年汇兑损失高达3.25亿元，占其同期净利润的43.82%。欧菲光主营产品包括光学光电仪器、智能汽车零件，涵盖HS17、HS18，是美国苹果公司在华重要供应商。其半年报指出，在人民币汇率持续贬值背景下，公司海外销售和采购原材料占比持续增长，将进一步扩大外币汇率变动风险对公司业务的影响，可能增加汇兑损失。此外，半年报中还进行了汇率变动的压力测试，以2018年6月30日中间价6.6166为基准，人民币对美元汇率每变动1%，期末美元净负债7.09亿美元就可能产生税前汇兑损益4690.58万元。

2019年中美贸易摩擦发酵，人民币对美元汇率持续下行，一众出口型外贸企业有所受益。江苏国泰（002091.SZ）是一家大型上市外贸企业，旗下产业涉及HS6、HS7、HS11、HS12、HS13、HS16等多个行业。其2019年年报显示，得益于人民币贬值，公司出口业务大增的同时产生汇兑净收益，财务费用进而从2018年的2.912亿元减至2019年的0.7135亿元，同比下降75.50%。汇率变动之下外币现金及现金等价物的增值达到5089万元。

四、应对措施调查

（一）贸易摩擦的应对措施

贸易摩擦对外贸企业带来的冲击实际是对企业客户关系、市场维护、业务开展稳定性和可持续性的破坏。贸易摩擦之下的贸易壁垒会直接或间接地提升进出口双方的交易成本，当成本提升超出某方可承受范围时，就会引发市场替代，在企业微观层面就表现为撤销订单、业务关系中断。国家间的贸易摩擦除经济因素之外往往还叠加了政治考量，对企业而言属于典型的不可抗因素。但即使如此，企业也应充分发挥自身主观能动性，根据自身条件，采取合理的避险措施。事实上，一些外贸企业已经做出了富有成效的尝试。

1.建立全球化的市场结构

"鸡蛋不能放在一个篮子"，如果企业对单一市场依赖度过高，客户群体太过集中，那么，双边贸易摩擦短期内能对其造成极大的冲击。B企业的例子就很好地体现了分散市场结构的优势，作为苏锡常地区最大的外贸企业，其对美出口份额有意识控制在10%左右。即使在中美贸易摩擦加剧的背景下，其主营业务波动也较为有限。

为避免单一贸易结构对贸易摩擦冲击的放大，目前越来越多的外贸企业正着力拓展市场结构、客户群体。过去美国是我国最大的贸易伙伴，是国内HS6、HS7、HS11、HS16等行业的主要出口目的地。越发常态化的贸易摩擦使得企业逐渐认识到降低客户集中度、拓展客户来源广度的重要性。近年来，在构筑"一带一路"的大背景下，中国与东盟在经贸方面的合作交流取得了显著的成效，越来越多的中国制造企业主动向南向东，拓展与东盟市场的联系。同时中国与东盟在产业结构上存在较高的互补。东盟作为中国HS6、HS7、HS11、HS16等行业产品出口市场的重要性与日俱增，同时也是中国主动扩大HS1、HS2、HS7、HS15等行业产品进口的关键市场。2019年东盟超过美国成为中国第二大贸易伙伴；2020年双方经贸关系继续深化，东盟超越欧盟成为中国第一大贸易伙伴。2020年包括中国在内的"10+5"签署了RCEP，可以预见中国与东盟在贸易层面的协同还将继续加深。

微观层面企业市场结构的拓展是宏观层面国家贸易结构多样化的缩影。目前中国外贸企业正逐渐提升其客户群体的多元化程度，由以往以美国为主的集中态势，转型成东盟、欧盟、美国三足鼎立的市场形态。戒除对单一市场的过度依赖，进而培育企业在多元市场下对贸易摩擦负面响应的韧劲，促进企业的长期稳定发展。

2.境外设厂，转移产能，规避关税

贸易摩擦的主要形式之一就是关税，而关税与出关国和产地关联密切。对于具备经济实力与人力资源储备的外贸企业，当本国遭遇他国加征关税等贸易壁垒时，设置境外生产工厂，在转移产能的同时规避出口国关税是可行的方法。比如，在东南亚或是邻近美国的中南美洲设厂，一方面，可以利用当地成本较低的劳动力为其带去就业，同时减少企业开支；另一方面，又可以通过原产地的改变规避关税加征的问题，减少贸易摩擦对企业进出口的影响。以C为代表的一批企业便将境外设厂，转移产能，规避关税作为其应对对美贸易摩擦的长期手段。但仍要注意相关国家对于原产地的认定问题。

3.促进产品升级转型，提升不可替代性

贸易摩擦对企业进出口的影响主要沿价格、数量路径。贸易摩擦引致关税提升，进而传递至终端价格，在需求价格弹性的作用下进出口额相应发生变动。一般的劳动力密集产品，可替代性较高，其需求价格弹性较为显著，关税提升引发的价格上扬将显著抑制进出口量；而技术密集产品往往具备较高的不可替代性，绝对的需求下价格并非是影响其销售数量的关键因素。一方面，产品具备核心技术的企业面对贸易壁垒时具备更强的议价能力，能够转嫁贸易摩擦带来的各类额外成本；另一方面，具有不可替代性的产品的市场转移成本更低，对单一市场并不依赖。比如调研部分中的D公司就是一个典型的例子。

强化技术、服务、质量、品牌，最终提升产品的不可替代性是企业的"内功"。近年来，格力、美的、海尔、吉利、华为、小米等一大批HS16、HS17行业范畴内的企业便逐步在世界范围内实现了技术和品牌的升华，不断提升企业价值的护城河与面对贸易摩擦不确定性的免疫力。以技术、质量、服务为招牌，提升用户黏性，实现了企业产品不可替代程度在国际市场上的跃升。

（二）汇率波动的应对措施

汇率波动带来的相对价格变动一方面会间接影响企业进出口业务的供求；另一方面汇率波动也会改变企业结存外币收入或外币负债的本币价值，从而直接作用于企业的贸易绩效。汇率走势波云诡谲，难以预测，其在短期内的大幅波动往往引致企业较大的汇兑损失与财务负担。因此，结合市场条件利用一切可行手段，应对汇率波动带来的不确定性进而规避汇兑损失，是外贸企业的长期课题。目前来看，各类外贸企业主要采取三种措施应对汇率波动。

1.利用外汇衍生品实现风险对冲

汇率波动的存在使企业结售汇时点的本币收支金额存在较高的不确定性。为控制外汇风险敞口，锁定结售汇成本，企业可以选择一系列的外汇衍生品，以实现风险对冲、套期保值的目的。目前中国企业可行的外汇套保手段主要有即期合约、远期合约、外汇掉期、外汇期权。我国外汇衍生品业务只对具有海外业务、真实贸易背景和套期保值需求的企业开放，外汇服务商或做市商应为具备银行间市场外汇资质的会员金融机构。

通过外汇衍生品，企业能将结汇成本控制在其心理预期价位，实现成本的事先锁定，能有效避免汇率反向波动引起的财务成本，企业得以专注于主营业务开展经营。但此举也放弃了汇率正向波动可能带来的收益，同时还要付出相应的成本。但调研结果指出，对于深耕主业同时规模较大的外贸企业而言，外汇套保已经成为一个基本的业务环节。

2.优化业务结构，平衡外币敞口

从经营层面减少汇率风险，对业务结构、客户结构及进出口区域进行优化调整。具体而言，降低市场结构集中度，在增强世界范围内用户黏性的同时扩大结算币种的多样性，避免汇率波动对单一外币头寸本币价值的侵蚀，以外贸收入"货币篮子"的多元化自发对冲单一货币汇率的过度波动。同时有意识增加企业的外币支出，如提升海外的原材料采购消耗外币头寸，减少外币结汇需求，从而降低一定时期内的外币风险敞口，同时在合同中和交易对手就汇率风险损失的分类进行约定。此类措施与拓宽市场范围进而规避同单一市场的贸易摩擦一脉相承，但在实践中只有具备相当话语权的大型外贸企业才有能力主动推行。

3.加强外汇资金管理制度建设

加强外汇资金管理制度建设，优化结算体系。金龙汽车（600686.SH）曾提出充分利用跨境贸易人民币结算机制，集合公司外汇资金管理制度，对海外市场和客户实施风险与信用质量评估，对不同的客户设定不同的强制人民币结算比例以减少外币储备。同时，强化现金流预警管理，如当外币流入超过一定比例，内部应强制结汇抹平头寸，避免年末外币风险敞口的积压。由于涉及约定与要求，一般多是相较客户具备较强话语权的企业实施。

第三节　企业应对贸易摩擦与汇率波动面临的问题

一、应对贸易摩擦面临的问题

中国是贸易大国，也是贸易摩擦大国。尽管近年来中国国内的外贸企业在产品技术、质量、服务、市场结构等方面实现了长足的进步与优化，应对贸易摩擦的经验也越发丰富，但面对形式日益变化的贸易壁垒，还是略显被动。对于可能的贸易摩擦，企业应当对其长期性、复杂性具备足够的认识，以便更为积极地采取应对措施。

1.国外制度学习与适应不足

制度是引发贸易摩擦的关键，也是解决问题的关键。调研结果发现，大量中国外贸企业在向他国输出相关产品的同时，对市场国在科学技术、卫生、检疫、安全、环保、产品质量认证等诸多方面的技术性标准并不完全了解。在关税、行政法规以外，为他国实施各类非关税壁垒留下了极大的操作空间。因此，企业应当充分了解、学习其主要市场相关制度，在降低贸易摩擦发生概率的同时也为自身转移市场留出充足的后路。

2.融入国内贸易救济体系程度不够

目前中国已经基本形成了较为完备的企业反倾销、反补贴、保障措施，建立了符合国际惯例的国内贸易救济体系。但部分企业因为逃避税收、外汇监管等原因并未完全融入现有的贸易救济体系，难以享受贸易救济体系针对遭受贸易摩擦的国内企业提供的各项服务与便利。中国的外贸企业应当认识到，依法合规，在充分利用各类制度便利的基础上专注主业才是企业的可持续发展之道。

3.贸易争端人才培育不足

国家间的贸易摩擦是持久而变化的。为了更好地应对可能的贸易摩擦，及时采取专业的反制措施，外贸企业在长久以来的经营过程中应当有意识构建自身的贸易争端解决部门、培育引进相关人才。调研结果显示，只有极少大型外贸企业拥有系统完备的应对贸易摩擦的合规部门。其余中小企业受制于自身规模，企业构架中并无相关应急处置部门；抑或因危机意识不强，没有认识到专业外贸争端应急处置的必要性和紧迫性。由于缺乏相关人才，缺乏对各国贸易争端解决机制、谈判策略、相关案例的研究，在面对他国贸易摩擦时往往处于被动地位。

二、应对人民币汇率波动面临的问题

在现行外汇管理制度之下，借助快速发展的外汇衍生品市场，外贸企业对汇率波动产生的汇兑损益在理论上具备一定程度的控制能力。但实践中大部分外贸企业却并不能很好地控制和对冲外币头寸的汇兑损益。企业将主要精力放在产品的生产和销售环节，对于汇率波动下结汇时点的选择及汇兑损益考虑有所不足。企业财务成本被动提升、生产和贸易环节辛苦积累的利润在汇兑环节被轻易侵蚀是一众外贸企业的痛点。

1.对汇率波动认识不深

外贸企业内部的外汇管理人员多为财务背景，缺乏对汇率及其决定因素的基本认知。相关人员一般并无外汇领域专业背景及实践经验，难以系统追踪国内外货币政策、汇率政策、贸易政策、产业政策、国际宏观经济形势，进而形成具有理论支撑并且指向明确的汇率与宏观经济研报供企业参考。在企业内部对汇率未来走势没有形成一致预期的情况下，企业结售汇时点选择的决策过程多是外汇管理人员"拍脑袋、凭感觉"，汇兑损益相应也就是"看天吃饭"。

2.对汇兑损益听之任之

部分中小企业对汇兑损益听之任之。一方面，由于财务人员的金融专业知识匮乏，不能很好地利用当下外汇市场上各类衍生产品对冲外币头寸的风险暴露；另一方面，部分企业没能充分认识风险暴露对企业的危害，自觉外币规模不大，风险对冲紧迫性不高，不愿承担对冲成本。但在汇率波动的极端情况下，汇兑损益将大幅度降低企业收益，企业在生产销售环节做出的努力可能因汇率波动付之一炬。

3.汇率决策部门建设不全

通常企业内部并未专门建立汇率的预测和决策部门，常见的做法是直接由欠缺相关专业知识的财务人员分管本单位外币储备与结售汇。在没有内部统一决策过程的情况下，企业结汇时点的选择更像是财务人员与老板的个人决策，一方面，不符合商业理性与风控原则，凸显了公司内部控制体系的不完善；另一方面，没有专业决策过程支撑的结售汇时机选择所引致的汇兑损失也加大了财务人员的心理压力。

4.对汇兑行为产生认知偏差

对部分中型外贸企业，情况则有所不同。企业内部可能设有汇率研究和决策部门，对外汇衍生品有着一定认识，并且有过使用外汇衍生品实现风险对冲、锁定乃至创造汇兑收益的经历。由于有成功的经验，企业产生了一定认知偏差，开始以投机获利的心态开展原本以套期保值为初衷的汇兑业务，在主营业务的需求之外主动增加外币头寸，以期在汇率波动中博得大额的偶然性的汇兑收益。这显然是有悖于企业持续经营理念与汇率中性原则的，长此以往不仅不能博取投机收益，反而很可能成为公司业绩暴雷的"黑天鹅"。例如，2019年金力永磁（300748.SZ）购买金额1亿美元外汇衍生产品，达到其2018年营业收入的4倍，就是典型的超额套保演化为主观投机。

第一节　模型设定

基于Kenen和Rodrik（1986）提出的行业分类层面上讨论人民币实际有效汇率等中国进出口影响因素，且反映变量间长期动态关系的实证模型，同时参考蔡伟毅（2018）关于中国进出口贸易及其影响因素的结构性变动研究中的贸易方程，构造如下面板模型：

进口方程：

$$EX_{it} = \alpha_0 + \alpha_1 TF_{it}^{lew} + \alpha_2 TF_{it}^{few} + \alpha_3 FDI_{it} + \alpha_4 EPI_{it} + \alpha_5 REER_{it} + \alpha_6 WAGDP_{it} + \alpha_7 FTD_{it} + \xi_{it} \tag{5-1}$$

出口方程：

$$IM_{it} = \beta_0 + \beta_1 TF_{it}^{fiw} + \beta_2 TF_{it}^{liw} + \beta_3 FDI_{it} + \beta_4 IMPI_{it} + \beta_5 REER_{it} + \beta_6 WAGDP_{it} + \beta_7 FTD_{it} + \nu_{it} \tag{5-2}$$

在上述进出口贸易方程中，i表示行业，t表示年份。EX_{it}表示i行业在第t年的行业出口额；IM_{it}表示i行业在第t年的行业进口额；由于贸易摩擦的表现形式有关税壁垒及非关税壁垒两种，因此，本书对其分别用关税壁垒和非关税壁垒进行衡量，即TF_{it}^{few}是指i行业在第t年所遭受世界各国的非关税壁垒，主要包括反倾销、反补贴、特别保障措施等，TF_{it}^{lew}是指i行业在第t年所遭受世界各国的关税壁垒，TF_{it}^{fiw}是指我国i行业在第t年向其他国家发起的非关税贸易壁垒，TF_{it}^{liw}是指我国在i行业第t年对其他国家发起的关税贸易壁垒；方程中的对外直接投资FDI_{it}、出口价格指数EPI_{it}、进口价格指数$IMPI_{it}$、人民币实际有效汇率$REER_{it}$、全球人均生产总值$WAGDP_{it}$、对外贸易依存度FTD_{it}均为控制变量。

第二节　指标选取及数据来源

本书按照HS（Harmonized System）分类，将出口行业划分为22类。由于第22类行业（特殊交易品及未分类商品）数据的不完整性及局限性且波动大，因此将其剔除。同时考虑到各指标数据的可得性、完整性及研究结果的准确性，最终选择HS分类中第1~21类行业2006~2018年的数据。为了减小数据的波动性，且考虑到数据可能存在自相关、截面相关及异方差问题，实证过程中将除进口非关税壁垒变量TF_{it}^{fiw}外的各个指标均取对数。相关指标选取如下：

1.被解释变量：EX_{it}、IM_{it}

我国的行业出口额EX_{it}是HS分类的前21类行业中i类行业在t年的出口贸易额，我国行业进口额IM_{it}是HS分类的前21类行业中第i类行业在t年的进口贸易额。数据来源于海关总署数据库，单位为亿元。

2.核心解释变量1：TF_{it}^{few}、TF_{it}^{fiw}

出口非关税壁垒TF_{it}^{few}、进口非关税壁垒TF_{it}^{fiw}的指标分别选择的是HS分类的前21类行业中遭遇的、发起的贸易救济措施（反倾销、反补贴、保障措施）、技术性贸易壁垒、通关环节壁垒、卫生与植物卫生措施等非关税壁垒的案件数总和，数据来源于WTO数据库。

3.核心解释变量2：TF_{it}^{lew}、TF_{it}^{liw}

选择用来衡量出口关税壁垒TF_{it}^{lew}的指标是出口贸易伙伴国c对HS分类的前21类行业中i类行业在t年收取的加权平均关税水平，计算方式为c国对我国第i类行业t年征收的平均关税（TB_{ceit}）乘以我国t年第i类行业对c国家出口额在第i类行业t年世界出口总额中的占比，在此基础上将所有对我国实施关税壁垒国家的指标相加，即得到了TF_{it}^{lew}；选择用来衡量进口关税壁垒TF_{it}^{liw}的指标是HS分类的前21类行业中第i类行业在t年进口c国产品时我国收取的加权平均进口关税水平，计算方式为我国第i类行业t年进口c国产品时被我国征收的平均进口关税（TB_{ciit}）乘以我国t年第i类行业在c国家进口额在第i类行业t年世界进口总额中的占比，在此基础上将所有对我国发起关税壁垒国家的指标相加。其中TB_{ceit}、TB_{ciit}数据来源于WTO数据库，具体计算公式如下：

$$TF_{it}^{lew} = \sum \left(TB_{ceit} \times \frac{EX_{ceit}}{EX_{wit}} \right) \tag{5-3}$$

$$TF_{it}^{liw} = \sum \left(TB_{ciit} \times \frac{IM_{cit}}{IM_{wit}} \right) \tag{5-4}$$

4.控制变量：FDI_{it}、EPI_{it}、$REER_{it}$、$IMPI_{it}$、$WAGDP_{it}$、FTD_{it}

对外直接投资（FDI）反映了一国国际投资的直接流出，在理论上对进出口贸易既有互补作用，又有替代作用；出口价格指数（EPI）反映了我国出口产品的价格水平，是影响出口贸易的重要因素；进口价格指数（IMPI）反映的是我国进口产品的价格水平，对进口贸易具有重要影响；人民币实际有效汇率（REER）反映的是人民币对外价值，也是我国综合国力及国际竞争力的体现；全球人均生产总值（WAGDP）反映了世界人均收入水平；对外贸易依存度（FTD）是一国进出口总额占国内生产总值的比重，反映了一国经济对外依赖的程度。对外直接投资、出口价格指数、对外贸易依存度的相关数据均来源于中经网，人民币实际有效汇率数据来自IMF，全球人均生产总值数据来源于世界银行国民经济核算数据库。

各变量的描述性统计如表5-1所示。

表5-1　变量的描述性统计

变量	均值	标准差	最小值	最大值
lnex	5.4120	2.1710	−0.9490	9.3000
lnim	4.9525	2.6159	−3.8776	8.8868
lntff	4.5910	1.6040	0.0000	7.6510
lntfl	1.5130	0.9510	−4.1510	3.0270
lnfdi	2.3640	0.2140	1.8840	2.6020
lnepi	4.6260	0.0420	4.5410	4.7000
lnimpi	4.6282	0.0881	4.4694	4.7519
lnreer	4.6680	0.1090	4.4890	4.8340
lnwagdp	4.5990	0.1060	4.3580	4.7340
lnftd	−0.8180	0.2220	−1.1210	−0.4420

第三节　实证分析

一、进口方向

（一）基准回归

与出口方向相同，在进行回归估计前，为保证估计结果的可靠性，先对所用数据进行平稳性检验，此处选择同时运用单位根检验中的LLC和ADF检验，平稳性检验结果如表5-2所示。

表5-2　进口方向数据的平稳性检验

变量	LLC	ADF	是否平稳
lnim	−11.7214	95.582	是
	（0.0000）	（0.0000）	
tff	−6.80442	97.6769	是
	（0.0000）	（0.0000）	
lntfl	−7.0857	85.573	是
	（0.0000）	（0.0001）	
lnfdi	−13.361	72.6753	是
	（0.0000）	（0.0023）	
lnreer	−12.5592	89.8752	是
	（0.0000）	（0.0000）	
lnimpi	−11.7365	88.6297	是
	（0.0000）	（0.0000）	
lnwagdp	−8.54867	70.2536	是
	（0.0000）	（0.0041）	
lnftd	−11.2586	73.008	是
	（0.0000）	（0.0021）	

根据表5-2中单位根检验结果，可以知道所选择的变量皆为平稳序列。在此基础上，对面板数据进行模型的选择进行了F检验、LM检验以及Hausman检验，同时为保证估计结果的有效性和无偏性，还对面板数据进行了自相关检验、截面相关检验、异方差检验，如表5-3所示。

表5-3　进口方向模型选择相关检验

	统计量值	模型选择
F检验	452.2	固定效应模型优于混合回归模型
	（0.0000）	
LM检验	1250	随机效应模型优于混合回归模型
	（0.0000）	
Hausman检验	11.79	固定效应模型优于随机效应模型
	（0.0081）	
自相关检验	24.292	存在自相关
	（0.0001）	
截面相关检验	4.07	存在截面相关
	（0.0000）	
异方差检验	3464.14	存在异方差
	（0.0000）	

　　F检验和LM检验结果显示，固定效应模型与随机效应模型均优于混合回归模型，又由Hausman检验结果可知，固定效应模型优于随机效应模型。对数据进行自相关检验、截面相关检验、异方差检验，结果显示面板数据同时存在自相关、截面相关、异方差问题。通过以上检验结果，为保证估计结果无偏且有效，选择FGLS模型对进口贸易方程进行估计，估计结果如表5-4所示。

表5-4　进口方向基准回归结果

变量	FGLS
tff	0.00162***
	－（0.0004）
lntfl	－0.302***
	－（0.0797）

变量	FGLS
lnfdi	0.420***
	−（0.1190）
lnreer	3.179***
	−（0.1710）
lnwagdp	2.896***
	−（0.0966）
lnimpi	−0.238***
	−（0.0723）
lnftd	1.015***
	−（0.0525）
Constant	−23.53***
	−（0.5630）

注：括号内数值为标准差；*、**、***分别表示在10%、5%、1%水平（双侧）显著相关。下同。

根据基准回归结果，关税壁垒与非关税壁垒对我国进口贸易的影响均显著。其中，非关税壁垒对进口贸易的影响同出口方向一致，具有显著的促进作用，原因在于非关税壁垒主要是针对技术产品、食品安全等，导致对进口产品的质量要求上升，间接增加国内企业进口贸易的成本，但是在我国对他国发起非关税壁垒的情况下，国内企业进口贸易会转向其他国家，从而扩大了进口贸易范围，因此，非关税壁垒并不一定会降低我国的进口，且在进口成本上升程度并未超过由于产品质量上升而导致的需求上升的程度时，非关税壁垒反而会促进我国的进口贸易。相反，关税壁垒对我国出口贸易存在显著的负向影响，其原因主要是关税壁垒直接增加了国内企业进口产品的成本，根据市场供求理论，进口产品在国内的需求会降低，进口贸易受到抑制。同时，控制变量的回归结果也与大多数学者的研究结论相似。

（二）分行业回归

为研究贸易摩擦对各行业的进口贸易影响的异质性，本书参考HS分类原则及文任丽（2019）、邓创和李雨林（2016）等学者的相关研究，剔除贸易中具有特殊性的第21类行业（艺术品、收藏品及古物）以及第22类行业（特殊交易品及未分类商品），将剩余的20类行业划分为五大类进行实证分析，具体分类如表5-5所示。

表5-5　按HS分类（类和章）的行业

行业	对应类别	HS类	HS章
第一大类	动植物、食品、烟草、饮料业等	HS1、HS2、HS3、HS4	CH01-CH24
第二大类	电子信息、化工制造、交通运输业等	HS6、HS15、HS16、HS17、HS18、HS19	CH28-CH38、CH72-CH93
第三大类	矿制、陶瓷、非金属业等	HS5、HS13、HS14	CH25-CH27、CH68-CH71
第四大类	纺织、皮革、杂制业等	HS8、HS11、HS12、HS20	CH41-CH43、CH50-CH67、CH94-CH96
第五大类	橡塑、木制、纸制业等	HS7、HS9、HS10	CH39-CH40、CH44-CH49

按照上述划分的五大类分别进行回归估计，得到估计结果如表5-6所示，从核心解释变量来看，关税壁垒对第一大类行业（动植物、食品、烟草、饮料业等）、第二大类行业（电子信息、化工制造、交通运输业等）、第五大类行业（橡塑、木制、纸制业等）具有显著的促进作用，分析其原因，此三大类行业属于我国政府大力发展的重点产业，关税水平的上升会增加我国财政收入，作用于市场后会扩大国内市场，从而导致国内需求增加，进口贸易增多，因此，关税水平在一定的合理水平对特定行业具有一定的促进作用；然而，关税壁垒对第三大类行业（矿制、陶瓷、非金属业等）影响不显著，主要因为第三大类行业中的矿制行业进口的主要是属于自然资源类的产品，其

产品缺乏价格弹性，关税水平的变动导致的进口成本的变动对其进口额影响不大。非关税壁垒对第一大类行业（动植物、食品、烟草、饮料业等）、第二大类行业（电子信息、化工制造、交通运输业等）、第五大类行业（橡塑、木制、纸制业等）具有明显的抑制作用，而对第三大类行业（矿制、陶瓷、非金属业等）具有显著的促进作用，主要由于第三大类行业具有很强的自然属性，国内对其的需求缺乏弹性，受到成本变动的影响小，同时据前文分析，非关税壁垒有刺激进口贸易范围扩张的作用，因此，非关税壁垒对第三大类行业的进口贸易具有正向影响。

从各个控制变量来看，人民币实际汇率对第一大类行业（动植物、食品、烟草、饮料业等）和第五大类行业（橡塑、木制、纸制业等）进口贸易具有明显的抑制作用，而对第三大类（矿制、陶瓷、非金属业等）和第四大类行业（纺织、皮革、杂制业等）的进口贸易具有显著的促进作用，同时第四大类行业的进口贸易与进口价格指数为正相关关系，可能其原因在于此两大类行业产品属于低技术产品，且替代性弱，价格弹性弱，人民币的贬值导致的供给增加反而促进了国内的进口贸易。其余控制变量与传统理论以及大多数学者的研究一致。

表5-6　进口方向分行业回归结果

变量	第一大类行业	第二大类行业	第三大类行业	第四大类行业	第五大类行业
tff	−0.00303***	−0.00108**	0.00498***	−0.00277	−0.00135**
	−（0.0004）	−（0.0005）	−（0.0015）	−（0.0019）	−（0.0006）
lntfl	1.600***	0.703**	−0.114	−2.951***	1.189***
	−（0.1860）	−（0.3020）	−（0.2060）	−（0.8100）	−（0.0833）
lnfdi	0.181**	0.421*	1.117*	−0.663	2.418***
	−（0.0910）	−（0.2510）	−（0.5850）	−（0.5690）	−（0.1320）
lnreer	−0.346***	0.0487	1.637**	2.832***	−1.798***
	−（0.1310）	−（0.3680）	−（0.8080）	−（0.8090）	−（0.1340）

续表

变量	第一大类 行业	第二大类 行业	第三大类 行业	第四大类 行业	第五大类 行业
lnwagdp	2.857***	1.518***	2.915***	1.886***	0.265**
	−（0.0629）	−（0.2650）	−（0.4290）	−（0.4660）	−（0.1330）
lnimpi	−0.122**	−0.0742	−0.197	0.660*	−0.889***
	−（0.0607）	−（0.1590）	−（0.3350）	−（0.3730）	−（0.0643）
lnftd	−0.531***	0.0711	0.952***	0.174	0.334***
	−（0.0535）	−（0.1320）	−（0.2130）	−（0.2660）	−（0.0432）
Constant	−11.95***	−4.102***	−18.97***	−8.460***	−1.271**
	−（0.5640）	−（1.5250）	−（2.4840）	−（2.5910）	−（0.5100）

（三）稳健性检验

为确保回归估计得到的结果可靠且稳健，进行稳健性检验，采用增加控制变量的方法对其进行检验。由于贸易开放度的提高理论上将促使贸易壁垒的下降和贸易自由化程度的加深，对进口贸易具有一定影响，因此，在原本的进口贸易方程中增加控制变量贸易开放度（OPEN），然后对新方程进行回归估计，与基准回归对比的估计结果如表5-7所示。

表5-7 进口方向的稳健性检验

变量	基准回归结果	稳健性检验结果
tff	0.00162***	0.00145***
	−（0.0004）	−（0.0003）
lntfl	−0.302***	−0.204***
	−（0.0797）	−（0.0763）
lnfdi	0.420***	0.639***
	−（0.1190）	−（0.1720）

续表

变量	基准回归结果	稳健性检验结果
lnreer	3.179***	2.757***
	−（0.1710）	−（0.2510）
lnwagdp	2.896***	2.428***
	−（0.0966）	−（0.1850）
lnimpi	−0.238***	−0.298***
	−（0.0723）	−（0.1090）
lnftd	1.015***	0.871***
	−（0.0525）	−（0.0936）
Constant	−23.53***	−21.31***
	−（0.5630）	−（0.9900）

根据表5-7，稳健性检验结果显示，核心解释变量（关税壁垒与非关税壁垒）对进口贸易的影响均显著，且其估计系数与基准回归结果方向相同，数值相差较小。同时，稳健性检验结果中控制变量的系数方向、大小与基准回归结果相比无明显差异，表明基准模型整体上具有一定的稳健性。

二、出口方向

（一）基准回归

在对整体面板数据进行回归前，首先对进行实证的变量进行平稳性检验，以确保实证结果的有效性，同时运用同根检验中的LLC检验方法和异根检验中的ADF检验方法对各变量进行单位根检验，检验结果如表5-8所示。

表5-8　变量平稳性检验结果

变量	LLC	ADF	是否平稳
lnex	−11.1221	99.9632	是
	（0.0000）	（0.0000）	

续表

变量	LLC	ADF	是否平稳
lntff	−10.3726	136.838	是
	(0.0000)	(0.0000)	
lntfl	−3.07	59.7968	是
	(0.0011)	(0.0367)	
lnfdi	−14.9134	86.2744	是
	(0.0000)	(0.0001)	
lnepi	−11.9969	117.445	是
	(0.0000)	(0.0000)	
lnreer	−12.5592	89.8752	是
	(0.0000)	(0.0000)	
lnwagdp	−8.54867	70.2536	是
	(0.0000)	(0.0041)	
lnftd	−11.2586	73.008	是
	(0.0000)	(0.0021)	

根据上述检验结果,所选择的变量皆是平稳序列。在此基础上,对实证所用的面板数据进行模型的选择,首先进行F检验,在混合回归模型和固定效应模型之间择优,结果表明不适合使用混合回归模型;其次做Hausman检验,确定所用面板数据更适合随机效应模型。同时,为了提高估计结果的有效性,还需进行自相关检验、截面相关检验以及异方差检验,检验结果如表5-9所示。

表5-9　模型选择相关检验

	统计量值	模型选择
F检验	904.77	固定效应模型优于混合回归模型
	（0.0000）	
Hausman检验	5.68	随机效应模型优于固定效应模型
	（0.1281）	
自相关检验	44.542	存在自相关
	（0.0000）	
截面相关检验	9.495	存在截面相关
	（0.0000）	
异方差检验	2144.64	存在异方差
	（0.0000）	

　　根据表5-9检验结果，随机效应模型最优，然而，由于面板数据在1%的显著性水平下，同时存在自相关、截面相关以及异方差问题，因此，在参数估计过程中，需要针对这三个问题进行修正。为了得到更加准确的估计结果，采用FGLS模型对未知参数进行估计，回归估计结果如表5-10所示。

表5-10　基准回归结果

变量	FGLS
lntff	90.0372**
	-（0.0154）
lntfl	-0.128***
	-（0.0375）
lnfdi	0.512*
	-（0.2610）

续表

变量	FGLS
lnepi	−0.0458
	−（0.3520）
lnreer	2.215***
	−（0.3500）
lnwagdp	1.563***
	−（0.3270）
lnftd	0.953***
	−（0.1700）
Constant	−12.81***
	−（2.7810）

　　根据表5-10回归结果，就核心解释变量来看，贸易摩擦对出口贸易具有显著的影响，其中，关税壁垒对出口具有显著的抑制作用，而非关税壁垒对出口具有显著的促进作用，且在FGLS的估计结果中可以发现，关税壁垒对出口的抑制作用远大于非关税壁垒对出口的促进作用。究其作用机理，一方面，贸易伙伴国的进口关税水平的上升，必然导致我国出口产品的成本上升，依据供求理论，我国出口会受到抑制；另一方面，非关税壁垒大多针对产品质量等方面，出口企业为了维护自身产品的国际竞争力，会在技术创新上进一步加强，从而提升产品质量，促进产品出口，这就是非关税贸易壁垒带来的技术溢出效应。

　　从各个控制变量来看，回归结果显示，仅有出口价格指数的估计系数没有通过显著性检验，意味着出口价格指数对出口贸易的影响并不显著，其原因在于我国的主要出口产品大多属于刚需产品，价格弹性小。其余控制变量（对外直接投资FDI、人民币实际有效汇率REER、全球人均生产总值WAGDP、对外贸易依存度FTD）与蔡伟毅（2018）的实证结果基本一致。

（二）分行业回归

为了研究贸易摩擦对出口行业影响的异质性，参考进口方向的分类方式，同样将行业分为五大类，对五大类行业分别进行回归，得到回归结果如表5-11所示。

表5-11　分行业回归结果

变量	第一大类	第二大类	第三大类	第四大类	第五大类
lntff	−0.131***	0.0666**	0.0337**	0.00558	−0.0345
	−（0.0503）	−（0.0336）	−（0.0156）	−（0.0118）	−（0.0217）
lntfl	−0.157*	0.0147	−0.0958**	−0.372***	−0.150***
	−（0.0882）	−（0.0972）	−（0.0422）	−（0.1280）	−（0.0343）
lnfdi	−0.0733	0.548	0.320*	0.463*	−0.553*
	−（0.2910）	−（0.3530）	−（0.1670）	−（0.2810）	−（0.3120）
lnepi	0.830**	0.551	0.904***	−0.253	−1.008**
	−（0.3950）	−（0.4730）	−（0.2330）	−（0.3860）	−（0.4420）
lnreer	0.21	2.121***	2.407***	1.579***	2.585***
	−（0.5370）	−（0.4540）	−（0.2160）	−（0.3670）	−（0.3600）
lnwagdp	1.904***	1.356***	1.029***	1.229***	3.475***
	−（0.3830）	−（0.4610）	−（0.1810）	−（0.3320）	−（0.3090）
lnftd	−0.514**	0.805***	0.524***	0.529***	1.648***
	−（0.2490）	−（0.2420）	−（0.1030）	−（0.1820）	−（0.2230）
Constant	−7.702**	−13.04***	−14.67***	−6.262**	−13.82***
	−（3.3560）	−（3.9180）	−（1.8900）	−（3.0810）	−（3.3230）

从表5-11中估计结果来看，贸易摩擦对各类行业的出口贸易都具有一定的影响，且总的来看与基准回归结果基本一致，但对各行业影响存在异质性。其中，关税壁垒对第一大类、第三大类、第四大类、第五大类行业的出口均

有显著的影响，且对出口贸易具有抑制作用，此结论与大多数研究者的研究结果相同。同时，在受影响的四大类行业中，关税壁垒对第四大类行业（纺织、皮革、杂制业等）出口贸易的抑制作用最大，究其原因，我国的纺织产品在国际市场上具有较大的替代性，关税壁垒刺激我国产品出口成本的上升，同时在替代效应的共同作用下，我国纺织类产品出口贸易受抑制更严重。非关税壁垒对第一大类、第二大类、第三大类行业出口的影响从回归结果来看都显著。从影响的正负性来看，非关税壁垒对第一大类（动植物、食品、烟草、饮料业等）行业出口具有负向的影响，由于第一大类行业多为农产品行业，非关税壁垒刺激其国外需求下降程度大于技术溢出效应，因此，总体呈现非关税壁垒阻碍第一大类行业出口的结果；而非关税壁垒对第二大类（电子信息、化工制造、交通运输业等）和第三大类（矿制、陶瓷、非金属业等）行业出口具有促进作用，主要原因可能在于技术标准和规制是这两大类行业的决定性因素，由于非关税壁垒对技术等的要求上升，刺激国内企业加强企业管理，提升产品质量，从而提高了产品的国际竞争力，导致出口增加。

各个控制变量的系数估计结果大多与基准回归结果一致，只有对外直接投资和出口贸易指数的系数估计结果在各行业有不同表现。结果显示，对外直接投资与第五大类行业（橡塑、木制、纸制业等）的出口具有负相关关系，因为第五大类行业的产品同质化现象严重，且产品大多属于中低端产品，市场竞争力低，对外直接投资刺激产业转移，此类边际效益低的行业出口贸易受到抑制，这同样也是出口价格指数对第五大类行业具有负向影响的原因。

（三）稳健性检验

为保证实证结果的可靠性，将被解释变量（EX）用行业出口竞争力（EC_{it}）即行业当期出口贸易额占我国同期出口总额的比例替换，然后再次对面板数据进行回归估计，分析贸易摩擦对我国行业出口贸易的影响，回归结果见表5-12。

表5-12　稳健性检验结果

变量	基准回归结果	稳健性检验估计结果
lntff	0.0372**	0.0354***
	−0.0154	−0.00737
lntfl	−0.128***	−0.0549**
	−0.0375	−0.0225
lnfdi	0.512*	0.356***
	−0.261	−0.125
lnepi	−0.0458	−0.708***
	−0.352	−0.168
lnreer	2.215***	0.562***
	−0.35	−0.171
lnwagdp	1.563***	0.0428
	−0.327	−0.155
lnftd	0.953***	0.571***
	−0.17	−0.0837
Constant	−12.81***	−4.925***
	−2.781	−1.366

根据表5-12中将基准回归结果与变量替换后的回归结果的对比，可以发现将被解释变量替换后，关税壁垒与非关税壁垒对被解释变量的影响依旧显著，且影响的正负方向与基准回归结果相同，大小相差也不大。同时，各个控制变量的显著性除去全球人均生产总值外均显著，系数方向与基准回归结果一致，对外直接投资与被解释变量依然呈正相关关系，与胡昭玲和宋平（2012）及毛其淋和许家云（2014）研究结论一致，其余控制变量也同样符合多数研究者所得结论。稳健性检验的整体结果表明，基准回归结果与稳健性检验估计结果所得结论基本贴合，表明模型整体具有稳健性。

第六章 人民币汇率波动对我国进出口行业影响的异质性研究

第一节 人民币汇率波动的度量

为保持前后文实证样本期间的一致性，此节按照前文贸易摩擦的样本区间（1994~2019年）进行人民币汇率波动程度测算。为避免出现"伪回归"现象，需要对各变量数据进行ADF检验，检验结果如表6-1所示。

表6-1 ADF检验结果

变量	水平变量检验结果		一阶差分变量检验结果	
	ADF值	P值	ADF值	P值
LnREER	−2.5863	0.2889	−3.0789	0.0037***
LP	−1.9524	0.5952	−1.8609	0.0610*
TOT	−3.6019	0.0009***	−5.4262	0.0000***
TO	−1.6041	0.4645	−3.2729	0.0022***
LnNFA	−1.3802	0.5739	−1.6433	0.0936*

变量	水平变量检验结果		一阶差分变量检验结果	
	ADF值	P值	ADF值	P值
LnGE	−3.7969	0.0087***	−7.3479	0.0000***
LnMS	−1.5864	0.1042	−5.5882	0.0000***

根据表6-1的检验结果可知，TOT、LnGE为平稳的时间序列，即为I（0）。其余各变量为一阶单整序列，即为I（1）。

通过Engle-Granger两步法检验各变量间是否存在协整关系。用Eviews9.0统计软件对各变量数据进行回归估计，估计结果如表6-2所示。

表6-2　回归估计结果

变量	系数	t统计量	P值
C	0.9599	1.5825	0.1309
LP	−0.7935	−3.8932	0.0011
TOT	0.1066	0.6145	0.5466
TO	−0.4123	−3.2603	0.0043
LnNFA	−0.1105	−2.7826	0.0123
LnGE	−0.0004	−0.1390	0.8910
LnMS	0.3905	5.4937	0.0000

得到残差序列后，对残差序列进行ADF检验，检验结果如表6-3所示。

表6-3　残差序列的ADF检验结果

		t统计量	P值
ADF统计量		−4.6457	0.0013
临界值	1%显著性水平	−3.7529	
	5%显著性水平	−2.9981	
	10%显著性水平	−2.6388	

由表6-3检验结果可得，残差序列的t统计量小于1%显著性水平下的临界值，说明残差序列是平稳的。因此，各变量之间存在长期均衡关系，协整方程为：

$$LnREER=0.9599-0.7935LP-0.1066TOT-0.4123TO-0.1105LnNFA$$
$$-0.1105LnNFA-0.0004LnGE+0.3905LnMS \qquad (6\text{-}1)$$

将各解释变量的当前值代入式（6-1）中，可以得到人民币当前均衡汇率的对数值，通过计算可得人民币实际有效汇率当前波动程度CM和人民币实际有效汇率长期波动程度LM。

第二节　模型设定

根据Kenen和Rodrik（1986）提出的讨论行业分类层面的一个模型，反映了各变量之间的长期均衡关系。袁申国和郑雯（2015）运用该模型研究汇率波动对外向型企业进出口贸易的影响。基于世界海关组织《商品名称及编码协调制度》（HS）分类，考虑数据的连续性与可获得性，选取其中18类行业，研究人民币实际有效汇率波动对HS分类下的我国18类行业进口贸易的异质性影响。将各行业的进口额作为被解释变量，汇率波动作为主要解释变量，将国民收入水平和实际有效汇率作为影响进口贸易的其他变量。为避免时间序列数据可能存在的异方差现象，对相关变量取对数形式，由于汇率波动数据存在负数项，不进行对数变换，模型表达式如下：

$$LnIM_{it}=\alpha_0+\alpha_1LnY_t^D+\alpha_2LnREER_t+\alpha_3LM_t+\mu_t \qquad (6\text{-}2)$$

其中，$LnIM_{it}$表示t时期我国第i类行业的进口额，LnY_t^D表示t时期我国国民收入水平，$LnREER_t$表示t时期人民币实际有效汇率指数，LM_t表示t时期人民币实际有效汇率的长期波动程度，$\alpha_{i,i=0,1,2,3}$ 为各变量的系数，μ_t 表示随机干扰项。

式（6-2）常用于分析长期均衡关系，但没有考虑滞后变量可能产生的影响。在长期协整关系检验通过的基础上，建立短期动态模型，检验各变量受到短期冲击后向长期均衡关系调整的速度。误差修正模型（ECM）表达式如下：

$$\Delta LnIM_{it}=c_0+c_{1k}\Delta LnY_t^D+c_{2k}\Delta LnREER_t+c_{3k}\Delta LM+\theta\mu_{t-1}+\varepsilon_t \qquad （6-3）$$

其中，μ_{t-1} 为误差修正项，如果误差修正项系数 θ 显著且符号为负，那么可以量化该模型向均衡状态收敛的速度。系数的绝对值越大，表示向均衡状态调整的速度越快。

在出口方向，将各行业的出口额作为被解释变量，汇率波动作为主要解释变量，将国民收入水平和实际有效汇率作为影响进口贸易的其他变量。模型设定如下：

$$LnEX_{it}=\beta_0+\beta LnY_t^F+\beta_2 LnREER_t+\beta_3 LM_t+\mu_t \qquad （6-4）$$

其中，EX_{it} 表示 t 时期我国第 i 类行业的出口额，Y_t^F 表示 t 时期世界的国民收入水平，$LnREER_t$ 表示 t 时期人民币实际有效汇率指数，LM_t 表示 t 时期人民币实际有效汇率的波动程度，$\beta_{i,i=0,1,2,3}$ 表示各变量的系数，μ_t 表示随机干扰项。

检验各变量受到短期冲击后向长期均衡关系调整的速度，误差修正模型（ECM）表达式如下：

$$\Delta LnEX_{it}=d_0+d_{1k}\Delta LnY_t^F+d_{2k}\Delta LnREER_t+d_{3k}\Delta LM+\omega\mu_{t-1}+\varepsilon_t \qquad （6-5）$$

其中，μ_{t-1} 为误差修正项，如果误差修正项系数 ω 显著且符号为负，那么可以量化该模型向均衡状态收敛的速度。系数的绝对值越大，表示向均衡状态调整的速度越快。

第三节　指标选取及数据来源

本书选取2000~2018年的相关年度数据，基于世界海关组织《商品名称及编码协调制度》(HS)，考虑到数据的连续性与可获得性，选取其中18类行业，研究人民币汇率波动、国民收入水平以及人民币实际有效汇率对我国进出口行业的异质性影响。各变量的指标选取与数据来源如下：

(1)IM_{it}：HS分类下第i类行业的年度进口额，单位：亿美元，数据来源于《中国统计年鉴》与中经网数据库。

(2)EX_{it}：HS分类下第i类行业的年度出口额，单位：亿美元，数据来源于《中国统计年鉴》与中经网数据库。

(3)$REER_t$：基于消费者物价指数的人民币实际有效汇率（基年=100），由于剔除了通货膨胀因素的影响，因此，能够更加真实地反映一国货币的对外价值。数据来源于IMF与中经网数据库。

(4)Y_t^D：以2010年不变价格为基期的我国国民总收入水平，单位：亿美元。数据来源于世界银行与中经网数据库。

(5)Y_t^f：以2010年不变价格为基期的世界国民总收入水平，单位：亿美元。数据来源于世界银行与中经网数据库。

(6)LM_t：汇率波动程度，由上文计算测得。为避免时间序列数据可能存在的异方差现象，对各进口行业数据变量取对数形式，由于汇率波动数据存在负数项，不进行对数变换。

第四节　实证分析

由于实际有效汇率、国民收入水平以及汇率波动对于这18类进出口行业是共有的，不便于进行面板估计，所以对这18类行业分别进行估计，再进行相应的分析。用Eviews10软件进行实证检验，对进口和出口方向共计36个方程进行估计。

一、进口方向

（一）平稳性检验

为了避免出现伪回归问题，采用ADF检验方法对各变量样本数据进行平稳性检验。结果见表6-4。

表6-4 ADF检验结果

变量	ADF统计量	1%临界值	5%临界值	10%临界值	P值
$LnIM_{01t}$	−3.3180	−4.7284	−3.7597	−3.3250	0.1011
$D(LnIM_{01t})$	−4.9262	−3.8868	−3.0522	−2.6666	0.0013
$LnIM_{02t}$	1.3378	−4.7284	−3.7597	−3.3250	0.9998
$D(LnIM_{02t})$	−6.3658	−4.6679	−3.7332	−3.3103	0.0006
$LnIM_{03t}$	−2.8520	−3.9204	−3.0656	−2.6735	0.0733
$LnIM_{04t}$	−1.5665	−4.5716	−3.6908	−3.2869	0.7655
$D(LnIM_{04t})$	−3.8355	−3.8868	−3.0522	−2.6666	0.0111
$LnIM_{05t}$	−1.5021	−3.8574	−3.0404	−2.6606	0.5096
$D(LnIM_{05t})$	−3.1738	−3.8868	−3.0522	−2.6666	0.0398
$LnIM_{06t}$	−2.1349	−3.8574	−3.0404	−2.6606	0.2345
$D(LnIM_{06t})$	−3.7762	−4.6679	−3.7332	−3.3103	0.0465
$LnIM_{07t}$	−2.4467	−3.8574	−3.0404	−2.6606	0.1440
$D(LnIM_{07t})$	−4.0852	−4.6679	−3.7332	−3.3103	0.0275
$LnIM_{08t}$	−1.8539	−3.8574	−3.0404	−2.6606	0.3446
$D(LnIM_{08t})$	−2.9813	−2.7081	−1.9628	−1.6061	0.0054
$LnIM_{09t}$	−2.5427	−4.7284	−3.7597	−3.3250	0.3063
$D(LnIM_{09t})$	−4.9189	−4.6679	−3.7332	−3.3103	0.0065
$LnIM_{10t}$	3.0368	−2.6998	−1.9614	−1.6067	0.9984

续表

变量	ADF 统计量	1%临界值	5%临界值	10%临界值	P 值
D（ $LnIM_{10t}$ ）	−4.1303	−3.8868	−3.0522	−2.6666	0.0062
$LnIM_{11t}$	−2.7120	−4.6162	−3.7105	−3.2978	0.2441
D（ $LnIM_{11t}$ ）	−2.6464	−2.7081	−1.9628	−1.6061	0.0115
$LnIM_{12t}$	−5.5342	−4.6162	−3.7105	−3.2978	0.0020
$LnIM_{13t}$	−1.3430	−3.8574	−3.0404	−2.6606	0.5859
D（ $LnIM_{13t}$ ）	−3.5943	−3.8868	−3.0522	−2.6666	0.0178
$LnIM_{14t}$	−3.1018	−4.6162	−3.7105	−3.2978	0.1369
D（ $LnIM_{14t}$ ）	−3.9649	−3.9204	−3.0656	−2.6735	0.0092
$LnIM_{15t}$	−2.7844	−3.8574	−3.0404	−2.6606	0.0802
$LnIM_{16t}$	−3.3201	−3.8574	−3.0404	−2.6606	0.0292
$LnIM_{17t}$	−2.8332	−3.8574	−3.0404	−2.6606	0.0734
$LnIM_{18t}$	−4.6915	−3.8574	−3.0404	−2.6606	0.0018
LnY_t^D	−3.0980	−3.8574	−3.0404	−2.6606	0.0448
$REER_t$	−3.0362	−4.6162	−3.7105	−3.2978	0.1516
D（ $REER_t$ ）	−2.9649	−2.7081	−1.9628	−1.6061	0.0056
LM_t	−3.6803	−2.7081	−1.9628	−1.6061	0.0011

　　由上述检验结果可知，在所有进口行业中，有6类行业的进口数据为平稳时间序列，即为I（0），分别为$LnIM_{03t}$、$LnIM_{12t}$、$LnIM_{15t}$、$LnIM_{16t}$、$LnIM_{17t}$、$LnIM_{18t}$；其余12类行业的进口数据均为一阶单整序列，即为I（1）。另外，$REER_t$为一阶单整序列，即为I（1）；LnY_t^D、LM_t为平稳时间序列，即为I（0）。

（二）协整分析

　　为确定各变量间是否存在长期均衡关系，采用Engle-Granger协整检验（E-G两步法）检验行业进口值与各解释变量之间是否具有协整关系。首先将被解释变量与各解释变量进行最小二乘估计（OLS估计），回归估计结果见表6-5。对回归后的残差序列进行ADF检验，如果平稳，那么证明各变量间存在协整关系；如果不平稳，那么证明各变量间不存在协整关系。检验结果如表6-6所示，对所选取的18个进口行业的估计方程的残差序列进行ADF检验，各残差序列的ADF统计值均低于10%的显著性水平，说明各残差序列为平稳时间序列，由此得出各变量之间存在协整关系。

对进口方向的整体分析，通过表6-5可以看出，国民收入水平对行业（行业分类参见附录一中表3）进口的影响系数中，有16类行业（包括HS第1类、HS第2类、HS第6类、HS第7类、HS第18类等行业）的系数显著为正，符合收入水平对进口影响的预期。实际有效汇率对行业进口的影响系数中，有4类行业（包括HS第1类、HS第9类、HS第12类、HS第14类）的影响系数显著为正，即汇率升值与进口贸易呈正相关；有8类行业的影响系数显著为负，即汇率升值与进口贸易呈负相关，分别为HS第3类、HS第5类、HS第6类、HS第7类、HS第15类、HS第16类、HS第17类、HS第18类。汇率波动对进口行业的影响系数中，有5类行业（包括HS第3类、HS第7类、HS第15类、HS第17类、HS第18类）的系数显著为正，即汇率波动程度的增大有利于进口；有5类行业（分别为HS第1类、HS第9类、HS第10类、HS第12类、HS第14类）的系数显著为负，即汇率波动程度的降低有利于进口。

表6-5 2000~2018年我国18类进口行业的估计结果

行业	Constant	LnY_t^D	$REER_t$	LM_t
HS第1类	−9.4135***	1.0772***	0.0205***	−0.0265**
HS第2类	−18.1309***	2.3210***	−0.0165	0.0176
HS第3类	−25.4410***	3.4983***	−0.0834***	0.0680**
HS第4类	−13.4661***	1.5214***	0.0116	−0.0082
HS第5类	−25.3657***	3.6139***	−0.0633***	0.0471
HS第6类	−11.4873***	1.8938***	−0.0248***	0.0095

续表

行业	Constant	LnY_t^D	$REER_t$	LM_t
HS第7类	−12.6367***	2.1021***	−0.0382***	00309**
HS第8类	−5.6144**	0.9874***	−0.0087	0.0047
HS第9类	−5.7154***	0.7589***	0.0200**	−0.0276*
HS第10类	1.1655***	−0.0084	0.0013	−6.7365***
HS第11类	−0.7432	0.6430**	−0.0064	−0.0022
HS第12类	−9.2912***	0.8191***	0.0287***	−0.0365***
HS第13类	−8.003***	1.1818***	−0.0009	−0.0091
HS第14类	−9.3517**	0.4895	0.0839***	−0.0969**
HS第15类	−12.7641***	2.2529***	−0.0506***	0.0383***
HS第16类	−10.6434***	2.0413***	−0.0327***	0.0164
HS第17类	−18.7638***	2.5677***	−0.0300**	0.0333*
HS第18类	−20.2484***	3.0484***	−0.0633***	0.0383*

表6-6　残差序列ADF检验结果

序列	ADF统计量	1%临界值	5%临界值	10%临界值	P值
RESID01	−3.1213	−2.6998	−1.9614	−1.6066	0.0038
RESID02	−3.1917	−2.7081	−1.9628	−1.6061	0.0033
RESID03	−4.8628	−2.7081	−1.9628	−1.6061	0.0001
RESID04	−2.4711	−2.6998	−1.9614	−1.6066	0.0168
RESID05	−2.8751	−2.6998	−1.9614	−1.6066	0.0067
RESID06	−2.6698	−2.6998	−1.9614	−1.6066	0.0107
RESID07	−2.2206	−2.6998	−1.9614	−1.6066	0.0290
RESID08	−1.7032	−2.6998	−1.9614	−1.6066	0.0833

序列	ADF统计量	1%临界值	5%临界值	10%临界值	P值
RESID09	−2.9146	−2.7283	−1.9663	−1.6050	0.0066
RESID10	−3.4293	−2.6998	−1.9614	−1.6066	0.0018
RESID11	−3.6337	−2.7175	−1.9644	−1.6056	0.0012
RESID12	−3.7051	−2.6998	−1.9614	−1.6066	0.0009
RESID13	−1.8606	−2.6998	−1.9614	−1.6066	0.0613
RESID14	−4.0630	−2.7081	−1.9628	−1.6061	0.0004
RESID15	−2.6499	−2.6998	−1.9614	−1.6066	0.0112
RESID16	−2.7753	−2.6998	−1.9614	−1.6066	0.0084
RESID17	−2.4267	−2.6998	−1.9614	−1.6066	0.0185
RESID18	−2.2435	−2.6998	−1.9614	−1.6066	0.0276

二、出口方向

（一）平稳性检验

与进口方向类似，对各变量数据进行平稳性检验，检验结果如表6-7所示，在所选取的18类出口行业中，有15类行业的出口时间序列为一阶单整序列$I(1)$，有3类行业的出口时间序列为平稳的时间序列$I(0)$。另外，LnY_t^F、$REER_t$ 为$I(1)$，LM_t为$I(0)$。

表6-7　ADF检验结果

变量	ADF统计量	1%临界值	5%临界值	10%临界值	P值
$LnEX_{01t}$	−1.3045	−3.8574	−3.0404	−2.6606	0.6038
$D(LnEX_{01t})$	−1.7202	−2.7081	−1.9628	−1.6061	0.0806
$LnEX_{02t}$	−1.7159	−3.8868	−3.0522	−2.6666	0.4061
$D(LnEX_{02t})$	−6.1273	−3.8868	−3.0522	−2.6666	0.0001

续表

变量	ADF 统计量	1%临界值	5%临界值	10%临界值	P 值
$LnEX_{03t}$	−2.5337	−4.5716	−3.6908	−3.2869	0.3101
$D(LnEX_{03t})$	−5.1641	−3.8868	−3.0522	−2.6666	0.0008
$LnEX_{04t}$	−2.3113	−3.8574	−3.0404	−2.6606	0.1791
$D(LnEX_{04t})$	−3.6402	−4.7284	−3.7597	−3.3250	0.0608
$LnEX_{05t}$	−2.2168	−4.5716	−3.6908	−3.2869	0.4532
$D(LnEX_{05t})$	−4.9976	−3.8868	−3.0522	−2.6666	0.0011
$LnEX_{06t}$	−3.1815	−3.9204	−3.0656	−2.6735	0.0404
$LnEX_{07t}$	−1.9311	−3.8574	−3.0404	−2.6606	0.3118
$D(LnEX_{07t})$	−3.4733	−4.6162	−3.7105	−3.2978	0.0749
$LnEX_{08t}$	−1.9051	−3.8574	−3.0404	−2.6606	0.3227
$D(LnEX_{08t})$	−3.2803	−3.8868	−3.0522	−2.6666	0.0326
$LnEX_{09t}$	−2.7362	−3.8574	−3.0404	−2.6606	0.0875
$LnEX_{10t}$	−2.5440	−3.8574	−3.0404	−2.6606	0.1223
$D(LnEX_{10t})$	−3.9999	−4.6679	−3.7332	−3.3103	0.0318
$LnEX_{11t}$	−2.4155	−3.8574	−3.0404	−2.6606	0.1515
$D(LnEX_{11t})$	−4.2452	−4.6679	−3.7332	−3.3103	0.0208
$LnEX_{12t}$	−1.9684	−3.8574	−3.0404	−2.6606	0.2966
$D(LnEX_{12t})$	−3.6278	−4.6162	−3.7105	−3.2978	0.0577
$LnEX_{13t}$	−2.3340	−3.8574	−3.0404	−2.6606	0.1728
$D(LnEX_{13t})$	−4.8956	−4.6162	−3.7105	−3.2978	0.0061
$LnEX_{14t}$	−2.6293	−4.7284	−3.7597	−3.3250	0.2740
$D(LnEX_{14t})$	−2.1997	−2.7081	−1.9628	−1.6061	0.0306

续表

变量	ADF 统计量	1%临界值	5%临界值	10%临界值	P值
$LnEX_{15t}$	−1.7567	−3.8574	−3.0404	−2.6606	0.3881
$D(LnEX_{15t})$	−3.7243	−3.8868	−3.0522	−2.6666	0.0138
$LnEX_{16t}$	−3.9640	−3.8574	−3.0404	−2.6606	0.0081
$LnEX_{17t}$	−2.0330	−3.8574	−3.0404	−2.6606	0.2714
$D(LnEX_{17t})$	−4.3804	−4.6679	−3.7332	−3.3103	0.0165
$LnEX_{18t}$	−2.3611	−3.8574	−3.0404	−2.6606	0.1655
$D(LnEX_{18t})$	−4.7256	−4.8001	−3.7912	−3.3423	0.0113
LnY_t^F	−1.9547	−4.5716	−3.6908	−3.2869	0.5854
$D(LnY_t^F)$	−3.5113	−3.8868	−3.0522	−2.6666	0.0209

（二）协整分析

通过 E-G 两步法进行协整检验，如表6-7所示，有3个出口估计方程的残差序列不是平稳时间序列，即这3类出口行业的因变量和各解释变量之间不存在长期协整关系。相应残差序列 ADF 检验结果参见表6-9。下面我们对剩下的15类出口行业的协整回归方程进行分析。

对出口方向的整体分析，通过表6-8可以看出，世界国民收入水平对行业出口的影响系数中，除了 HS 第10类、HS 第14类，其余出口行业的影响系数均显著为正；实际有效汇率的影响系数中，有12类行业（分别为 HS 第4类、HS 第5类、HS 第6类、HS 第7类、HS 第9类、HS 第10类、HS 第11类、HS 第13类、HS 第15类、HS 第16类、HS 第17类、HS 第18类）的影响系数显著为负，符合汇率贬值有利于出口的经济理论，剩余的6类行业的影响系数不显著。汇率波动对出口行业的影响系数中，有8类行业对出口存在正向的显著性影响，分别为 HS 第4类、HS 第6类、HS 第9类、HS 第10类、HS 第11类、HS 第15类、HS 第16类、HS 第17类。

表6-8　2000~2018年我国18类出口行业的估计结果

行业	Constant	LnY_t^F	$REER_t$	LM_t
HS第1类	−31.6676**	2.6505**	0.0079	−0.0043
HS第2类	−44.2632***	3.6804***	−0.0013	0.0050
HS第3类	−87.0042***	6.8178***	−0.0282	0.0274
HS第4类	−73.9438***	6.1107***	−0.0263**	0.0315*
HS第5类	−66.9875***	5.6495***	−0.0300**	0.0236
HS第6类	−105.2060***	8.6462***	−0.0409**	0.0490*
HS第7类	−99.7932***	8.1398***	−0.0307*	0.0354
HS第8类	−37.5499**	3.2029**	−0.0404	−0.0030
HS第9类	−91.1910***	7.5030***	−0.0452***	0.0454**
HS第10类	−113.9626	9.1680	−0.0406**	0.0554*
HS第11类	−82.7058***	7.0185***	−0.0374**	0.0449*
HS第12类	−68.6983***	5.7286***	−0.0204	0.0326
HS第13类	−106.9046***	8.6628***	−0.0357*	0.0484
HS第14类	−77.7234	6.1834	−0.0027	0.0176
HS第15类	−131.3216***	10.8246***	−0.0657***	0.0669*
HS第16类	−130.9624***	10.8983***	−0.0648***	0.0692**
HS第17类	−138.8932***	11.3578***	−0.0665**	0.0789*
HS第18类	−113.7742***	9.3374***	−0.0504**	0.0547

表6-9　残差序列ADF检验结果

序列	ADF统计量	1%临界值	5%临界值	10%临界值	P值
RESID01	−1.8316	−2.7081	−1.9628	−1.6061	0.0650
RESID02	−2.6535	−2.6998	−1.9614	−1.6066	0.0111

序列	ADF 统计量	1%临界值	5%临界值	10%临界值	P 值
RESID03	−4.7732	−2.6998	−1.9614	−1.6066	0.0001
RESID04	−1.8979	−2.7081	−1.9628	−1.6061	0.0570
RESID05	−3.4833	−2.6998	−1.9614	−1.6066	0.0016
RESID06	−2.0793	−2.7283	−1.9663	−1.6050	0.0398
RESID07	−2.0898	−2.7081	−1.9628	−1.6061	0.0385
RESID08	−3.2457	−2.7175	−1.9644	−1.6056	0.0030
RESID09	−2.4658	−2.7081	−1.9628	−1.6061	0.0172
RESID10	−1.3424	−2.7175	−1.9644	−1.6056	0.1590
RESID11	−1.5039	−2.7081	−1.9628	−1.6061	0.1205
RESID12	−1.4911	−2.7081	−1.9628	−1.6061	0.1233
RESID13	−1.9735	−2.7081	−1.9628	−1.6061	0.0489
RESID14	−3.6573	−4.7284	−3.7597	−3.3250	0.0591
RESID15	−1.9471	−2.6998	−1.9614	−1.6066	0.0515
RESID16	−2.4835	−2.7081	−1.9628	−1.6061	0.0165
RESID17	−1.6846	−2.7081	−1.9628	−1.6061	0.0863
RESID18	−1.8801	−2.7081	−1.9628	−1.6061	0.0590

在协整回归方程的基础上，建立误差修正模型，分析各解释变量在受到短期冲击后向长期均衡关系调整的速度，本部分重点讨论汇率波动在短期受到冲击后向长期均衡关系调整的速度。

在进口方向，由于18类行业的进口方程均满足协整关系，故进行短期分析。在误差修正模型中，如表6-10所示，有10类行业的进口方程中，LM系数是显著为负的，分别为HS第1类、HS第2类、HS第4类、HS第8类、HS第9类、HS第10类、HS第11类、HS第12类、HS第13类、HS第14类行业；其余的影响系数均不显著；说明汇率波动短期对进口的影响以负向为主。

表6-10　进口方向误差修正模型LM系数的显著性

行业	LM显著性	行业	LM显著性
HS第1类	显著为负	HS第10类	显著为负
HS第2类	显著为负	HS第11类	显著为负
HS第3类	不显著	HS第12类	显著为负
HS第4类	显著为负	HS第13类	显著为负
HS第5类	不显著	HS第14类	显著为负
HS第6类	不显著	HS第15类	不显著
HS第7类	不显著	HS第16类	不显著
HS第8类	显著为负	HS第17类	不显著
HS第9类	显著为负	HS第18类	不显著

在出口方向，如表6-11所示，只有HS第2类行业的LM的系数显著为负，HS第3类行业的LM的系数显著为正，其余的影响系数均不显著，说明短期汇率波动对我国出口行业的影响并不显著。

表6-11　出口方向误差修正模型LM系数的显著性

行业	LM显著性	行业	LM显著性
HS第1类	不显著	HS第10类	不显著
HS第2类	显著为负	HS第11类	不显著
HS第3类	显著为正	HS第12类	不显著
HS第4类	不显著	HS第13类	不显著
HS第5类	不显著	HS第14类	不显著
HS第6类	不显著	HS第15类	不显著
HS第7类	不显著	HS第16类	不显著
HS第8类	不显著	HS第17类	不显著
HS第9类	不显著	HS第18类	不显著

第七章 贸易摩擦及人民币汇率波动对我国进出口行业影响的异质性研究

第一节 模型设定

为探究贸易摩擦及人民币汇率波动对进出口行业的异质性影响，参考王孝松等（2014）、谭小芬等（2016）、刘君军（2019）等的相关研究，在构建进口方向的面板模型时，参考刘君军（2019）研究发现，人民币汇率变动的滞后项对我国进口有显著影响，因此，借鉴该思想将人民币汇率波动程度滞后一期引入模型，构造如下进出口面板模型进行实证分析。

进口方向：

$$IM_{it} = \alpha_0 + \alpha_1 LM_{it} + \alpha_2 LM_{i,t-1} + \alpha_3 TF_{it}^{fc} + \alpha_4 TF_{it}^{lc} + \alpha_5 Z_{it} + \alpha_6 LM_{it} \times TF_{it}^{fc} + \alpha_7 LM_{it} \times TF_{it}^{lc} + \mu_i + \varepsilon_t \quad （7\text{-}1）$$

出口方向：

$$EX_{it} = \beta_0 + \beta_1 LM_{it} + \beta_2 TF_{it}^{fw} + \beta_3 TF_{it}^{lw} + \beta_4 Z_{it} + \beta_5 LM \times TF_{it}^{fw} + \beta_6 LM \times TF_{it}^{lw} + \lambda_t \quad （7\text{-}2）$$

模型中，i表示行业，t表示年份。IM_{it}表示i行业在第t年的进口贸易情况，主要是指行业进口额。EX_{it}表示i行业在第t年的出口贸易情况，主要是指行业出口额。LM_{it}表示i行业在第t年所表现的汇率波动程度，$LM_{i,t-1}$表示i行业在第t-1年的人民币汇率波动程度，即滞后一期的汇率波动程度。由于模型研究的是长期动态关系，故选用长期汇率波动（LM）衡量人民币汇率波动程度。关税壁垒及非关税壁垒均是贸易摩擦的表现，由于统计口径不同，因此选取关税壁垒及非关税壁垒两个指标衡量贸易摩擦。进口模型中TF_{it}^{fc}是指我国在i行业、第t年对其他贸易伙伴国的非关税壁垒，主要以反倾销、反补贴、特别保障措施等案件次数来衡量，TF_{it}^{lc}是指我国在i行业、第t年对其他贸易伙伴国的关税壁垒，以关税大小来衡量；出口模型中TF_{it}^{fw}是指我国i行业在第t年所遭受世界各国的非关税壁垒，主要包括反倾销、反补贴、特别保障措施等，TF_{it}^{lw}是指我国i行业在第t年所遭受世界各国的关税壁垒。$LM \times TF_{it}^{f}$表示汇率波动与非关税壁垒的交叉项，$LM \times TF_{it}^{l}$表示汇率波动与关税壁垒的交叉项。根据经济学理论，对外贸易也受技术创新、利用外资等多种因素的影响，每种因素都在不同程度上影响着外贸进出口。因此，根据进出口贸易的具体情况，在进出口模型中选择了不同的控制变量Z_{it}。进口模型中选择了技术创新RD、人民币实际有效汇率REER、外商直接投资FDI、我国国内生产总值GDP及劳动生产率LP；出口模型中选择了技术创新RD、人民币实际有效汇率REER、外商直接投资FDI、贸易开放度OPEN及贸易条件TOT。μ_i表示行业固定效应变量，ε_t、λ_t为模型误差项。

第二节　指标选取及数据来源

本书按照HS（Harmonized System）分类，选择了我国22类进口行业2006~2018年的贸易进出口相关数据。为了减少数据的波动性及时间序列数据可能存在的异方差，因人民币汇率波动程度和劳动生产率（进口方向）具有特殊性，进口方向非关税壁垒数据存在0值，不做对数处理。除此之外，对其余变量均做对数处理，削弱原序列因时间序列趋势产生的异方差性，相关指标选取如下：

一、被解释变量：IM_{it}、EX_{it}

进口贸易（IM_{it}）、出口贸易（EX_{it}）来源于中国海关总署数据库。采用行业进出口贸易额来衡量我国行业进出口贸易水平，按照HS编码分类，整理出22类、97章行业贸易进出口额数据，单位为亿美元。

二、核心解释变量：LM_{it}、TF_{it}^{fc}、TF_{it}^{lc}、TF_{it}^{fw}、TF_{it}^{lw}

人民币汇率波动程度（LM_{it}）见本书第三章人民币汇率测算。

关税壁垒（TF_{it}^{lc}）数据来源于WTO数据库。TF_{it}^{lc}表示我国i进口行业在第t年进口关税平均水平。TF_{it}^{lc}表示我国第j类（根据HS分类，划分为22类）进口行业在t年进口关税平均水平，以我国i进口行业在t年进口关税平均水平乘以我国t年i行业进口额占所属j类行业t年进口总额的权重，在此基础上将j类中所有i行业的指标相加，得到我国j类进口在第t年对其他贸易伙伴国的关税壁垒指标：

$$TF_{it}^{lc} = \sum_{j=1}^{t} TF_{it}^{lc} \times \frac{IM_{it}}{IM_{jt}} \tag{7-3}$$

关税壁垒（TF_{it}^{lw}）表示我国i出口行业在第t年所遭受世界其他国家的平均关税水平，根据c国i出口行业在t年进口关税平均水平（AV_{ict}）乘以我国t年i行业对c国家出口额占i行业t年世界出口总额的权重，在此基础上将所有对我国实施关税壁垒国家的指标相加，得到我国i出口行业在第t年所遭受世界其他国家的关税壁垒指标：

$$TF_{it}^{lw} = \sum_{i=1}^{t} AV_{ict} \times \frac{EM_{ict}}{EM_{ict}^{W}} \tag{7-4}$$

非关税壁垒（TF_{it}^{f}）数据来源于WTO数据库。TF_{it}^{fc}和TF_{it}^{fw}分别表示我国i进

口行业在第t年对其他贸易伙伴国发起的和我国i出口行业在第t年所遭受贸易
伙伴发起的反倾销（ADP）、反补贴（CV）、数量限制（QR）、保障措施（SG）
等传统非关税壁垒及卫生与植物检疫措施（SPS）、技术性贸易壁垒（TBT）
等新型非关税壁垒的案件数之和。

三、控制变量：RD、REER、FDI、GDP、LP、OPEN、TOT

由于研发强度的提高将推动技术创新（RD）进而导致全要素生产率提高，
在一定程度上会促进进出口贸易；人民币实际有效汇率（REER）能够较好地
反映一国商品及服务贸易的国际竞争力，较准确地反映一国货币的对外价值；
外商直接投资（FDI）即国外企业或产品的进入会带来国际贸易市场规则、先
进管理及技术创新能力等，有助于推动一国进出口贸易的增长；进口国国内
生产总值（GDP）直接反映贸易进口国的经济状况，国家经济增长，意味着
收入增加，国内需求水平提高，将刺激一国贸易进口；当一国的劳动生产率
（LP）提升，成本降低，将改善本国产品的竞争地位，而有利于增加出口，抑
制进口；贸易开放度（OPEN）的提高将促使贸易壁垒的下降和贸易自由化
程度的加深；贸易条件（TOT）的改善意味着单位出口商品可换回更多数量
的进口商品，可用于反映一国对外贸易状况。因此，选取上述变量对回归模
型加以控制，其中人民币实际有效汇率（REER）数据来源于IMF，国内生产
总值（GDP）数据来源于国家统计局，劳动生产率（LP）、技术创新（RD）、
外商直接投资（FDI）、贸易开放度（OPEN）及贸易条件（TOT）数据均来源
于中经网。

四、数据使用说明

为保证实证结果的准确性，本章在进行实证分析时，按照第五章中表
5-5HS行业细分原则。在进口方向（见表7-1）：为了排除部分行业中非关税
壁垒大量"0值"和组间数据波动以及商品的特殊性的影响，确保实证分析的
可靠性，除去第8类、第14类、第19类、第21类和第22类数据，以剩余17类
数据进行实证分析。由于被解释变量和核心变量的方差较大，为了减少对实

证分析的影响，考虑非关税壁垒数据属于离散型数据，采用数据标准化处理；行业进口、汇率波动程度和交互项数据采用1%分位上双边缩尾处理。

在出口方向（见表7-2）：在进行实证研究时，选择剔除掉数据波动性较大、占比较小的第22类行业（特殊交易品及未分类商品）。由于数据的不完整性及局限性，同时考虑到研究结论的准确性，考察期为2006~2018年。为了减少数据的波动性及时间序列数据可能存在的异方差，除人民币汇率波动数据具有特殊性之外，其余变量均做对数处理，削弱原序列因时间序列趋势产生的异方差性。

表7-1　进口变量的描述性统计

变量	样本数	均值	标准差	最小值	最大值
lnim	221	5.739	1.499	2.048	8.887
lm	221	−0.567	3.732	−5.412	8.596
lm_1	221	−0.812	3.971	−6.033	8.596
tff	221	12.557	15.993	0	100
lntfl	221	2.154	0.622	0.233	2.990
lnrd	221	0.597	0.152	0.647	0.765
lnreer	221	4.668	0.109	4.663	4.834
lnfdi	221	6.986	0.196	7.071	7.208
lngdp	221	3.898	0.428	3.088	4.500
lp	221	0.586	0.197	0.269	0.876

表7-2　出口变量的描述性统计

变量	样本数	均值	标准差	最小值	最大值
lnex	273	5.412	2.171	5.803	9.300
lm	273	−0.567	3.730	−5.412	8.596
lntff	273	4.591	1.604	4.754	7.651

续表

变量	样本数	均值	标准差	最小值	最大值
lntfl	273	1.513	0.951	1.542	3.027
lnrd	273	0.597	0.152	0.647	0.765
lnreer	273	4.668	0.109	4.663	4.834
lnfdi	273	6.986	0.196	7.071	7.208
lnopen	273	3.787	0.222	3.774	4.163
lntot	273	−0.00250	0.0545	−0.00620	0.114

第三节　实证分析

一、进口方向

（一）基准回归

回归分析前，首先需要对模型中各变量的平稳性进行检验，即对各变量进行单位根检验。为确保估计结果的有效性，将同时使用同质性的LLC检验方法和异质性的ADF-Fisher检验方法进行面板单位根检验，结果如表7-3所示。

表7-3　进口面板单位根检验结果

变量	LLC	ADF-Fisher	是否平稳
lnim	−4.2324 （0.0000）	47.1914 （0.0657）	是
lm	−6.6391 （0.0000）	47.4646 （0.0624）	是
lm_1	−3.6235 （0.0001）	54.4773 （0.0144）	是

续表

变量	LLC	ADF-Fisher	是否平稳
tff	−10.8793 （0.0000）	98.5234 （0.0000）	是
lntfl	−5.7132 （0.0000）	84.1965 （0.0000）	是
lnrd	−6.7137 （0.0000）	124.5620 （0.0000）	是
lnreer	−5.8461 （0.0000）	84.6654 （0.0000）	是
lnfdi	−10.9138 （0.0000）	68.2381 （0.0004）	是
lngdp	−7.8291 （0.0000）	93.0586 （0.0000）	是
lp	−2.1667 （0.0151）	77.3606 （0.0000）	是

经检验，模型中所有变量均为原序列平稳。在此基础上，采用Kao检验对模型各变量之间的长期均衡关系进行协整检验，结果表明，p值在5%显著性水平上拒绝原假设，证明模型被解释变量与各解释变量间存在明显的协整关系，由此排除"伪回归"可能，并进行下一步的回归分析。首先对面板数据总体样本进行F检验及LR检验，结果表明，模型均在1%显著性水平上拒绝原假设，由此需要对模型进行Hausman检验，判断模型应选择固定效应还是随机效应模型进行估计，检验结果拒绝了随机效应估计方法，同时检测模型存在截面相关、异方差和自相关问题，采用迭代FGLS估计对模型进行修正，模型考虑个体效应，不考虑时间效应，并在此基础上增加汇率波动程度与贸易摩擦之间的交叉项，实证分析结果如表7-4所示。

表7-4　进口模型总体回归结果

变量	FE	FGLS（1）	FGLS（2）
lm	0.0819** （2.69）	0.0420*** （7.00）	0.0302*** （7.10）

续表

变量	FE	FGLS（1）	FGLS（2）
lm_1	−0.0038	−0.0057***	−0.0032***
	（−0.58）	（−5.79）	（−4.94）
tff	0.0128	−0.0097***	−0.0125***
	（0.63）	（−3.02）	（−13.15）
lntfl	0.6620***	0.1921***	0.1665***
	（3.17）	（4.53）	（7.91）
lnreer	−10.4874**	−4.1441***	−1.6776***
	（−2.14）	（−5.57）	（−3.59）
lngdp	1.6913**	2.5167***	1.9654***
	（1.94）	（19.41）	（23.53）
lnfdi	−0.2208	−0.4983***	0.0829
	（−0.30）	（−4.69）	（1.25）
lnrd	−0.4011	−1.4458***	−0.9881***
	（−0.45）	（−10.11）	（−11.01）
lp	3.5566	−0.5282	−0.8778***
	（1.35）	（−1.27）	（−3.35）
lmtff	—	—	0.0055***
			（10.38）
lmlntfl	—	—	−0.0044***
			（−4.32）
Constant	46.4226*	18.5549***	5.1151***
	（1.95）	（5.30）	（2.32）

由表7-4第二列可知，在未引入人民币当期汇率波动程度与贸易摩擦交叉项时，人民币汇率波动和非关税壁垒均通过显著性检验，关税壁垒未通过显著性检验。当期人民币汇率波动程度系数显著为正，根据戴维·A斯坦伯格在《汇率低估政策的制度研究》中的分析，汇率低估与关税壁垒和财政补贴一样，同属保护主义政策，具有相似的经济效果和经济意义。当汇率高估时，其作用相当于对进口补贴、对出口征税，一国本币汇率出现高估时，也就表现为向外国企业提供超国民待遇，即汇率高估有利于进口。但是滞后一期汇率高

估将会抑制当期的进口，可解释为汇率高估的滞后项起到自我修正的作用。非关税壁垒系数均为负，反倾销、反补贴、数量限制、保障措施等将直接影响我国行业进口贸易，从而表现为对进口产生抑制性作用。关税壁垒对行业进口表现为积极影响，这同理论分析相悖，可能原因是近20年来，中国关税总水平降至7.5%以下，远低于加入WTO时承诺的10%，我国关税一直处于较低水平，贸易伙伴国同我国的贸易一直处于积极状态，由此表现出关税壁垒对行业进口的影响不同于大众认识。控制变量中，人民币实际有效汇率、国内生产总值、技术创新和劳动生产率通过显著性检验，国内生产总值与行业的进口贸易呈显著正相关关系，表明国内生产总值提升、经济运行良好，将会促进进口增加；外商直接投资虽未通过显著性检验，但系数上表现为对行业进口具有积极影响；人民币实际有效汇率、技术创新和劳动生产率均呈现显著负相关关系，说明随着技术创新能力提升、人民币实际有效汇率上升和国内劳动生产率提升，行业进口贸易呈现出减少的趋势。

为进一步探讨人民币汇率波动程度及贸易摩擦双因素对进口贸易的影响，在表7-4第三列中引入人民币汇率当期波动程度与关税壁垒、非关税壁垒的交叉项，探讨行业在同时遭受人民币汇率当期波动及贸易摩擦双因素影响时，进口贸易是否会受到影响。引入交互项后，人民币汇率波动程度、非关税壁垒、关税壁垒和控制变量对我国贸易进口的影响方向均未发生变化，说明加入汇率波动程度和贸易壁垒的共同作用时并不会改变汇率波动程度和贸易壁垒单独对行业进口的影响方向，但其对行业进口的影响程度会发生变化。实证发现：人民币汇率波动程度和非关税贸易壁垒的交互项对行业进口的影响为正，究其原因，当人民币汇率出现高估的情况时，表现为人民币的购买力增强。同时我国进口行业对贸易伙伴国实施非关税壁垒时，客观上会释放出关于产品质量等方面的有效信息，从而迫使贸易伙伴国相关企业提升标准，改善其产品质量，以达到我国进口产品要求，由此在产品质量提升和人民币购买力增强的情况下，我国会逐步扩大其进口，从而表现为对进口产生积极性作用。人民币汇率波动程度和关税贸易壁垒的交互项对行业进口的影响为负，虽说当人民币汇率出现高估时，人民币的购买力增强，但是当关税壁垒增加时，将直接增加出口贸易国的出口成本，相互叠加所产生的影响会使贸易国对我国出口减少，由此我国进口也将受到影响，所以人民币汇率波动程度和关税贸易壁垒相互叠加时，表现为对行业进口产生负向影响。

（二）分行业面板回归

由于各行业具有异质性，受到的人民币汇率波动与关税壁垒、非关税壁垒的影响也各不相同，因此，进一步研究不同行业在受到人民币汇率波动与贸易摩擦双因素影响时进口贸易的变化情况。为了保持前后实证数据的一致性，确保实证分析的可靠性，故除去第8类、第14类、第19类、第21类和第22类所对应的行业数据，以其余17类，共90个行业数据进行实证分析，同时，为了确保结果的准确性，按照第五章的分类方法进行分行业面板回归。在除去数据后，由于第三大类（矿制、陶瓷、非金属业等）和第五大类（橡塑、木制、纸制业等）数据较少，为了保证面板回归结果的可靠性，第三大类和第五大类具有一定的相似性，故将第三大类和第五大类合并为一类进行面板回归，将所保留的行业分为四大类进行面板回归，即第一大类为动植物、食品、烟草等，第二大类为电子信息、化工制造和交通运输，第三大类为矿制、陶艺、橡塑、木制、纸制业，第四大类为纺织、皮革、杂制业。

如表7-5所示，对上述四大类进行的样本面板回归分析结果表明，人民币汇率当期波动程度对行业进口贸易具有显著影响，但由于各行业进口产品性质的差异化，汇率波动对不同行业的影响具有异质性。人民币当期波动程度除对第四大类行业进口有负向影响，其余皆同整体情况保持一致；人民币汇率波动程度滞后一期对第一、二、四大类表现出促进作用，同当期作用一致，表现出自动修正。非关税壁垒对第三大类和第四大类具有显著促进作用，这两大类主要是矿制、陶瓷、非金属、橡塑、木制、纸制、纺织、皮革、杂制业等劳动密集型行业，我国在这方面制造具有一定的优势，当对贸易伙伴国实施反倾销、反补贴、数量限制、保障措施等时，在客观上会促使贸易伙伴国企业提升产品质量，从而表现为积极作用；虽然第一大类不显著，但方向上依旧具有促进作用，当贸易伙伴国遭受非关税壁垒，变相为我国提高对食品等的进口标准，如农药残留量，由此贸易伙伴国将会提高食品等生产标准，从而我国也将扩大对高品质产品的进口量；非关税壁垒对第二大类产品的促进作用也不显著，由于在电子信息、化工制造等行业国内相对于发达国家是落后的，国内对这类行的业进口具有长期性、稳定性的特点，由此非关税壁垒对我国电子信息、化工制造等进口的影响较小。关税壁垒对各行业进口贸易的影响也各不相同。关税壁垒对第二大类和第四大类行业进口贸易的影响显著为正，与整体表现相同，一方面，可能我国对电子信息、化工制造和皮革、杂制业的需求巨大；另一方面，我国整体关税一直处于较低水平，同时贸易伙伴国同我国的贸易表现积极，因此在大多行业中，关税壁垒并不会抑制我国贸易进口；而在第一大类、第三大类行业表现为抑制作用，同理论分析一致，关税将直接对该行业的进口产生抑制性影响。

表7-5　分行业进口面板回归结果

变量	FGLS（1）	FGLS（2）	FGLS（3）	FGLS（4）
lm	0.0754***	0.0720***	0.0572***	−0.0562***
	（4.36）	（7.15）	（26.50）	（−6.55）
lm_1	0.0033***	0.0016	−0.0050***	0.0078***
	（−6.26）	（1.15）	（−13.64）	（14.77）
tff	0.0143	−0.0038	0.0244***	0.0169***
	（1.38）	（−0.70）	（17.65）	（2.74）
lntfl	−1.5061***	0.5562***	−0.3695***	0.6522***
	（−8.23）	（3.51）	（−9.16）	（7.23）
lnreer	−3.8560***	−11.8163***	−9.4349***	1.4835***
	（−2.92）	（−11.10）	（−37.57）	（2.79）
lngdp	0.4025**	1.0853***	0.5722***	1.9149***
	（1.98）	（5.21）	（12.61）	（20.62）
lnfdi	0.5068***	−0.3016***	1.0452***	−0.3835***
	（4.31）	（−2.71）	（38.35）	（−8.72）
lnrd	−1.4268***	−0.9876***	0.1253**	−1.7605***
	（−5.95）	（−4.13）	（2.46）	（−18.47）
lp	3.7044***	5.5793***	3.7413***	−1.8618***
	（4.65）	（8.66）	（23.55）	（−5.35）

变量	FGLS（1）	FGLS（2）	FGLS（3）	FGLS（4）
lmtff	−0.0085	−0.0085***	−0.0103***	0.0078**
	（−1.56）	（−3.96）	（−19.2）	（2.12）
lmlntfl	−0.0213***	0.0109***	0.0021***	0.0224***
	（−3.42）	（3.57）	（3.51）	（7.13）
Constant	18.6265***	—	43.8563***	−13.7082***
	（3.06）		（37.27）	（−5.72）

人民币汇率当期波动程度与贸易摩擦双因素对四大类行业进口贸易的影响均显著。第二大类和第三大类的人民币当期汇率波动程度与非关税壁垒交叉项前的系数显著为负，说明当面临人民币汇率波动及非关税壁垒双重因素时，该类行业出口贸易会受到显著负向冲击。在第四大类中，表现为非关税壁垒对进口贸易的影响大于汇率波动对进口的影响，汇率当期波动程度和反倾销、反补贴、数量限制、保障措施等叠加时将抑制该行业进口。第一大类为动植物、食品、烟草等行业，由于行业的特殊性和进口的稳定性，同时非关税壁垒单因素对行业进口的影响表现得并不显著，所以在汇率波动和非关税壁垒叠加时，对行业进口的影响也不显著；人民币汇率波动与关税壁垒双因素对第二大类、第三大类和第四大类行业进口贸易具有显著的促进作用。人民币汇率波动程度和关税壁垒单因素对行业进口的影响表现为促进作用，当双因素相互叠加时，关税的抑制作用依旧未显著表现出来，而是同人民币汇率波动相叠加，以至于对行业进口产生积极影响。在第一大类中人民币汇率波动与关税壁垒交叉项对行业进口具有显著的抑制性影响，说明关税壁垒对第一大类行业的抑制性作用强烈，调节人民币汇率波动对该行业进口贸易的作用明显。

控制变量对不同行业进口的作用表现基本显著，由于行业异质性，对不同行业的影响有一定的区别，但四大类行业整体结果同对所有行业整体影响基本一致。人民币实际有效汇率对行业进口具有抑制性作用；外商直接投资对食品、矿制等行业进口具有积极影响，对电子信息、化工制造、交通运输等具有抑制作用，投资的增多将会促进国内研发的升级，提升本土产品竞争力，从而表现为对进口的抑制作用，同技术创新对该行业的影响效果基本一致；国内生产总值对除第一大类行业的影响同整体保持一致；劳动生产率的提升对动植物、食品、烟草、电子信息、化工制造、矿制等行业进口具有促进作用。劳动生产率的提升对电子信息、化工制造等行业的促进作用体现为需要更加先进的技术、设备等，由此将会促进该行业进口，以实现经济高质量发展。

（三）稳健性检验

模型稳健性检验包括更换被解释变量、核心解释变量以及数据集等多种方法，由模型整体回归和分行业回归结果来看，分行业回归同整体回归基本一致，可说明模型是稳定的，但为了进一步证明模型稳健性的可靠性，采用不同分位双侧缩尾处理（见表7-6），前半部分已采用1%分位双侧缩尾处理，接下来将对核心解释变量进行5%分位双侧缩尾处理。

表7-6　不同分位进口模型总体回归结果

变量	FGLS（1）	FGLS（2）	FGLS（3）	FGLS（4）
lm	0.0420***	0.0302***	0.0298***	0.0043
	（7.00）	（7.10）	（12.09）	（0.58）
lm_1	−0.0057***	−0.0032***	−0.0044***	−0.0075***
	（−5.79）	（−4.94）	（−10.50）	（−6.14）
tff	−0.0097***	−0.0125***	−0.0174***	−0.0173***
	（−3.02）	（−13.15）	（−9.55）	（−11.49）
lntfl	0.1921***	0.1665***	−0.0310***	0.5213***
	（4.53）	（7.91）	（−0.95）	（15.66）
lnreer	−4.1441***	−1.6776***	−2.1694***	1.1810
	（−5.57）	（−3.59）	（−6.97）	（1.28）
lnfdi	2.5167***	1.9654***	2.0560***	1.5516***
	（19.41）	（23.53）	（36.28）	（9.53）
lnrd	−0.4983***	0.0829	−0.0908**	0.3083**
	（−4.69）	（1.25）	（−2.01）	（2.32）
lngdp	−1.4458***	−0.9881***	−0.7829***	−0.3348*
	（−10.11）	（−11.01）	（−12.54）	（−1.90）

变量	FGLS（1）	FGLS（2）	FGLS（3）	FGLS（4）
lp	−0.5282	−0.8778***	−1.3995***	−2.5336***
	（−1.27）	（−3.35）	（−8.00）	（−4.75）
lmtff		0.0055***		0.0134***
		（10.38）		（14.32）
lmlntfl		−0.0044***		−0.0020*
		（−4.32）		（−1.76）
Constant	18.5549***	5.1151***	8.9878***	−8.5658*
	（5.30）	（2.32）	（6.04）	（−1.93）

表7-6中的（1）、（2）列为在1%分位双侧缩尾处理后的回归结果,（3）、（4）列为在5%分位双侧缩尾处理后的回归结果，通过对比（2）、（4）两列，所有核心解释变量在不同分位处理后的变量的符号保持一致，系数大小变化不大；对比（1）、（3）两列，除关税壁垒符号存在变化，其余解释变量在不同分位处理后的变量的符号保持一致，系数大小变化不大。同时，结合分行业面板回归结果分析，整体上模型的稳健性检验变量并未发生实质性的改变，表明该实证结果具有可靠性。

二、出口方向

（一）基准回归

对模型进行回归分析前，首先需要对模型中各变量的平稳性进行检验，即对各变量进行单位根检验。为确保估计结果的有效性，本书将同时使用同质性的LLC检验方法和异质性的ADF-Fisher检验方法进行面板单位根检验，结果如表7-7所示。

表7-7　出口面板单位根检验结果

变量	LLC	ADF-Fisher	是否平稳
lnex	−8.2564	63.8127	是
	（0.0000）	（0.0166）	

续表

变量	LLC	ADF-Fisher	是否平稳
lm	−8.2632	145.8261	是
	（0.0000）	（0.0000）	
lntff	−3.2818	71.9982	是
	（0.0005）	（0.0027）	
lntfl	−4.0017	58.4756	是
	（0.0000）	（0.0469）	
lnrd	−11.0334	73.1390	是
	（0.0000）	（0.0021）	
lnreer	−4.6198	55.4326	是
	（0.0000）	（0.0801）	
lnfdi	−11.5260	84.2931	是
	（0.0000）	（0.0001）	
lnopen	−9.6330	84.8691	是
	（0.0000）	（0.0001）	
lntot	−13.1637	65.0688	是
	（0.0000）	（0.0127）	

由表7-7可知，模型中所有变量均为原序列平稳。在此基础上，采用Kao检验对模型各变量之间的长期均衡关系进行协整检验，结果表明，p值在5%显著性水平上拒绝原假设，证明模型被解释变量与各解释变量间存在明显的协整关系，由此排除"伪回归"可能，并进行下一步的回归分析。首先对面板数据总体样本进行F检验及LR检验，结果表明，模型均在1%显著性水平上拒绝原假设，由此需要对模型进行Hausman检验，判断模型应选择固定效应还是随机效应模型进行估计，检验结果拒绝了随机效应估计方法。因此，

使用固定效应模型对总体样本进行估计，并在此基础上增加核心解释变量之间的交叉项，回归结果如表7-8所示。

表7-8　出口模型总体回归结果

变量	（1）	（2）
lm	−0.0155*	0.0310**
	（−1.6892）	（2.3158）
lntff	0.1120***	0.0881***
	（4.2183）	（3.4047）
lntfl	−0.0807	−0.1441**
	（−1.3343）	（−2.4471）
lnrd	1.3145**	1.4249***
	（2.3510）	（2.6905）
lnreer	2.7587***	2.3220***
	（3.6123）	（3.1948）
lnfdi	1.3203***	1.3000***
	（4.3089）	（4.4842）
lnopen	2.0205***	1.9039***
	（8.0765）	（8.0075）
lntot	0.9791*	0.8935*
	（1.7582）	（1.6955）
lmlntff		−0.0050**
		（−1.9996）
lmlntfl		−0.0138***
		（−3.3460）

续表

变量	（1）	（2）
Constant	−25.5264***	−22.7609***
	（−5.9131）	（−5.5597）
Method	Fe	Fe

由表7-8（1）列可知，在未引入人民币汇率波动与贸易摩擦交叉项时，关税壁垒未通过显著性检验，人民币汇率波动和非关税壁垒均通过显著性检验，人民币汇率波动前系数显著为负，表明当人民币实际有效汇率相对于长期均衡汇率处于低估阶段时，汇率波动程度扩大有利于出口；当人民币实际有效汇率相对于长期均衡汇率处于高估阶段时，汇率波动程度扩大会抑制出口。非关税壁垒系数显著为正，说明非关税壁垒对出口贸易具有正向影响，究其原因，当贸易伙伴成立案件要对我国出口行业实施非关税壁垒时，客观上会释放出关于产品质量等方面的有效信息。出口企业为了维持原有市场地位及利润水平，便会迫使企业通过技术创新等措施提升产品质量，突破目的国或地区的非关税壁垒，最终推动企业出口贸易。对于控制变量而言，技术创新、人民币实际有效汇率、外商直接投资、贸易开放度、贸易条件均通过显著性检验，并与行业的出口贸易呈显著正相关关系。说明当技术创新、人民币实际有效汇率、外商直接投资、贸易开放度、贸易条件上升时，行业出口贸易会产生上升趋势，这与陈蓉和许培源（2015）、宋伟良和贾秀录（2018）等诸多学者所得结论一致。

为进一步探讨人民币汇率波动及贸易摩擦双因素对出口贸易的影响，本书在表7-8（2）列中引入人民币汇率波动与关税壁垒、非关税壁垒的交叉项，探讨行业在同时遭受人民币汇率波动及贸易壁垒双因素时，出口贸易是否会受到影响。回归结果显示，所有解释变量皆通过显著性检验，在引入交叉项前，关税壁垒没有通过显著性检验，而引入交叉项之后，关税壁垒与出口贸易之间呈显著负相关，这表示引入人民币汇率波动与贸易壁垒交叉项使模型更加稳健，同时说明人民币汇率波动对关税壁垒与出口贸易的关系起到调节作用。同时，在引入人民币汇率波动及贸易壁垒交叉项后，人民币汇率波动前的系数显著为正，与未引入交叉项时的情况相反，这说明贸易壁垒也调节了人民币汇率波动与出口贸易之间的关系。汇率波动与贸易壁垒交叉项前系数均显著为负，这意味着，当行业遭受到关税及非关税构成的贸易壁垒与人民币汇率波动双因素叠加时，出口贸易会受到显著抑制。

（二）分行业面板回归

由于各行业具有异质性，受到的人民币汇率波动与关税壁垒、非关税壁垒的影响也各不相同，因此，进一步研究不同行业在受到人民币汇率波动与贸易壁垒双因素影响时出口贸易的变化情况。

对上述五大类行业进行样本面板回归分析的结果（见表7-9）表明，对大部分行业而言，人民币汇率波动对行业出口贸易具有显著影响，但由于各行业出口产品性质的差异化，影响具有异质性。人民币汇率波动与第一大类行业的出口贸易呈显著正相关，表明人民币实际有效汇率高估会促进行业出口贸易，人民币实际有效汇率低估会抑制该行业出口贸易。同时，人民币汇率波动对第三大类、第五大类行业的出口贸易影响的系数显著为负，说明出口贸易受到人民币波动影响时的情况与第一大类行业相反，汇率低估会促进业出口贸易，汇率高估会抑制行业出口贸易。非关税壁垒对第二大类、第五大类行业具有显著促进作用，对第一大类、第三大类、第四大类行业影响不显著，可能在于采用二级编码将行业细分时，非关税壁垒对不同种类产品的效果显著不同。例如，农业是遭受非关税壁垒较多的行业之一，但结果中非关税壁垒对农业出口贸易影响不显著，主要是因为非关税壁垒对谷物类影响并不显著，但对鱼肉类和水果蔬菜类出口贸易却有显著的抑制作用，因此，在整体上导致非关税壁垒对第一大类行业出口的影响不显著。同时，由于各行业产品的不同特征及对外贸易业务的不同特点，关税壁垒对各行业出口贸易的影响也各不相同。关税壁垒对第一大类、第四大类行业出口贸易的影响显著为负，对第三大类、第五大类行业出口贸易的影响显著为正。

同时，人民币汇率波动与贸易壁垒双因素对大部分行业出口贸易的影响均显著。第二大类、第三大类、第五大类行业的人民币汇率波动与非关税壁垒交叉项前的系数显著为负，说明当面临人民币汇率波动及非关税壁垒双重因素影响时，这类行业出口贸易会受到显著负向冲击。第一大类、第四大类行业人民币汇率波动及非关税壁垒交叉项前的系数不显著，但人民币汇率波动或贸易壁垒单因素对出口贸易的影响显著，说明在这两类行业中，人民币汇率波动及非关税壁垒两者之间对行业出口贸易的影响不具备调节作用，因此，行业在面临人民币汇率波动及非关税壁垒双因素时，出口贸易额没有受到显著影响。同时，人民币汇率波动与关税壁垒双因素对第一大类行业出口贸易具有显著的抑制作用，表明在人民币汇率波动程度进一步扩大时，该行业遭受到国际贸易伙伴实施的关税壁垒加大，出口贸易会下降。而第三大类、第五大类行业交叉项前系数显著为正，表明人民币汇率波动与关税壁垒双因素对行业出口贸易具有促进作用。究其原因，当该行业同时受到人民币汇率波动及关税壁垒双因素影响时，对企业自身可能产生了激励作用，企业从管理、人力等其他方面付出努力从而提升出口。第四大类行业人民币汇率波动与贸易壁垒交叉项均不显著，但该行业出口贸易却显著受到关税壁垒影响，说明关税壁垒调节和人民币汇率波动双因素对第四大类行业出口贸易的作用不明显，意味着当该行业面临人民币汇率波动与贸易壁垒双因素时，其行业出口贸易受影响程度不大。原因可能是第四大类行业大部分商品为基础加工贸易，贸易壁垒技术制约条件较低，受人民币汇率波动影响较弱，因此双因素对其出口贸易的影响不明显。

对于控制变量而言，技术创新对大部分行业出口贸易影响效果不显著，而在进行基准回归时，技术创新对我国行业整体上出口贸易具有显著正向影响。主要是因为在进行分行业面板回归时，采取二级编码表现出的各行业的异质性效果明显，此时采用统一的技术创新指标可能不如分行业的技术创新指标的影响效果显著。而人民币实际有效汇率、外商直接投资、贸易开放度与大多数行业出口贸易呈显著的正相关关系，这与上文中整体面板分析所得出的结论一致。

表7-9　分行业出口面板回归结果

变量	第一大类	第二大类	第三大类	第四大类	第五大类
lm	0.0454**	0.0364	−0.0856*	0.0118	−0.1091*
	（2.1967）	（1.4073）	（−1.8132）	（0.5172）	（−1.8390）
lntff	0.0492	0.0826***	0.0668	0.0076	0.1867***
	（1.2694）	（3.0348）	（1.0343）	（0.3907）	（2.7608）
lntfl	−0.1673***	0.0428	0.4112***	−0.3360**	1.1141***
	（−2.6196）	（0.3474）	（3.0581）	（−2.1736）	（5.6678）
lnrd	0.6987	0.0079	−0.2274	1.2136***	−1.2027
	（1.2980）	（0.0173）	（−0.1735）	（2.8820）	（−0.8129）
lnreer	1.2869*	2.6581***	6.8243***	1.8287***	9.8363***
	（1.7691）	（3.1699）	（3.7406）	（3.2257）	（3.7431）
lnfdi	0.9428***	1.6828***	1.4851**	0.9346***	1.4985**
	（3.1426）	（6.7905）	（2.1271）	（3.9535）	（2.0517）
lntot	0.5823	0.9581**	1.3134	0.4260	2.3539***
	（1.0938）	（2.0375）	（1.0369）	（0.9964）	（2.9601）
lnopen	0.6193**	1.3396***	2.8007***	1.2584***	3.1221***
	（2.5167）	（5.8719）	（4.9447）	（6.5584）	（2.7936）
lmlntff	−0.0058	−0.0080***	−0.0235*	−0.0008	−0.0328*
	（−1.4477）	（−3.7875）	（−1.9499）	（−0.2560）	（−1.7561）
lmlntfl	−0.0157***	−0.0153	0.0833***	−0.0085	0.0888**
	（−3.0368）	（−1.3515）	（7.1684）	（−1.1991）	（2.0755）
Constant	−12.7202***	−23.6985***	−49.1254***	−13.3048***	−61.3952***
	（−3.1191）	（−5.0726）	（−4.8365）	（−5.2981）	（−4.9547）

（三）稳健性检验

1.改变模型估计的对象

在上文进行分行业面板回归时，采用HS分类二级编码改变模型估计样本对象，回归结果显示：人民币汇率波动、非关税壁垒、关税壁垒及人民币汇率波动与贸易壁垒交叉项等核心解释变量的显著性结果与基准回归结果大体一致，且控制变量回归结果也无明显差异，表明该模型采用不同样本进行实证分析对研究结论并未产生实质性影响。

2.替换核心指标

为了保证核心解释变量与被解释变量之间回归结果的稳健性，采用替换被解释变量的方法。前文的被解释变量用绝对数行业出口贸易总额EX_{it}衡量我国行业出口贸易水平。在进行稳健性回归时，选择采取行业出口竞争力EC_{it}（Export Competitiveness），即行业当期出口贸易额占我国同期出口总额的比例作为被解释变量，以进一步验证人民币汇率波动及贸易壁垒对行业出口贸易的影响，回归结果如表7-10所示。

表7-10　稳健性检验回归结果

变量	（2）	（3）
lm	0.0310**	0.0561***
	（2.3158）	（4.2000）
lntff	0.0881***	0.0755***
	（3.4047）	（2.9248）
lntfl	−0.1441**	−0.1698***
	（−2.4471）	（−2.8890）
lnrd	2.3220***	1.0136*
	（3.1948）	（1.9180）
lnreer	1.3000***	−0.3446
	（4.4842）	（−0.4751）

变量	（2）	（3）
lnfdi	1.4249***	0.0621
	（2.6905）	（0.2147）
lnopen	0.8935*	0.6512***
	（1.6955）	（2.7448）
lntot	1.9039***	0.2029
	（8.0075）	（0.3858）
lmlntff	−0.0050**	−0.0054**
	（−1.9996）	（−2.1773）
lmlntfl	−0.0138***	−0.0136***
	（−3.3460）	（−3.3097）
Constant	−22.7609***	−6.3509
	（−5.5597）	（−1.5547）

可以看出，在替换被解释变量衡量指标之后，模型中主要解释变量依旧显著。表7-10中第一列是基准回归加入交叉项时的回归结果，第二列是稳健性检验回归结果。对比可见，人民币汇率波动、非关税壁垒、关税壁垒以及人民币汇率波动与贸易壁垒的交叉项的结果仍然显著，并且变量前的符号相同，系数变动不大。同时对于控制变量，技术创新、贸易开放与行业出口竞争力仍呈显著正相关，这与郭梦迪等（2018）、付书科等（2017）的研究结果一致。其余控制变量没有通过显著性检验，表明人民币实际有效汇率、外商直接投资和贸易条件对行业出口竞争力影响效果不明显。但从整体来看，稳健性检验变量并未发生实质性的改变，稳健性回归的结果也支持了我们之前的结论，表明该模型整体上是稳健的。

第八章　研究结论及对策建议

第一节　研究结论

随着"十四五"时期"双循环"新发展格局的不断推进，贸易摩擦及人民币汇率波动作为内外循环的重要影响因素，或将逐渐常态化，由此引发一系列的贸易效应。因此，本书基于贸易摩擦及汇率波动的相关理论（如贸易保护主义、国际收支理论、贸易与产业调整理论等），依照HS分类原则，研究了贸易摩擦、人民币汇率波动单因素及双因素对我国进出口行业的异质性影响，得到以下结论。

一、人民币汇率波动程度

人民币均衡汇率受多种因素影响并具有自动收敛机制。通过建立BEER模型，实证分析可得：贸易开放度、货币供应量、劳动生产率对人民币实际有效汇率的影响显著为负；政府支出、贸易条件、国外净资产对人民币实际有效汇率的影响显著为正。1994~2019年人民币汇率波动呈现阶段性特征，汇率高估程度最大为1998年的10.0767%，汇率低估程度最大为1994年的16.5920%，且汇率高估与低估呈现聚集现象，其余时段基本保持在10%的波动程度以内，并没有偏离合理区间。这与国内外经济形势的变化、人民币预期及相关制度政策调整有关。同时，长期汇率波动与短期汇率波动变动趋势基本保持一致，但总体上长期汇率波动比短期汇率波动幅度大。

二、贸易摩擦状况

通过分析加入WTO之后我国进出口行业面临的贸易摩擦状况，从整体来看，我国进出口行业面临的贸易摩擦措施有增无减。具体体现在以下三个方面：一是我国出口面临的贸易摩擦主要来源于美国、欧盟、日本、印度、土耳其和阿根廷，其中欧盟、美国分列第一、二位。在进口方面，我国发起的贸易摩擦主要集中于美国、日本和韩国。二是我国进出口方向遭受的贸易摩擦形式由传统的关税和非关税壁垒逐步演变成更为隐蔽的技术性贸易壁垒、绿色贸易壁垒等新型贸易壁垒。三是我国出口行业遭受到的全球贸易摩擦逐渐由劳动密集型转向技术密集型，如化学化工、金属钢铁、纺织工业、机电电器、精密仪器，在进口方面，为维护、鼓励我国新型产业和技术的发展，贸易摩擦主要集中于化工、通信等高技术进口行业。

三、贸易摩擦单因素对我国进出口行业影响

第一，整体而言，关税壁垒对我国进出口行业具有显著的抑制作用，而非关税壁垒对我国进出口行业均具有显著的促进作用。

第二，通过行业异质性分析进一步可得：关于出口方向，关税壁垒对第一大类、第三大类、第四大类、第五大类行业的出口均有显著的影响，且对出口贸易具有抑制作用，此结论与大多数研究者的研究结果相同。同时，在受影响的四类行业中，关税壁垒对第四大类行业（纺织、皮革、杂制业等）出口贸易的抑制作用最大，究其原因，由于我国的纺织产品在国际市场上具有较大的替代性，关税壁垒刺激我国产品出口成本的上升，同时在替代效应

的共同作用下，我国纺织类产品出口贸易受抑制更严重。从回归结果来看，非关税壁垒对第一大类、第二大类、第三大类行业出口的影响都显著。从影响的正负性来看，非关税壁垒对第一类行业（动植物、食品、烟草、饮料业等）出口具有负向的影响，由于第一大类行业多为农产品行业，非关税壁垒刺激使其国外需求下降程度大于技术溢出效应，因此，总体呈现非关税壁垒阻碍第一大类行业出口的结果；而非关税壁垒对第二大类行业（电子信息、化工制造、交通运输业等）和第三大类行业（矿制、陶瓷、非金属业等）出口具有促进作用，主要原因可能在于技术标准和规制是这两类行业的决定性因素，由于非关税壁垒对技术等的要求上升，刺激国内企业加强企业管理，提升产品质量，从而提高了产品的国际竞争力，导致出口增加。

第三，关于进口方向，关税壁垒对第一大类行业（动植物、食品、烟草、饮料业等）、第二大类行业（电子信息、化工制造、交通运输业等）、第五大类行业（橡塑、木制、纸制业等）具有显著的促进作用，分析其原因，此三大类行业属于我国政府大力发展的重点产业，关税水平的上升会增加我国财政收入，作用于市场后会扩大国内市场，从而导致国内需求增加，进口贸易增多。因此，关税水平在一定的合理水平对特定行业具有一定的促进作用；然而，关税壁垒对第三大类行业（矿制、陶瓷、非金属业等）影响不显著，主要因为第三大类行业中的矿制行业进口的主要是属于自然资源类的产品，其产品缺乏价格弹性，关税水平的变动导致的进口成本的变动对其进口额影响不大。非关税壁垒对第一大类行业（动植物、食品、烟草、饮料业等）、第二大类行业（电子信息、化工制造、交通运输业等）、第五大类行业（橡塑、木制、纸制业等）具有明显的抑制作用，而对第三大类行业（矿制、陶瓷、非金属业等）具有显著的促进作用，主要由于第三大类行业（矿制、陶瓷、非金属业等）具有很强的自然属性，国内对其需求缺乏弹性，受到成本变动的影响小，这与前文分析的非关税壁垒有刺激进口贸易范围扩张的作用也相符。

四、人民币汇率波动单因素对我国进出口行业影响

第一，整体而言，人民币汇率波动对大部分进口行业的影响存在异质性，正负影响效应明显。从短期来看，人民币汇率波动对进口行业的影响以负向

为主，对我国出口行业的影响并不显著。从长期来看，人民币实际有效汇率波动对少数出口行业存在显著正向影响。

第二，通过行业异质性分析进一步可得：关于进口方向，人民币实际有效汇率波动对五类进口行业（包括HS第3类、HS第7类、HS第15类、HS第17类、HS第18类）的系数显著为正，即汇率波动程度的增大有利于进口；人民币汇率波动对五类进口行业（分别为HS第1类、HS第9类、HS第10类、HS第12类、HS第14类）的系数显著为负，即汇率波动程度降低有利于进口。通过误差修正模型分析发现，10类行业的进口方程中，LM系数显著为负，分别为HS第1类、HS第2类、HS第4类、HS第8类、HS第9类、HS第10类、HS第11类、HS第12类、HS第13类、HS第14类行业；其余的影响系数均不显著；说明汇率波动短期对进口的影响以负向为主。

第三，关于出口方向，人民币汇率波动对6类出口行业存在正向的显著性影响，分别为HS第4类、HS第6类、HS第9类、HS第15类、HS第16类、HS第17类。而对其他出口行业而言，人民币汇率波动对其影响并不显著，这可能与出口行业的产品特性及国际贸易参与度不深有关。通过误差修正模型分析发现，只有HS第2类行业的LM的系数显著为负，HS第3类行业的LM的系数显著为正，其余的影响系数均不显著，说明短期汇率波动对我国出口行业的影响并不显著。

五、贸易摩擦及人民币汇率波动双因素对我国进出口行业影响

第一，整体而言，在进口方向，人民币当期波动程度和非关税贸易壁垒双因素对我国贸易进口具有积极作用，表明非关税壁垒对进口的抑制性作用相对于人民币汇率高估对进口的促进作用更弱。人民币当期波动程度和关税贸易壁垒双因素对我国贸易进口具有抑制作用，关税壁垒对贸易进口的影响对汇率高估所产生的影响进行了修正，关税壁垒对贸易进口的抑制性影响显现出来。在出口方向，关税及非关税构成的贸易壁垒与人民币汇率波动双因素对我国出口贸易具有显著抑制作用，表明当人民币汇率波动程度进一步加深时，遭受贸易壁垒较多的行业，出口贸易会产生下降趋势。

第二，通过进一步行业异质性分析可得：在进口方向，人民币汇率波动和非关税壁垒双因素对第一大类（动植物、食品、烟草、饮料业等）、第二大类（电子信息、化工制造、交通运输业等）和第三大类（矿制、陶瓷、非金属业等）行业进口的影响为负向的，非关税壁垒对行业的抑制性作用得以显现。对第四大类行业具有显著正向影响，纺织、皮革、杂制业等行业属于轻加工行业，非关税壁垒的抑制性作用并未在这类行业体现，反而同汇率波动一致表现为正向关系。人民币汇率波动与关税壁垒双因素对第二大类（电子信息、化工制造、交通运输业等）、第三大类（矿制、陶瓷、非金属业等）和第四大类（纺织、皮革、杂制业等）行业的影响一样，均表现为积极作用，在贸易壁垒的冲击下，贸易伙伴国会对该行业的生产技术和工艺进行提升与改进，由此促进我国高质量的进口发展。

第三，关于出口方向，人民币汇率波动与非关税壁垒双因素对第二大类（电子信息、化工制造、交通运输业等）、第三大类（矿制、陶瓷、非金属业等）、第五大类（橡塑、木制、纸制业等）行业出口贸易的影响具有显著负向冲击；人民币汇率波动与关税壁垒双因素对第一大类（动植物、食品、烟草、饮料业等）、第三大类（矿制、陶瓷、非金属业等）、第五大类（橡塑、木制、纸制业等）行业出口贸易具有显著影响，并且不同行业所受影响方向、影响大小等各不相同。这是由于近年来我国技术密集型产品国际竞争力增强，对贸易伙伴构成了挑战，导致我国技术性行业出口受到贸易壁垒措施次数增多。同时，我国大量加工贸易出口行业，如陶瓷、橡塑、矿制品等，都从事简单加工或组装活动的低附加值行业，不具备生产所要求的核心技术，在分工体系中没有话语权，导致其加工产品出口时不仅遭受严酷的贸易壁垒措施，也受人民币汇率波动影响。而第四大类行业（纺织、皮革、杂制业等）由于行业出口产品特性，受人民币汇率波动影响弱，因此，双因素对其出口贸易影响不明显。

第二节　对策建议

一、贸易摩擦应对策略

（一）在国家层面

第一，提高自由贸易区建设的数量和质量，支持国家级"海外仓"建设，大力推进贸易便利化。提升贸易便利化水平可降低企业贸易成本，缩短交易时间，降低交易的不确定性。应采取以下四项措施：一是中国应加强与周边国家合作，通过产能合作、金融支持等方式大力支持区域内的基础设施建设，提升区域互联互通水平。二是在当前全球产业链、供应链循环受阻的背景下，需加强出口企业"海外仓"建设，有效精准对接企业出口产品与消费者需求，加快企业商品及服务率先"走出去"，及时送达到海外消费者手中。三是中国要继续与更多的国家进行自由贸易区谈判，使自身融入到更多自由贸易区之中，并注重自由贸易区建设的质量。自由贸易区协议一般由关税减免表和非关税条款两部分构成。四是中国不仅要扩大双方关税减让的幅度和产品覆盖范围，还要减少诸如技术性壁垒、知识产权壁垒等阻碍双方贸易发展的非关税措施。

第二，突破贸易保护壁垒，实现出口市场多元化。中国高新技术产品出口市场主要是日韩区域，其次是欧美区域，但我国长期受到这些区域的贸易壁垒，尤其是欧美国家，中国高新技术产品出口时经常遭受技术性贸易壁垒，主要是知识产权保护的贸易壁垒，所以中国要突破主要出口市场的贸易保护壁垒并开辟新的市场，实现出口市场多元化发展。一是通过加强与"一带一路"国家的人文交流，用好用活国家入境免签相关政策，实现"民心相通"，促进高技术人才在国家之间自由流动，打破贸易壁垒。二是中国政府应当鼓励中国企业学习借鉴一些高新技术水平发达的国家对于高新技术产业发展和产品保护的经验，学会利用WTO规则和相关法律以及国际惯例保护企业合法权益和技术安全。三是开辟中国高新技术产品出口新市场，中国与东盟、金砖国家有着天然的地理位置优势，应积极推进中国与东盟、金砖国家合作，推进中国高新技术产品出口多样化战略，开拓"一带一路"沿线国家的潜在市场，开拓中国高新技术产品出口的新空间，无论是贸易保护主义抬头，还是有关高新技术产品质量、知识产权、环境等一系列贸易壁垒的设置，都需要中国打破贸易壁垒，开拓高新技术产品新市场，实现中国高新技术产品出口多元化发展。

第三，加大政策支持力度，优化进出口商品结构，实现进出口贸易高质量发展。我国进出口方向遭受到的贸易壁垒形式由传统的关税壁垒和非关税壁垒逐步演变成更为隐蔽的技术性贸易壁垒、绿色贸易壁垒等新型贸易壁垒。因而第二大类行业（电子信息、化工制造、交通运输业等）作为我国高新技术产业，其进出口贸易受贸易摩擦影响较大。因此，相关政府部门需加大对高新技术产业的扶持力度，积极促进科技成果产业化并进一步完善知识产权保护法律体系，提升中国自主创新与研发质量，实现高新技术产品出口多元化，从而提高我国企业国际竞争力，优化出口商品结构，逐步实现我国企业利润增长方式的转变以及由贸易大国向贸易强国的转变。对于以牺牲自然资源和污染环境为代价的"两高一资"产业必须予以遏制。在关税、出口退税、配额等方面优化管理，鼓励低耗能、高效率产品的出口，限制低附加值和国内稀缺资源产品的出口，尽快完成由粗放型向集约型产业结构和出口贸易结构的转型。

（二）在区域层面

人员流动限制与签证壁垒是贸易摩擦在区域层面的重要表现形式。畅通的人员流动机制将从微观层面为贸易摩擦的应对提供更多的主动性与灵活空间，是区域外贸乃至经济高质量发展的重要基础。针对中国各省份实施过境免签政策瓶颈、短板、弱项，亟须有效整合商务、会展、旅游和航空网络资源，加快关联产业发展和国际航空枢纽建设，最大限度释放政策效应，助推相关省份早日建成通道畅达、辐射内陆、联通全球的国际门户枢纽城市。实现以畅通的人力资源流动渠道降低贸易壁垒对区域经济的负面效应的最终目标。

重庆地处"两点"，承载"两地、两高"目标，同时作为双循环的重要战略支点、成渝经济圈的核心。以重庆为典型案例，针对如何规避签证壁垒及人员流动限制，提出以下三项对策建议：

第一，针对政策不够顺畅，建立"三个机制"。一是建立政策统筹机制。研究制定实施重庆144小时过境免签工作方案，建立落实144小时过境免签政策的联席会议制度，落实牵头单位和责任部门，强化定期联动，形成推进合力。二是建立宣传推介机制。充分利用外宣、外事、商务、会展、旅游、文化交流等涉外渠道，把重庆144小时过境免签政策作为重庆国际化城市的重要特征组织宣传。统一策划并制作重庆144小时过境免签政策宣传手册和宣传片，在国际航班、机场以及大型国际会议上发放或播放。三是建立成渝联动机制。积极向国家沟通争取，力争在成渝地区双城经济圈联动实施144小时过境免签政策，使成渝两市借助过境免签政策入境的游客能够"蓉进渝出""渝进蓉出"，实现两市境外游客互送。探索在成渝地区双城经济圈区域内试点实行境外旅客免税购物政策。争取"长江三峡黄金水道"入境旅游免签政策在成渝地区落地实施。

第二，针对配套服务不够多，搭建"四类平台"。一是搭建机场服务平台。在江北国际机场设置72小时过境免签通道。研究解决国际中转旅客行李直挂问题，设置国际中转旅客专属服务区，提供外币兑换、行李寄存、手机租用、汽车租赁、旅游推介等特色服务。二是搭建国际交流平台。吸引重要国际会议、高端论坛、专项会展等项目落地，争取使更多中外交流合作活动在重庆举办。鼓励重庆高校、科研机构举办国际学术研讨会、论坛和讲座，邀请境外专家学者来渝交流参会。实施海外访学教授计划，鼓励外籍专家和外教来渝开展短期交流。三是搭建旅游服务平台。研究"过境免签畅游卡"，在限定时间内免费畅游市内景区，免费乘坐公交、轨道交通、轮渡等交通工具。编制《玩转重庆》144小时特色旅游线路手册，鼓励旅游企业利用重庆丰富的旅游文化资源，为中转过境旅客定制个性化旅游产品，精心设计好半日游、一日游、两日游及三日游精品旅游线路。开发针对性强、附加值高、多元化的旅游消费产品，将单一的观光旅游向短期商务会议、会展、医疗、饮食等复合旅游模式转变。四是搭建国际消费平台。探索建立和完善购物免税服务体系，积极争取在机场国际出港大厅和中心城区设立销售重庆民俗、文化、美食等特色商品的免税购物商店，在机场国际进港大厅设立具有国际特色的免税购物商店。增加高品质消费供给，注重商业品牌培育，加强国际品牌项目引进。

第三，针对枢纽功能不够强，拓展"三个网络"。一是拓展国际直飞航线网络。鼓励国内外航空公司新开通重庆国际定期直飞航线和增加国际航班频率，加大对重庆144小时过境免签政策适用的53个国家新开直飞航线的支持力度。二是拓展国际中转航线网络。研究外国旅客可能经重庆中转的国际航线组合，鼓励国内外航空公司设计经重庆中转的国际联程产品。三是拓展口岸免签网络。争取在"一大四小"机场，"三主两辅"铁路口岸，果园、珞璜、龙头、新田等枢纽港实行落地过境免签政策，形成覆盖全市区县、联动重要口岸的跨境免签网络。

（三）在金融机构层面

第一，通过授信支持，加大对进出口企业的支持力度。贸易摩擦虽然看似不会对银行等金融机构产生直接影响，但银行业务的发展离不开进出口企业的发展，因此，在贸易摩擦中，银行不可能也不应该置身事外。从银行层面来说，最有效的方式是通过授信支持，加大对出口企业的支持力度。但传统的银行授信需要企业提供抵押、质押、担保等条件，而许多出口企业，特别是进出口贸易型企业，往往因缺少有效的抵、质押物或担保较弱，而无法获得银行授信或足量授信，陷入"融资难、融资贵"的困境。建议银行可以联合政府、保险公司建立风险共担模式，并按照"3+1"的原则为出口企业核定授信额度（暂拟名为"出口贷"），即由银行、政府、保险公司（如中国出口信用保险公司）三方共同承担风险，企业仅需由1名大股东提供担保即可向银行申请"出口贷"，原则上可按照企业上一年度出口总额的50%核定"出口贷"额度。由于信用证结算方式项下出口企业的收汇风险较小，因此，若企业以信用证为结算方式并申请叙做信用证项下融资业务，则"出口贷"额度可提高至企业上一年以信用证为结算方式的出口业务量的90%。银行向出口企业发放"出口贷"后，如果由于种种原因产生风险，银行除了向企业追索以外，最后导致的损失还由保险公司、银行、政府三家按照"四三三"的原则（保险公司赔付40%，银行和政府各承担损失的30%）共同承担损失。

第二，实现进出口行业的有效放贷，拓宽市场业务。通过研究，我国进出口行业所受贸易摩擦集中于欧美地区，这些企业产品面临加征关税的风险，使得企业业绩恶化，现金流减少，偿还债务能力下降，信贷风险上升。因此，建议金融机构加大对依赖欧美市场的进出口企业业务的风险管控，降低这类企业信贷的集中度，拓展面对其他市场如RCEP等企业的业务，帮助企业规避贸易战的风险，实现业务的低风险增长。同时，贸易摩擦直接涉及的进出口行业为设备制造业、农业、化工、钢和铝等资源行业。银行及相关金融机构应持续关注相关行业的信贷业务，定期考察相关企业的流动性风险。同时，应密切关注相关行业的调整动向，适时调整银行的信贷投向，通过有效放贷来促进我国出口贸易发展。

（四）在企业层面

第一，建立多元化的进出口市场体系，规避市场过度集中风险。不管企业规模大小，维护好一个稳定的、有发展前景的客户群体是企业经营的首要任务。当前我国出口行业面临的贸易摩擦主要来源于欧盟和美国，进口方面的贸易摩擦主要集中于美国、日本和韩国。无论是"所有鸡蛋不能放在同一个篮子里"的避险论，还是贸易摩擦产生的实际影响，我们都可以看到，企业客户群体过度集中在一个国家或地区，对企业的长远发展而言风险相对较大。因此，在国际贸易关系复杂的当下，企业应及时调整出口市场结构，依托"一带一路"及RCEP签署的背景，加强对东盟十国进出口市场的深耕细作，建立多元化的进出口市场体系。同时，也需要加快境外设厂驻点，实现产能转移，依托政府部门出台的相关政策倾斜，拓宽海外销售渠道，降低区域集中性风险。

第二，加快进出口行业产业转型升级，优化进出口贸易结构，提升我国商品贸易国际竞争力。当前我国高端制造产品进出口竞争力不强，进出口结构以劳动密集型产品和加工贸易为主；进出口企业缺乏核心技术，部分商品处于全球价值链的底端。同时，我国出口行业遭受全球的贸易摩擦影响逐渐由劳动密集型转向技术密集型（如化学化工、金属钢铁、纺织工业、机电电器、精密仪器等）。进口行业遭遇的贸易摩擦主要集中于化工、通信等高技术行业。因此，建议调整进出口贸易结构，对于低附加值等传统进出口行业（如农业、纺织业等），通过开发新品种，采用新工艺、新技术，提高产品附加值，在国际分工体系中掌握话语权；对高新技术行业（如电子信息业、化工制造业、交通运输业等），加强科技自主创新能力，解决核心技术领域"卡脖子"问题，提升产业链、供应链现代化水平，促使进出口行业结构优化升级，打通国际循环，加快由"中国制造"向"中国智造"的嬗变，实现我国进出口贸易高质量发展。

第三，制定应对贸易摩擦的差异化方案。第一大类行业（动植物、食品、烟草、饮料业等）的进出口贸易主要受到非关税壁垒带来的抑制性影响，企业可加强农业企业科技创新，提高农业及食品业的产品质量，积极开拓多元化的产品进出口贸易市场，削弱贸易壁垒带来的影响。对于同样受非关税壁垒影响较大的第二大类行业（电子信息、化工制造、交通运输业等），建议企业加强科技自主创新，促进科技成果转化为经济效益，形成良性循环，为科技的持续创新提供动力。第三大类行业（矿制、陶瓷、非金属业等）主要受到关税壁垒对其出口的抑制，由于"一带一路"沿线国家矿业等产业较为发达，建议充分利用"一带一路"建设带来的贸易机会，加强与"一带一路"国家的合作，提高企业发展水平，从而提高企业自身在国际贸易市场上的议价能力。第四大类行业（纺织、皮革、杂制业等）的进出口贸易均受到关税壁垒的抑制，此类行业属于经典制造业且属于劳动密集型产业。首先，可大力发展智能制造，降低劳动成本，抵消关税壁垒带来的成本上升；其次，抓住"一带一路"机遇，打造多元化的国际市场。第五大类行业（橡塑、木制、纸制业等）的进口受到非关税壁垒的抑制，而出口受到关税壁垒的抑制，因此，建议此类行业规范管理，提高智能化水平，适当运用渗透价格策略，积极参与各贸易协定，降低出口成本，同时，依靠科技创新提高企业生产力，抓住国内市场，抵消进口减少带来的供给不足。

二、汇率波动应对策略

（一）在国家层面

第一，完善人民币汇率自我修正机制，维持人民币汇率合理均衡水平。

当前我国经济已进入新发展格局，坚持实施有管理的浮动汇率制度，人民币汇率长期处于相对均衡的合理区间。但受贸易摩擦等一系列因素影响，人民币汇率出现波动状态，高估与低估现象交替出现。相关政府部门应当尽力避免我国人民币汇率在短期内大幅震荡式波动的情况发生。尤其是我国微观企业在分散外汇风险的手段和工具方面相对欠缺，在整个人民币汇率形成机制深化改革的进程中，注意维护人民币汇率的相对稳定性对于我国开放型经济发展的意义至关重要。值得注意的是，由于人民币实际汇率水平和波动性受到名义汇率、价格水平以及外部冲击等多方面因素的影响，常常难以直接进行宏观调控，因此，一方面，相关政府部门要引导我国进出口企业在成长和发展过程中注重提升自身竞争力，以应对宏观经济冲击；另一方面，央行要适时调整外汇风险准备金率，综合运用财政及货币等政策进行逆周期调节，完善人民币汇率自我修正机制，充分发挥人民币汇率优化配置国内外资源和要素的指挥棒作用，为连通国际国内双循环、推动我国进出口行业贸易便利提供更加有效的政策支持。

第二，健全人民币外汇衍生品市场运行机制，引导进出口企业了解使用外汇衍生产品，降低企业汇率风险。目前，我国外汇市场已拥有外汇远期、掉期、期权以及货币互换等基础性人民币外汇衍生品工具，基本能满足市场汇率避险需求。但我国进出口企业对外汇衍生品知之甚少，用之更少，主动管控汇率风险意识较弱。因此，建议相关部门建立与企业的沟通、联络、指导机制，做好外汇衍生品及汇率风险管控知识普及和宣传工作，并有条件放宽外汇衍生品交易的实需限制，适时推出人民币外汇期货交易，增强人民币汇率全球定价权，降低企业汇率避险成本。

（二）在金融机构层面

金融机构，特别是商业银行，是使人民币汇率在均衡合理区间波动的重要参与者。商业银行应全面升级跨境金融综合服务，加强外汇衍生产品创新能力；紧跟国家自贸区、自贸港政策，配合相关政策制定实现贸易便利化和金融改革深化的方案，在跨境贸易融资、自贸区金融创新和资本市场互联互通等重点领域积极开发新产品，维持人民币汇率在合理区间波动，有效规避汇率风险。

第一，加强金融创新，提供种类丰富、技术成熟的避险产品，开发更多针对企业需求的外汇金融服务业务，为企业提供多样化的规避汇率风险的金融工具。经过20多年的发展，虽然我国的外汇衍生品市场已初具规模，但与一些发达国家相比还是存在一定的差距。进出口企业通过银行办理的基础外汇衍生品虽然实现了全覆盖，但能够熟练应用的还是比较少，而在选择使用外汇衍生品的企业中，大部分还是以外汇远期为主，能够选择货币掉期和期权等较复杂衍生品的进出口企业更是少之又少，除了企业自身的因素之外，这也与我国金融产品创新不够有关，因此，增加外汇等金融衍生品的可选择性，扩大市场的交易量和可交易范围，提高企业的参与度，对进出口企业规避汇率风险具有重大意义。

第二，以优化线上渠道为着力点，扩大业务覆盖范围。结合当前外汇交易业务"线上化"迁移趋势，优化外汇衍生业务线上办理流程，提升便利化水平；组建外汇交易服务团队，加强外汇业务人才队伍的培训和对基层行外汇业务的指导。同时积极协助企业建立系统性、整体性的汇率风险管理制度，特别是遵循期现结合原则，建立科学的考核评价和监督落实机制；提升产品的精细化设计水平，为企业量身打造汇率风险管理产品与结算融资产品的组合方案，有利于企业及时、主动开展汇率风险管理。

第三，商业银行应基于银行传统交易业务重点发展现金管理与贸易融资服务，着力解决企业资产负债币种及期限错配等风险。对于人民币跨境业务来说，银行不仅需要提供收付款服务，还应加强企业资金流动性管理服务。在经济全球化背景下，跨境交易业务日益增多，收付款也逐渐复杂化。银行在了解客户业务的前提下，可帮助企业搭建合适的资金管理架构，协助合同审核，以确保企业安全及时地完成跨境收付款，同时，如果业绩较好的企业持有充足的现金，那么银行应参考并依据企业财务管理战略、投资策略和风险偏好等因素管理资金，使现金管理更有流动性。

（三）在企业层面

第一，正确选择结算货币币种。国际业务交易过程中，不同币种的汇率波动差异决定着进出口企业汇率风险。因此，合理的结算币种及结算方式能有效管理规避汇率风险。对大型进出口企业而言，可选择币值趋于上升的货币作为收款货币，选择币值趋于下降的货币作为付款货币；对中小型进出口企业而言，可将币值趋于上升的货币和趋于下降的货币进行有效合理的组合，以进行收付款操作，可综合考虑汇率波动和买卖双方企业效益问题，以应对人民币汇率波动。当人民币贬值时，我国进出口企业可选择采用人民币进行结算，则不存在货币兑换而产生的汇率风险。当人民币升值时，兑换更多的人民币，有利于出口商品和服务；当人民币贬值时，用更少的人民币购买所需的外汇，有利于进口商品和服务。因此，进出口企业应根据人民币汇率历史走势，利用货币篮子结算商品和服务，有效规避汇率风险，以实现企业效益最大化。

第二，加强企业汇率中性意识，聚焦主业。实证结果显示，大多数进出口行业都会受到人民币汇率波动的显著影响。虽然在人民币汇率市场化进程中，企业的汇率风险管理水平不断提升，但仍存在汇率管理主动性不强、经营理念不合理等问题。多数企业在汇率波动加剧时才重视汇率风险管理，部分企业甚至利用外汇衍生品从事套利，偏离主业。同时，部分企业有汇率浮动恐惧症，即越缺少科学有效的汇率风险管理，就越担心汇率波动。因此，建议企业应加强汇率中性意识，适应人民币汇率双向波动的市场环境，克服汇率浮动恐惧症，理性面对汇率涨跌。同时，合理运用外汇衍生品保持财务状况稳健和可持续，专注发展主业，不要将精力过多用于判断或投机汇率走势，避免背离主业或将衍生品交易变异为投机套利，导致风险溢出。

第三，综合运用外汇衍生产品，选择更为灵活的金融工具，降低汇率风险成本。对于受人民币汇率波动影响较大的进出口行业（如电子信息业、纺织业等），需根据企业的实际业务情况，明确不同业务适应的外汇管理措施。一是当企业既有出口业务又有进口业务时，则要明确企业在签订进口订单时，以企业现有的外汇币种作为支付方式。剩余风险敞口，可选择外汇衍生品进行风险的规避，根据外汇市场形势和企业的实际情况选择远期结售汇、外汇掉期、外汇期权，外汇衍生品价格要根据与国外客户的订单来制定，保证企业的盈利空间。二是可以通过期货合约来应对人民币汇率波动对企业效益的影响，无论作为购买方还是作为供货方，我国进出口企业在交易前与对方签订远期外货合约，可在合约中提前规定计价和结算货币币种、数量及收付款时间，到期按照合约规定进行收付款。三是可以通过银行借贷来应对汇率风险，我国进出口企业实际收到一笔长期外汇收款，当该币种汇率趋于下跌时，从银行借贷一笔等额外币，在汇率高点处兑换成人民币，外汇市场出售后偿还借款，企业实际收款时外汇已兑换成人民币，因此，该外汇汇率的贬值对进出口企业无影响。反之，进出口企业实际付出一笔长期外汇付款，当汇率趋于上升时，从银行借贷一笔等额人民币和买入需要支付的外汇量，到期时使用外汇支付款项，则该外汇汇率升值到一定程度也不需要使用较高汇率买入外汇用以支付进口商品和服务。

第四，重视外汇风险管理制度的制定，招聘和培养专业外汇风险管理人才。进出口企业应重视企业内部外汇管理制度的完善，尤其是受人民币汇率波动影响较大的进出口行业。一是制度的建立要量身定做、贴合企业自身。每家企业内部状况不同，涉及的子公司、孙公司、控股公司实际情况也不同，因此，在制度设计上既要有共性化制度，以体现该企业汇率风险管理的基础管理模式；也要有个性化措施，以体现企业管理经营和汇率风险管理偏好的差异。当然，制度设计也不是越精细越复杂越好，而是要简单实用、满足需求。二是明确职责分工。要清晰界定内部交易策略制定、交易汇报、交易执行、交易簿记、交易清算、交易估值、现金流监控等一系列职责事项，并明确对应责任部门。同时，在控制风险的前提下，缩短决策审批流程，提高决策效率。三是在招聘专业人员时，应重视其风险管理能力与意识。在日常运营中，注重对全体外汇业务人员进行外汇风险业务知识培训，使员工具备外汇管理的风险意识和产品知识，还应注重对人员进行外汇风险管理制度培训，明确各岗位的权责。有条件的进出口企业可以设立专门的外汇风险管理部门，主导外汇风险管理业务。

第五，强化企业预警机制，积极应对汇率变动导致的价格变化。首先，由于农产品、水产品等价格易受汇率波动影响而变化，由此在价格变化初期，相关企业应及时、合理地调节企业订单数，加强同RCEP成员及"一带一路"沿线国家贸易合作，从而促进我国农业、水产业与周边国家联合发展。其次，由于我国橡塑主要依赖进口，且主要进口国为泰国、印度尼西亚、马来西亚，在我国努力推动人民币国际化的进程中，我国相关企业应抓住RCEP为双边贸易提供的机遇，在订单签署的时候积极努力促成以人民币为结算货币，有效防止美元汇率波动而导致的价格变化带来的汇率风险。同时，双边可加强货币互换等外汇衍生品的使用，为双边贸易提供便利化。最后，电子信息等高技术企业虽受汇率波动的影响较小，但为了加强我国的主动权和定价权，相关企业应加强自主研发和技术创新，以有效规避汇率波动而导致的价格出现大幅变化的汇率风险。

三、贸易摩擦及人民币汇率波动双因素应对策略

在以国内大循环为主体、国际国内双循环相互促进的新发展格局下，贸易摩擦与人民币汇率波动将常态化地影响我国进出口行业。实证结果表明，贸易摩擦及人民币汇率波动对我国进出口行业均具有显著影响，且影响效应大小及正负具有异质性。因此，一方面，政府部门应全面掌握贸易摩擦和人民币汇率波动对我国进出口行业贸易的异质性影响特征，实现最优政策的灵活搭配。例如，在他国针对我国某些行业采取贸易保护措施的情景下，贸易保护政策更具有针对性，不影响到其他行业，采取以贸易保护政策为主、以汇率政策为辅的政策组合更加合适。同时，在制定汇率政策时要充分考虑进口中间产品投入对政策效果的影响，避免出现对政策效果的预期偏差。另一方面，企业应擅打组合拳，综合运用贸易救济措施与汇率风险规避手段，以更好地避免贸易摩擦及人民币汇率波动双因素对进出口行业造成的影响，从而促进我国进出口贸易高质量发展。

对于受贸易摩擦及人民币汇率波动影响较小的进出口行业，如第四大类行业（纺织业、皮革业等），人民币汇率波动对其进出口影响不显著，但贸易摩擦影响显著。因此，建议该类行业在进出口贸易时，一是主动争取贸易谈判的主动权，采用人民币跨境支付结算，有效规避汇率风险。二是该类行业属于低附加值、劳动密集型行业，受关税贸易壁垒与非关税贸易壁垒影响较大，政府部门应提供相应优惠政策倾斜，加大企业创新投入，增强产品竞争力；金融机构应帮助企业搭建资金管理架构，协助合同审核，确保企业安全、

及时地完成跨境收付款，便利企业使用人民币跨境支付结算；该类行业应通过充分发挥产业链优势、大力推进品牌建设、加快自主创新体系的建立、收购境外知名企业、办厂深入"贸工"一体化等战略措施，在国际贸易体系中掌握话语权，跨越贸易壁垒。

对受贸易摩擦及人民币汇率波动影响较大的企业，如第一大类、第二大类、第三大类、第五大类进出口行业。具体而言，第一大类进出口行业（动植物、食品、烟草、饮料业等）受双因素影响均显著，因此，一是提高我国该类行业生产能力，拓展多元化进口市场，分散汇率风险。我国农产品进口依存度较高，一些产品如大豆等进口过于依赖少数几个国家或地区，这一状况很容易受到国际市场变动的冲击，当这些主要贸易伙伴国汇率发生变动时，我国农产品进口贸易将受到较大影响。我国应加强自身农业生产能力，加大科技投入，降低本国生产成本，提高农产品国际竞争力，减少对进口的依赖。二是要适应全球农产品的需求特征变化，丰富出口产品种类，尽量规避主要出口目的国或地区对我国该类行业设置的贸易壁垒，推动农产品贸易结构的多样化发展。第二大类进出口行业（电子信息、化工制造、交通运输业等）受人民币汇率波动影响较小，受关税及非关税构成的贸易壁垒影响显著，因此，一方面，建议政府部门应全力支持该类行业扩大进出口，加快出台支持进出口的一揽子激励措施，在新增出口、技术创新等方面给予资金支持，同时加快设立出口退税、技术补贴等资金池；另一方面，积极开拓海外新市场，加强与东盟十国的深耕合作，设立境外加工点，加快"走出去"步伐，加强海外仓建设，避免贸易壁垒给该类进出口行业带来的市场风险。第三大类进出口行业（矿制、陶瓷、非金属业等）受双因素影响显著，但该类行业在国际贸易环节的"低出高进"、关键原料的"卡脖子"等问题日益凸显。因此，一方面，建议该类行业减少对重要非金属矿的出口量，加大其他国家的进口量，不仅能减少我国与他国之间的贸易顺差，还能降低贸易摩擦频次，加快形成以国内大循环为主体、国际国内双循环相互促进的新发展格局；另一方面，该类进出口行业属于传统行业，汇率风险管控意识薄弱，政府部门及金融机构应加强对该类行业汇率风险管控知识的宣传与普及工作，促使该类进出口行业建立健全汇率风险管理体系，引进专业人才，充分运用外汇衍生品以规避汇率风险。第五大类进出口行业（橡塑、木制、纸制业等）作为我国典型的进出口行业，其受贸易摩擦与人民币汇率波动双因素影响显著。因此，一是加强技术创新和资本投入，提升我国该类行业的生产能力，政府部门应当进一步鼓励对关键技术的创新和推广，增加高质量进出口产品生产过程中的要素投入，促使产品由无效和低端供给转向有效和中高端供给，从而有效应对贸易壁垒；二是采用多币种结算降低汇率风险，主动扩大市场份额，积极开拓新兴市场，在结算中应该尽可能地选择非美元的多币种结算，进而降低单一货币带来的汇率波动风险，减少汇率波动对出口的负面影响。

参考文献

[1] Anderson J A, Neary J P. The Mercantilist Index of Trade Policy [J]. International Economic Review, 2003, 44(2): 627-649.

[2] Anders S M, Caswell J A. Standards as Barriers versus Standards as Catalysts: Assessing the Impact of HACCP Implementation on U.S. Seafood Imports[J]. American Journal of Agricultural Economics, 2009, 91(2): 310-321.

[3] Awokuse T O, Yin H. Does Stronger Intellectual Property Rights Protection Induce More Bilateral Trade? Evidence from China's Imports[J].World Development, 2010, 38(8): 1094-1104.

[4] Bhagwati J N.Protectionism: Old Wine in New Bottles[J]. Journal of Policy Modeling, 1985, 7(1): 23-33.

[5] Boermans M A, Roelfsema H.The Effects of Internationalization on Innovation: Firm-LevelEvidence for Transition Economies[J].Open Economies Review, 2012, 26(2): 1-18.

[6] Brander J A, Spencer B J. Export Subsidies and International Market Share Rivalry[J]. Journal of International Economics, 1985,18(1-2): 83-100.

[7] Bhagwati J N. Sovereignty at Bay: The Multinational Spread of U.S. Enterprises[J]. Journal of International Economics, 1971, 2(4): 455-462.

[8] Baldwin R E. Trade Policy Issues and Empirical Analysis[M].Chicago: University of Chicago Press, 1988.

[9] Barber C L. Canadian Tariff Policy[J]. Canadian Journal of Economics, 1955, 21(4): 513-530.

[10] Bénassy -Quéré A, Lahreche -Revil A, Mignon V. Is Asia responsible for exchange rate misalignments within the G20 [J]. Pacific Economic Review, 2008(1): 46-61.

[11] Beghin J, Melatos M. The Trade and Welfare Impacts of Australian Quarantine Policies: The Case of Pigmeat[J]. The World Economy, 2012, 35(8): 1006-1021.

[12] Blind K, Mangelsdorf A. The Trade Impact of ISO 9000 Certifications and International Cooperation in Accreditation[J]. Euras Proceedings, 2012.

[13] Broda C, Romalis J. Identifying the Relationship Between Trade and Exchange Rate Volatility[J]. Nber Chapters, 2010: 79-110.

[14] Crucini M J, Shintani M Persistence in Law-of-One-Price Deviations:Evidence from Micro-Pata [J].Journal of Monetary Economics, 2008, 55(3): 629-644.

[15] Chen B, Ma H, Jacks D S. Revisiting the Effective Rate of Protection in the Late Stages of Chinese Industrialisation[J]. The World Economy, 2017, 40(2): 424-438.

[16] Cassel G. Abnormal Deviations in International Exchanges[J]. The Economic Journal,1918,28：413-415.

[17] Clark P B, MacDonald R.Exchange Rates and Economic Fundamentals:A Methodological Comparison of BEERs and FEERs[R].IMF Working Paper, 1998, 98(67).

[18] Calderón C，Kubota M. Does Higher Openness Cause More Real Exchange Rate Volatility?[J]. Journal of International Economics, 2017, 110：176-204.

[19] Clarida R, Gali J. Sources of Real Exchange Rate Fluctuations: How Important are Nominal Shocks?[J]. Carnegie Rochester Conference Series on Public Policy, 1994, 41(2): 1-56.

[20] Carrino-Hermosilla J. A Policy Approach to the Environmental Impacts of Technological Lock-In[J]. Ecological Economics, 2006, 58 (4): 717-742.

[21] Cottani J A, Khan D. Real Exchange Rate Behavior and Economic

Performance in LDCs[J]. Economic Development and Cultural Change, 1990, 39(1): 61-76.

[22] Clark, P B. Uncertainty, Exchange Risk, and the Level of International Trade [J]. Western Economic Journal, 1973, 11: 302-313.

[23] Drozd L, Nosal J. Trade Intensity and the Real Exchange Rate Volatility[C]. Economic Society Summer Meeting, 2008.

[24] Doyle, E. Exchange Rate Volatility and Irish-UK Trade, 1979-1992[J]. Applied Economics, 2001, 33(2): 249-265.

[25] Edwards S. Real Exchange Rates, Devaluation and Adjustment: Exchange Rate Policy in Developing Countries [M].Cambridge, MA: MIT Press, 1989.

[26] Fally T. Production Staging: Measurement and Facts[Z]. University of Colorado–Boulder, 2012.

[27] Gomory R E, William B J. Global Trade and Conflicting National Interests [M]. Cambridge: MIT Press, 2000.

[28] Ghura G. Real Exchange Rates and Macroeconomic Performance in Sub-Saharan Africa[J].Journal of Development Economics, 1993, 90(42): 155-174.

[29] Garcia-Herrero A, Koivu T. China's Exchange Rate Policy and Asian Trade[J].Economic Intemational, 2008, 116:53-92.

[30] Helleiner G K. U.S. Power and the Mmultinational Corporation: The Political Economy of Foreign Direct Investment: Robert Gilpin[J]. Journal of Development Economics, 1978, 5(2): 212-214.

[31] Hau H. Exchange Rate Determination: The Role of Factor Price Rigidities and Nontradeables[J]. Journal of International Economics, 2000, 50(2): 421-447.

[32] Henson, Loader R. Barriers to Agricultural Exports from Developing Countries: The Role of Sanitary and Phytosanitary Requirements[J]. World Development, 2001, 29(1): 85-102.

[33] Jones R W.A Three-Factor Model in Theory, Trade and History[C]// Bhagwati J, et al.Trade Balance of Paymenti and Growth, Amsterdam: Noth-Holland, 1971: 3-21.

[34] Johnson H G, Neisser H, Modigliani F.National Incomes and International Trade[J]. Economica, 1954, 21(83): 264.

[35] Joumard I, Reisen H. Real Exchange Rate Overshooting and Persistent Trade Effects: The Case of New Zealand[J]. World Economy, 2010, 15(3): 375-388.

[36] Kastner J, Powell D. The SPS Agreement: Addressing Historical Factors in Trade Dispute Resolution[J]. Agriculture and Human Values, 2002, 19(4): 283-292.

[37] Katzenstein, P. Between Power and Plenty [M]. Madison: The University of Wisconsin Press, 1978.

[38] Krugman P, Obstfeld M. International Economics Theory and Policy (six edition)[M].London: Pearson Education Limited, 2008.

[39] Kroner K F, Lastrapes W D. The Impact of Exchange Rate Volatility on International Trade: Reduced form Estimates Using the GARCH-in-mean Model[J]. Journal of International Money and Finance, 1993, 12(3): 298-318.

[40] Kenen P B, Rodrik D. Measuring and Analyzing the Effects of ShortTerm Volatility in Real Exchange Rates[J].The Review of Economics and Statistics, 1986(2).

[41] Lee K H, Mah J S. Institutional Changes and Antidumping Decisions in the United States[J]. 2003, 25(6-7): 555-565.

[42]Leamer E E, Levinsohn J. International trade theory: The evidence[J]. Handbook of International Economics, 1995,(3): 1339-1394.

[43] Movchan B A, Yakovchuk K Y. Graded Thermal Barrier Coatings, Deposited by EB-PVD[J]. Surface and Coatings Technology, 2004, 188-189(11-12): 85-92.

[44] Montiel P J. The Long-run Equilibrium Real Exchange Rate: Conceptual Issues and Empirical Research[M]//Hinkle L E, Montiel P J .Exchange Rate Misalignment Concepts and Measurement for Developing Country. New York: The World Bank, 1999: 219-263.

[45] Mani M, Wheeler D. In Search of Pollution Havens? Dirty Industry in the World Economy, 1960 to 1995[J]. Journal of Environment and Development, 1998,

7(3): 215-247.

[46] Mangelsdorf A, Wilson J, Portugal-Perez A. Do Better Standards Facilitate Exports? Evidence from China[M]. 2012.

[47] Moenius J. Information Versus Product Adaptation: The Role of Standards in Trade[J]. SSRN Electronic Journal, 2004.

[48] Melo J D, Grether J M . Globalization and Dirty Industries: Do Pollution Havens Matter?[J]. CEPR Discussion Papers, 2003.

[49] Mckenzie M D. The Impact of Exchange Rate Volatility on International Trade Flows[J]. Journal of Economic Surveys, 1999, 13(1): 71-106.

[50] Nurkes R.Conditions of International Monetary Equilibrium[Z]//American Economics Association, 1950.

[51] Nicita A. Exchange Rates, International Trade and Trade Policies[J]. International Economics, 2013, 13(5): 47-61.

[52] Obstfeld M, Rogoff K S. Exchange Rate Dynamics Redux[J]. Jonmal of Political Economy，1995,103(3): 624-660.

[53] Owoundi F. Do Exchange Rate Misalignments Really Affect Economic Growth? The case of Sub-Saharan African Countries[J]. International Economics，2016(145): 92-110.

[54] Pick D H, Vollrath T L. Real Exchange Rate Misalignment and Agricultural Export Performance in Developing Countries[J].Economic Development and Cultural Change, 1994(3): 555-571.

[55] Rouzet D, Miroudot S. The cumulative Impact of Trade Barriers Along the value Chain: An Empirical Assessment Using the OECD Inter-Country Input-Output Model[R].OECD Working Paper, 2013.

[56] Rogoff K S. Perspectives on Exchange Rate Volatility[M]. Chicago: University of Chicago Press, 1999.

[57] Rahman M, Thorbecke W. How Would China's Exports be Affected by a Unilateral Appreciation of the RMB and a Joint Appreciation of Countries Supplying Intermediate Imports?[J]. Discussion Papers, 2007.

[58] Stern R. The Balance of Payments: Theory and Economic Policy[M]. Chicago: Aldine Pub. Co. , 1973.

[59] Sturm D M. Product Standards, Trade Disputes, and Protectionism[J]. Canadian Journal of Economics, 2006, 39(2): 564-581.

[60] Sherman R, Eliasson J. Trade Disputes and Non-state Actors: New Institutional Arrangements and the Privatisation of Commercial Diplomacy[J]. The World Economy, 2006, 29(4): 473-489.

[61] Samuelson P A. Recuerden a los que Frenaron la Recuperación de Estado Unidos[J]. Revista de Economia Institucional, 2004, 11(20): 425.

[62] Serenis D, Tsounis N. The Effects of Exchange Rate Volatility on Sectoral Exports Evidence from Sweden, UK, and Germany[J]. International Journal of Computational Economics and Econometrics, 2015, 5(1): 71-107.

[63] Tobey J A . The Effects of Domestic Environmental Policies on Patterns of World Trade: An Empirical Test[J]. Kyklos, 1990, 43(2): 191-209.

[64] Taheripour F, Tyner W E. Impacts of Possible Chinese 25% Tariff on U.S. Soybeans and Other Agricultural Commodities[J]. Choices: The Magazine of Food, Farm, and Resource Issues, 2018, 33(2) .

[65] Throstensen V, Marcal E F, Ferraz L. Exchange Rate Misalignments and International Trade Policy: Impacts on Tariffs[J]. Social Science Electronic Publishing, 2012, 46(3): 597-634.

[66] Williamson J. Estimating Equilibrium Exchange Rates[M].Washington, DC: Insititute for International Ecomomics, 1994.

[67] Wong H T. Real Exchange Rate Misalignment and Economic Growth in Malaysia[J]. Journal of Economic Studies, 2013(3): 298-313.

[68] Yuan H, Liu Y, Liu J, et al. The Impact of Chinese Retaliatory Tariffs on U.S. Cotton Industry[C]// GTAP Conference on Global Economic Analysis, 2020.

[69]Zheng Y, Wood D, Wang H H, et al. Predicting Potential Impacts of China's Retaliatory Tariffs on the U.S. Farm Sector[J]. Choices: The Magazine of Food, Farm, and Resource Issues, 2018, 33(2).

[70] 鲍晓华，朱达明.技术性贸易壁垒的差异化效应：国际经验及对中国的启示[J].世界经济，2015，38（11）：71-89.

[71] 鲍晓华，朱钟棣.技术性贸易壁垒的测量及其对中国进口贸易的影响[J].世界经济，2006（7）：3-14+95.

[72] 鲍晓华，朱达明.技术性贸易壁垒与出口的边际效应——基于产业贸易流量的检验[J].经济学（季刊），2014，13（4）：1393-1414.

[73] 巴曙松，王群.人民币实际有效汇率对我国产业、就业结构影响的实证分析[J].财经理论与实践，2009，30（3）：2-7.

[74] 辞海编辑委员会.辞海（第六版普及本）[M].上海：上海辞书出版社，2010.

[75] 蔡洁，宋英杰.从合作博弈角度看中国—东盟区域经济合作[J].当代财经，2007（2）：96-101.

[76] 蔡宏波.国际贸易摩擦的制度成因[J].北京工商大学学报（社会科学版），2019，34（2）：35-41.

[77] 陈维涛，严伟涛，庄尚文.进口贸易自由化、企业创新与全要素生产率[J].世界经济研究，2018（8）：62-73+136.

[78] 陈秀英，刘胜.数字化时代中国服务贸易开放的壁垒评估及优化路径[J].上海经济，2019（6）：5-15.

[79] 陈学彬.近期人民币实际汇率变动态势分析——兼谈分析实际汇率应注意的问题[J].经济研究，1999（1）：24-30.

[80] 储幼阳.人民币均衡汇率实证研究[J].国际金融研究，2004（5）：19-24.

[81] 成璐.美国对华反倾销的贸易效应研究[D].济南：山东大学，2019.

[82] 陈晓娟，穆月英.韩国技术性贸易壁垒对中国农产品出口的影响分析[J].经济问题探索，2015（7）：121-127.

[83] 蔡静静，何海燕，李思奇等.技术性贸易壁垒与中国高技术产品出口——基于扩展贸易引力模型的经验分析[J].工业技术经济，2017，36（10）：45-54.

[84] 曹伟，罗建强.人民币汇率变动对进口贸易的影响——基于中国与"一带一路"沿线国家分行业贸易面板数据的研究[J].国际商务（对外经济贸

易大学学报），2020（4）：64-79.

[85] 曹瑜.汇率制度改革以来实际汇率升值对中美贸易影响的实证研究[J].世界经济研究，2008（7）：38-41+46+88.

[86] 陈智君，施建淮.人民币外部实际汇率的产业结构效应[J].经济理论与经济管理，2015（7）：48-54.

[87] 陈怡静.人民币汇率变动对我国纺织服装行业出口贸易影响的实证研究[D].北京：对外经济贸易大学，2015.

[88] 蔡伟毅.中国进出口贸易及其影响因素的结构性变动[J].中国经济问题，2018（4）：26-37.

[89] 陈蓉，许培源.研发投入、知识存量与内资企业创新产出——基于高技术产业的经验分析[J].经济与管理评论，2015，31（2）：39-45.

[90] 邓路，刘帷韬.技术进步是否引发他国对华贸易摩擦：基于行业层面的研究[J].广东财经大学学报，2019，34（2）：4-16.

[91] 段玉婉，刘丹阳，倪红福.全球价值链视角下的关税有效保护率——兼评美国加征关税的影响[J].中国工业经济，2018，364（7）：62-79.

[92] 董敏杰，梁泳梅，李钢.环境规制对中国出口竞争力的影响——基于投入产出表的分析[J].中国工业经济，2011（3）：57-67.

[93] 董银果，李圳.SPS措施：贸易壁垒还是贸易催化剂——基于发达国家农产品进口数据的经验分析[J].浙江大学学报（人文社会科学版），2015，45（2）：34-45.

[94] 邓创，李雨林.新常态时期中国对外贸易仍能促进经济增长吗——基于分类进出口贸易的动态计量分析[J].国际经贸探索，2016，32（6）：4-16.

[95] 冯帆，何萍，韩剑.自由贸易协定如何缓解贸易摩擦中的规则之争[J].中国工业经济，2018（10）：118-136.

[96] 冯宗宪，向洪金.欧美对华反倾销措施的贸易效应：理论与经验研究[J].世界经济，2010，33（3）：31-55.

[97] 傅京燕，李丽莎.环境规制、要素禀赋与产业国际竞争力的实证研究——基于中国制造业的面板数据[J].管理世界，2010（10）：87-98+187.

[98] 方君兰.知识产权壁垒对我国高技术产品出口的影响研究[D].北京：

首都经济贸易大学，2011.

[99] 樊秀峰，郭嫚嫚，魏昀妍.技术性贸易壁垒对中国高新技术产品出口二元边际的影响——以"一带一路"沿线国家为例[J].西安交通大学学报（社会科学版），2019，39（1）：18-27.

[100] 付书科，陈梓清，鲁庭婷等.技术创新对中国制造业竞争力的影响研究[J].商业经济研究，2017（12）：166-168.

[101] 关满博.东亚新时代的日本经济——超越"全套型"产业结构[M].上海：上海译文出版社，1997.

[102] 谷宇，高铁梅，付学文.国际资本流动背景下人民币汇率的均衡水平及短期波动[J].金融研究，2008（5）：1-13.

[103] 郭燕.我国废纺织原料及制品禁止进口措施实施成效分析[J].再生资源与循环经济，2021，14（5）：21-24.

[104] 宫旭红，曹云祥.汇率失调与经常账户失衡的非线性关系研究[J].新金融，2017（8）：14-17.

[105] 谷任，张卫国.汇率波动对我国外贸行业利润的影响研究[J].国际贸易问题，2012，351（3）：125-136.

[106] 郭梦迪，郭江，卫平.技术创新对中国高技术产业出口竞争力的影响[J].首都经济贸易大学学报，2018，20（3）：21-29.

[107] 胡方.日美经济摩擦的理论与实态[M].武汉：武汉大学出版社，2001.

[108] 黄汉民，钱学锋.论经济全球化下贸易摩擦的新发展[J].中南财经政法大学学报，2003（3）：78-83+143.

[109] 胡春田，陈智君.人民币是否升值过度？——来自基本均衡汇率（1994～2008）的证据[J].国际金融研究，2009（11）：55-65.

[110] 胡再勇.人民币行为均衡汇率及错位程度的测算研究：1978—2006[J].当代财经，2008（1）：41-47.

[111] 贺梅英，赵萍.关税对中美双边水产品出口三元边际的影响分析[J].广东农业科学，2021，48（6）：145-156.

[112] 胡捷.对华反倾销的贸易效应研究[D].南京：南京大学，2013.

[113] 韩国高.人民币实际汇率错位、汇率波动对中美出口贸易影响的实

证分析[J].南方金融，2010（4）：8-11.

[114] 胡昭玲，宋平.中国对外直接投资对进出口贸易的影响分析[J].经济经纬，2012（3）：65-69.

[115] 贾玉成，吕静韦.经济周期和经济政策不确定性推动了贸易摩擦吗[J].经济学家，2020（3）：75-86.

[116] 蒋建业，汪定伟.针对中国面临的非关税壁垒问题的测算与分析[J].东北大学学报（自然科学版），2009，30（6）：782-785.

[117] 焦德涵.绿色贸易壁垒对中国出口影响分析——以纺织品出口欧盟为例[J].商讯，2020（17）：9+11.

[118] 蒋文婷，付波航.人民币实际汇率失调对进出口效应的实证研究[J].中国商贸，2014（11）：117-119.

[119] 金祥义，张文菲.人民币汇率错位及波动对中国机电行业的进口影响[J].经济与管理评论，2017，33（6）：137-143.

[120] 林学访.国际贸易摩擦研究[D].长春：吉林大学，2007.

[121] 林学访.论贸易摩擦的成因与影响[J].国际贸易，2007（5）：42-47.

[122] 李先波，李琴.自然人流动壁垒研究[J].时代法学，2003，1：50-54.

[123] 刘巧.中国在东盟国家面对的自然人流动壁垒研究[D].南宁：广西大学，2020.

[124] 李波，刘昌明.中美经贸摩擦的成因与对策：基于贸易预期理论的视角[J].太平洋学报，2019，27（9）：71-81.

[125] 李猛，董哲昱，周卫民.中国出口产品的贸易限制指数估算[J].数量经济技术经济研究，2021，38（6）：129-145.

[126] 李平，田朔，刘廷华.贸易壁垒对中国技术创新的影响——兼论政府的作用发挥[J].国际贸易问题，2014（2）：105-114.

[127] 刘天宇.技术性贸易壁垒对中国高技术产业出口的影响[D].北京：北京交通大学，2019.

[128] 李宝瑜，张莉.人民币汇率波动与调整问题研究[J].统计研究，2007，185（3）：31-37.

[129] 李艳丽，黄英伟.央行干预与人民币汇率失衡——基于BEER模型

与变结构协整检验的分析 [J]. 山西财经大学学报，2015，37（1）：37-47.

[130] 李泽广，Man-Wah Luke Chan. 基本面因素与人民币均衡汇率 [J]. 统计研究，2012，29（5）：51-57.

[131] 李真，李茂林，陈天明. 中国制造业的中间品依赖与出口贸易——基于中美贸易摩擦历史背景的分析 [J]. 财经科学，2021（6）：67-80.

[132] 李丹丹. 知识产权贸易壁垒对我国高技术产品出口的影响研究 [D]. 西安：西安理工大学，2020.

[133] 刘明明. 欧盟技术贸易壁垒对我国机电产品出口的影响及对策研究 [D]. 沈阳：沈阳工业大学，2014.

[134] 梁琦，吴新生. "一带一路"沿线国家双边贸易影响因素研究——基于拓展引力方程的实证检验 [J]. 经济学家，2016（12）：69-77.

[135] 凌海生. 影响浙江服装纺织业出口因素及对策分析 [J]. 商业经济，2008（10）：97-99.

[136] 罗璐. 技术性贸易壁垒对我国纺织品服装出口的影响研究 [D]. 湘潭：湘潭大学，2011.

[137] 李龙杰. 环境规制对中国化工行业出口贸易的影响 [D]. 南京：南京大学，2020.

[138] 梁冬寒，袭著燕，李刚. 环境规制与出口绩效相互影响效应分析——基于重污染制造业的考察 [J]. 统计与决策，2009（7）：82-84.

[139] 陆旸. 环境规制影响了污染密集型商品的贸易比较优势吗? [J]. 经济研究，2009，44（4）：28-40.

[140] 李秀芳. 美国对华化工产品反倾销的贸易限制和转移效应的统计分析 [J]. 消费导刊，2009（20）：44-45.

[141] 卢青. 反倾销影响因素与贸易救济效果分析 [D]. 长沙：湖南大学，2014.

[142] 柳萍，陶忠元，张兴. 谈中外技术标准差异及对中国出口贸易的影响 [J]. 商业时代，2009（32）：30-31.

[143] 李雪娇. 反倾销对中国出口抑制作用研究 [D]. 济南：山东大学，2018.

[144] 卢锦芳.碳关税对中国出口贸易的影响[D].西安：陕西师范大学，2011.

[145] 李建伟，余明.人民币有效汇率的波动及其对中国经济增长的影响[J].世界经济，2003（11）：21-34.

[146] 卢万青，陈建梁.人民币汇率变动对我国经济增长影响的实证研究[J].金融研究，2007（2）：26-36.

[147] 李广众，Lan P.voon.实际汇率错位、汇率波动性及其对制造业出口贸易影响的实证分析：1978 ～ 1998年平行数据研究[J].管理世界，2004（11）：22-28.

[148] 李利.人民币汇率与区域产业结构关系实证研究[J].经济地理，2012，32（3）：36-39.

[149] 刘君军.人民币汇率变动对中国与"一带一路"沿线国家进口贸易的影响——基于省际面板数据模型的研究[J].浙江金融，2019（7）：31-39.

[150] 苗迎春.影响中美经贸关系的若干因素[D].武汉：武汉大学，2004.

[151] 马克遥.化工产品反倾销对中国化工行业的影响研究[D].南京：南京大学，2020.

[152] 马丹，许少强.中国贸易收支、贸易结构与人民币实际有效汇率[J].数量经济技术经济研究，2005（6）：23-32+42.

[153] 毛其淋，许家云.中国对外直接投资促进抑或抑制了企业出口？[J].数量经济技术经济研究，2014，31（9）：3-21.

[154] 倪红福.全球价值链中的累积关税成本率及结构：理论与实证[J].经济研究，2020，55（10）：89-105.

[155] 宁昊.关税壁垒对中国制造业出口额的影响[D].南京：东南大学，2019.

[156] 潘镇.制度质量、制度距离与双边贸易[J].中国工业经济，2006（7）：45-52.

[157] 潘红宇.汇率波动率与中国对主要贸易伙伴的出口[J].数量经济技术经济研究，2007（2）：73-81.

[158] 秦臻，倪艳.WTO成立以来技术性贸易措施对中国农产品出口影响

研究——基于多边贸易阻力的两阶段引力模型[J].国际经贸探索，2013（1）：35-47.

[159] 宋雅楠，冯宗宪.基于AHP法的自然人流动壁垒指标分析[J].山西财经大学学报，2008，30（5）：52-57.

[160] 宋旭光，张丽霞.美国加征关税对中美制造业的影响——基于改进的关税有效保护率测算方法[J].经济学家，2019，245（5）：49-60.

[161] 沈军.均衡汇率与金融发展相关吗？——基于BEER修正模型的人民币均衡汇率测算[J].经济经纬，2013（4）：145-149.

[162] 苏明政，张满林.实际汇率失调、部门资源错配与内需结构失衡[J].金融论坛，2018，23（11）：38-49.

[163] 邵雯筠，王娜.蓝色贸易壁垒对辽宁钢铁出口的影响[J].合作经济与科技，2018（3）：110-112.

[164] 宋伟良，贾秀录.贸易便利化对中国产品出口的影响研究——基于G20国家的计算[J].宏观经济研究，2018（11）：102-115.

[165] 谭祖谊.人民币汇率失调的原因、影响及其程度的模型估计——国外理论与实证研究文献综述[J].国外理论动态，2013（6）：65-70+79.

[166] 唐亚晖，陈守东.基于BEER模型的人民币均衡汇率与汇率失调的测算：1994Q1~2009Q4[J].国际金融研究，2010（12）：29-37.

[167] 田侃，倪红福，倪江飞.人民币实际有效汇率对中美贸易的影响——基于全球价值链视角的分析[J].经济学动态，2019（1）：92-102.

[168] 田素妍，周力，苗玲.国际贸易模式的环境效应研究——基于联立方程模型的情景模拟[J].世界经济与政治论坛，2011（6）：81-93.

[169] 涂涛涛.农产品技术贸易壁垒对中国经济影响的实证分析：基于GTAP与China-CGE模型[J].国际贸易问题，2011（5）：88-99.

[170] 谭小芬，王雅琦，卢冰.汇率波动、金融市场化与出口[J].金融研究，2016（3）：15-30.

[171] 王厚双.直面贸易摩擦[M].沈阳：辽海出版社，2004.

[172] 王桂敏，孙佟.国际贸易摩擦发生的理论诠释[J].科技和产业，2007（11）：76-78+87.

[173] 王雪峰，王平利.反倾销：当代显性贸易摩擦主要表现形式的原因分析[J].财贸经济，2005（8）：49-53+97.

[174] 王晓星，倪红福.基于双边进口需求弹性的中美经贸摩擦福利损失测算[J].世界经济，2019，42（11）：27-50.

[175] 王雪珂.人民币均衡汇率估计与汇率波动研究[J].统计与决策，2013，384（12）：146-149.

[176] 王泽填，姚洋.人民币均衡汇率估计[J].金融研究，2008（12）：22-36.

[177] 王义中.人民币内外均衡汇率：1982 ～ 2010年[J].数量经济技术经济研究，2009，26（5）：68-80.

[178] 王维国，黄万阳.人民币均衡实际汇率研究[J].数量经济技术经济研究，2005（7）：3-14.

[179] 王领，宋熙晨.技术性贸易壁垒对我国机电产品出口影响的实证研究——基于异质性企业贸易理论模型[J].湖南财政经济学院学报，2018,34（6）：65-76.

[180] 王霞.美国对中国出口制造品实施的限制性TBT措施的甄别[J].世界经济研究，2021（6）：46-61+136.

[181] 吴学君.跨越技术性贸易壁垒（TBT）促进我国纺织品出口[J].江苏商论，2004（4）：69-71.

[182] 王传宝，刘林奇.我国环境管制出口效应的实证研究[J].国际贸易问题，2009（6）：83-90.

[183] 王孝松，翟光宇，林发勤.反倾销对中国出口的抑制效应探究[J].世界经济，2015，38（5）：36-58.

[184] 吴克烈.关于绿色壁垒的战略思考[J].国际贸易问题，2002（5）：51-54.

[185] 王小梅，秦学志，尚勤.金融危机以来贸易保护主义对中国出口的影响[J].数量经济技术经济研究，2014，31（5）：20-36+85.

[186] 巫强，姚志敏，马野青.美国反倾销立案调查对我国制造业上市公司影响的度量研究[J].国际贸易问题，2014（8）：102-112.

[187] 吴丽华，王锋.人民币实际汇率错位的经济效应实证研究[J].经济研究，2006（7）：15-28.

[188] 王凯，庞震.人民币实际汇率错位的经济增长效应分析[J].国际商务（对外经济贸易大学学报），2012（2）：44-55.

[189] 文任丽.人民币实际有效汇率对中国—东盟进出口商品的影响[D].昆明：云南师范大学，2019.

[190] 王孝松，施炳展，谢申祥等.贸易壁垒如何影响了中国的出口边际?——以反倾销为例的经验研究[J].经济研究，2014，49（11）：58-71.

[191] 谢锐，陈湘杰，陈黎明等.中国关税有效保护率的动态变迁[J].管理科学学报，2020，23（7）：76-98.

[192] 夏友富，俞雄飞，李丽.JBJ屏障——技术性贸易壁垒发展趋势及其对中国出口贸易的影响[J].国际贸易，2002（10）：4-9.

[193] 徐步，张博.中国—东盟贸易关系现状、问题和前景展望[J].亚太安全与海洋研究，2017（5）：1-20+128.

[194] 熊春晓，温宇静.美国新贸易保护主义对中国出口影响——基于钢铁行业分析[J].纳税，2018（17）：193.

[195] 肖远飞，杨双鹏.环境规制视角下我国资源型产业国际竞争力实证研究[J].生态经济，2019，35（5）：151-158.

[196] 徐元.知识产权壁垒问题研究综述[J].工业技术经济，2010，29（10）：16-19.

[197] 徐艳.知识产权壁垒对我国高新技术产品出口的影响研究[J].改革与战略，2015（5）：154-159.

[198] 徐明东.人民币实际汇率变动对我国进出口贸易影响：1997—2006[J].财经科学，2007（5）：110-117.

[199] 徐贵彦.人民币汇率变动对我国不同行业进出口的影响[J].对外经贸实务，2012，283（8）：91-93.

[200] 谢非，胡小英.人民币汇率失调对我国进出口行业影响的异质性研究[J].重庆大学学报（社会科学版），2020，26（4）：54-69.

[201] 尹翔硕.中美贸易摩擦的影响及我们的政策重点[J].世界经济研究，

2006（8）：4-8.

[202] 尹翔硕，李春顶，孙磊.国际贸易摩擦的类型、原因、效应及化解途径[J].世界经济，2007（7）：74-85.

[203] 杨飞，孙文远，程瑶.技术赶超是否引发中美贸易摩擦[J].中国工业经济，2018（10）：99-117.

[204] 余振，周冰惠，谢旭斌等.参与全球价值链重构与中美贸易摩擦[J].中国工业经济，2018（7）：24-42.

[205] 余振，陈鸣.贸易摩擦对中国对外直接投资的影响：基于境外对华反倾销的实证研究[J].世界经济研究，2019（12）：108-120+133.

[206] 尹华，胡南，刘咪咪.我国对"一带一路"国家工程机械出口潜力与出口效率研究[J].工业技术经济，2020，39（11）：44-53.

[207] 杨连星，李海龙.行业分布、国别举证与对华反倾销强度[J].改革，2015（6）：136-145.

[208] 杨仕辉，谢雨池.反倾销对中国出口行业损害的实证分析[J].产业经济研究，2011（3）：64-71.

[209] 杨雪.资源环境约束下我国钢铁产业出口贸易研究[D].青岛：中国海洋大学，2015.

[210] 叶君，谢建国.中美贸易摩擦实际关税加征的测算及其影响——基于细分产品数据的研究[J].上海经济研究，2022（1）：15-128.

[211] 殷德生.中国贸易收支的汇率弹性与收入弹性[J].世界经济研究，2004（11）：47-53.

[212] 严太华，程欢.1997～2013年人民币均衡汇率失调程度的实证研究[J].经济问题，2015（1）：50-54.

[213] 姚宇惠，王育森.人民币均衡汇率的再研究：1998—2015[J].国际金融研究，2016（12）：23-32.

[214] 袁申国，郑雯.人民币实际汇率波动对外向型企业进出口影响实证分析——基于行业层面比较[J].国际经贸探索，2015，31（11）：88-103.

[215] 赵瑾.日美贸易摩擦的历史演变及其在经济全球化下的特点[J].世界经济，2002（2）：50-57.

[216] 赵晓，柳阳.再论中国崛起之"国际经济摩擦时代"[J].国际经济评论，2005（2）：5-14.

[217] 郑慧.汇率传递理论文献综述[J].知识经济，2016（2）：43-44.

[218] 赵建.国际贸易摩擦背后的产业结构和政治因素[J].世界经济与政治论坛，2004（3）：48-51.

[219] 张晓朴.购买力平价思想的最新演变及其在人民币汇率中的应用[J].世界经济，2009（9）：10-18.

[220] 张晓朴.均衡与失调：1978—1999年人民币汇率合理性评估[J].金融研究，2000（8）：13-24.

[221] 张露.基于ERER理论的人民币均衡汇率实证研究[J].经济论坛，2009（16）：42-44.

[222] 张晓朴.人民币均衡汇率的理论与模型[J].经济研究，1999：70-77.

[223] 邹宏元，崔冉.实际汇率和关税税率变动对中国进出口的影响[J].数量经济技术经济研究，2020，37（2）：143-161.

[224] 朱永安.环境视角下的国际贸易：对绿色壁垒的一项系统研究[D].上海：复旦大学，2003.

[225] 邹小芳.绿色贸易壁垒对中国纺织业出口的影响和对策分析[J].经济研究导刊，2011（3）：187-189.

[226] 张相文，王贺光，梁肖.欧盟技术性壁垒对我国农产品出口的影响分析[J].农业经济问题，2010，31（4）：105-108+112.

[227] 朱悦.环境规制对中国钢铁行业出口贸易的影响研究[D].北京：北京林业大学，2020.

[228] 祝莹.绿色壁垒对中国出口产业竞争力的影响及对策研究[D].吉林：吉林大学，2016.

[229] 詹玉兰.我国汽车出口"一带一路"国家的技术壁垒及应对之策[J].对外经贸实务，2018（9）：41-44.

[230] 朱林锋.简析汇率改革后人民币汇率升值对进出口贸易的影响[J].中国市场，2013（22）：81-82+114.

[231] 赵娜.人民币汇率变动对中国纺织服装、钢铁和汽车行业影响研究

[D].上海：复旦大学，2010.

[232] 张亚淋.人民币汇率变动对我国电子信息产业进出口贸易影响研究[D].重庆：重庆师范大学，2018.

[233] 周源，唐晓婕.人口年龄结构对均衡汇率的影响研究[J].金融研究，2014（6）：132-145.

附　录

附　录　一

表1 《按大类经济类别分类》（BEC）

1. 食品和饮料	11 初级产品	111 主要用于工业
		112 主要用于家庭消费
	12 加工产品	121 主要用于工业
2. 其他地方没有规定的工业用品	21 初级产品	
	22 加工产品	
3. 燃料和润滑剂	31 初级产品	
	32 加工产品	321 汽油
		322 其他
4. 资本货物（运输设备除外）及其零配件	41 资本货物（运输设备除外）	
	42 零配件	
5. 运输设备及其零配件	51 载客汽车	
	52 其他	521 工业
		522 非工业
	53 零配件	
6. 未另归类的消费品	61 耐用品	
	62 半耐用品	
	63 非耐用品	
7. 未另归类的货品		

表2 《国际贸易标准分类》（SITC）

部门	类别
第0部门——食品和活动物	活动物（第03类动物除外）
	肉及肉制品
	乳制品和禽蛋
	鱼（非海洋哺乳动物）、甲壳动物、软体动物和水生无脊椎动物及其制品
	谷物及谷物制品
	蔬菜及水果
	糖、糖制品及蜂蜜
	咖啡、茶、可可、香料及其制品
	牲畜饲料（不包括未碾磨谷物）
	杂项食用品及其制品
第1部门——饮料及烟草	饮料
	烟草及烟草制品
第2部门——非食用原料（不包括燃料）	生皮及生毛皮
	油籽及含油果实
	生胶（包括合成胶及再生胶）
	软木及木材
	纸浆及废纸
	纺织纤维（不包括毛条及其他精梳毛条）及其废料（未加工成纱或织物的）
	粗肥料（第56类所列的除外）及原矿物（煤、石油及宝石除外）
	金属矿及金属屑

部门	类别
第2部门——非食用原料（不包括燃料）	为另列明的动物及植物原料
第3部门——矿物燃料、润滑油及有关原料	煤、焦炭及煤砖
	石油、石油产品及有关原料
	天然气及人造气
	电流
第4部门——动植物油、脂和蜡	动物油脂
	未加工的、已提炼的或精制的非挥发性植物油脂
	已加工的动植物油脂、未另列明的不适宜食用的动植物蜡及动植物油脂的混合物或产品
第5部门——未另列明的化学物和有关产品	有机化学品
	无机化学品
	染色原料、鞣料及色料
	医药品
	香精油和香膏及香料
	盥洗用品及光洁用品
	肥料（第272组所列除外）
	初级形状的塑料
	非初级形状的塑料
	未另列明的化学原料及其产品
第6部门——主要按原料分类的制成品	未另列明的皮革和皮革制品，以及裘皮
	未另列明的橡胶制品

续表

部门	类别
第6部门——主要按原料分类的制成品	软木及木材制品（家具除外）
	纸、纸板以及纸浆、纸和纸板的制品
	纺织纱（丝）、织物、未另列明的成品及有关产品
	未另列明的非金属矿产品
	钢铁
	有色金属
	未另列明的金属制品
第7部门——机械及运输设备	动力机械及设备
	特种工业专用机械
	金属加工机械
	未另列明的通用工业机械和设备及其未另列明的机器零件
	办公用机器及自动数据处理设备
	电信、录音及重放装置和设备
	未另列明的电力机械、装置和器械及其电器零件（包括家用电气设备的未另列明的非电动部件）
	陆用车辆（包括气垫式车辆）
	其他运输设备
第8部门——杂项制品	预制建筑物；未另列明的卫生、水道、供暖和照明设备及配件
	家具及其零件；床上用品、床垫、床垫支架、软垫及类似填制的家具

部门	类别
第8部门——杂项制品	旅行用具、手提包及类似容器
	各种服装和服饰用品
	鞋类
	未另列明的专业、科学及控制用仪器和装置
	未另列明的摄影仪器、设备和材料以及光学产品
	未另列明的杂项制品
第9部门——《国际贸易标准分类》未另分类的其他商品和交易	未按品种分类的邮包
	未按品种分类的特种交易和商品
	非合法货币的铸币（金币除外）
	非货币用黄金（金矿砂及精矿除外）

表3　《商品名称及编码协调制度》(HS)

类别	章节
第1类　活动物；动物产品	活动物
	肉及食用杂碎
	鱼、甲壳动物、软体动物及其他水生无脊椎动物
	乳品；蛋品；天然蜂蜜；其他食用动物产品
	其他动物产品
第2类　植物产品	活树及其他或植物；鳞茎、根及类似品；插花及装饰用簇叶
	食用蔬菜、根及块茎

续表

类别	章节
第2类 植物产品	食用水果及坚果；柑橘属水果或甜瓜的果皮
	咖啡、茶、马黛茶及调味香料
	谷物
	制粉工业产品；麦芽；淀粉；菊粉；面筋
	含油子仁及果实；杂项子仁及果实；工业用或药用植物；稻草、秸秆及饲料
	虫胶；树胶、树脂及其他植物液、汁
	编结用植物材料；其他植物产品
第3类 动、植物油、脂及其分解产品；精致的食用油脂；动、植物蜡	动、植物油、脂及其分解产品；精致的食用油脂；动、植物蜡
第4类 食品；饮料、酒及醋；烟草、烟草及烟草代用品的制品	肉、鱼、甲壳动物、软体动物及其他水生无脊椎动物的制品
	糖及糖食
	可可及可可制品
	谷物、粮食粉、淀粉或乳的制品；糕饼点心
	蔬菜、水果、坚果或植物其他部分的制品
	杂项食品
	饮料、酒及醋
	食品工业的残渣及废料；配制的动物饲料
	烟草、烟草及烟草代用品的制品

类别	章节
第5类 矿产品	盐；硫磺；泥土及石料；石膏料、石灰及水泥
	矿砂、矿渣及矿灰
	矿物燃料、矿物油及其蒸馏产品；沥青物质；矿物蜡
第6类 化学工业及其相关工业的产品	无机化学品；贵金属、稀土金属、放射性元素及其同位素的有机及无机化合物
	有机化学品
	药品
	肥料
	鞣料浸膏及染料浸膏；鞣酸及其衍生物；染料、颜料及其他着色料；油漆及清漆；油灰及其他胶粘剂；墨水、油墨
	精油及香膏；芳香料制品及化妆盥洗品
	肥皂、有机表面活性剂、洗涤剂、润滑剂、人造蜡、调制蜡、光洁剂、蜡烛及类似品、塑料用膏、"牙科用蜡"及牙科用熟石膏制剂
	蛋白类物质；改性淀粉；胶；酶
	炸药；烟火制品；火柴；引火合金；易燃材料制品
	照相及电影用品
	杂项化学产品

续表

类别	章节
第7类 塑料及其制品；橡胶及其制品	盐；硫磺；泥土及石料；石膏料、石灰及水泥
	矿砂、矿渣及矿灰
第8类 生皮、皮革、毛皮及其制品；鞍具及挽具；旅游用品、手提包及类似容器；动物肠线（蚕胶丝除外）制品	生皮（毛皮除外）及皮革
	皮革制品；鞍具及挽具；旅行用品、手提包及类似容器；动物肠线（蚕胶丝除外）制品
	毛皮、人造毛皮及其制品
第9类 木及木制品；木炭；软木及软木制品；稻草、秸秆、针茅或其他编结材料制品；篮筐及柳条编结品	木及木制品；木炭
	软木及软木制品
	稻草、秸秆、针茅或其他编结材料制品；篮筐及柳条编结品
第10类 木浆及其他纤维状纤维素浆；回收（废碎）纸或纸板；纸、纸板及其制品	木浆及其他纤维状纤维素浆；回收（废碎）纸或纸板
	纸或纸板；纸、纸板及其制品
	书籍、报纸、印刷图画及其他印刷品；手稿、打字稿及设计图纸
第11类 纺织原料及纺织制品	蚕丝
	羊毛、动物细毛或粗毛；马毛纱线及其机织物
	棉花
	其他植物纺织纤维；纸纱线及其机织物
	化学纤维长丝；化学纤维纺织材料制扁条及类似品
	化学纤维短纤

续表

类别	章节
第11类　纺织原料及纺织制品	絮胎、毡呢及无纺织物；特种纱线；线、绳、索、缆及其制品
	地毯及纺织材料的其他铺地制品
	特种机织物；簇绒织物；花边；装饰毯；装饰带；刺绣品
	浸渍、涂布、包覆或层压的纺织物；工业用纺织制品
	针织物及钩编织物
	针织或钩编的服装及衣着附件
	非针织或非钩编的服装及衣着附件
	其他纺织制成品；成套物品；旧衣着及旧纺织品；碎织物
第12类　鞋、帽、伞、杖、鞭及其零件；已加工的羽毛及其制品；人造花；人发制品	鞋靴、护腿和类似品及其零件
	帽类及其零件
	雨伞、阳伞、手杖、鞭子、马鞭及其零件
	已加工羽毛、羽绒及其制品；人造花；人发制品
第13类　石料、石膏、水泥、石棉、云母及类似材料的制品；陶瓷产品；玻璃及其制品	石料、石膏、水泥、石棉、云母及类似材料的制品
	陶瓷产品
	玻璃及其制品
第14类　天然或养殖珍珠、宝石或半宝石、贵金属、包贵金属及其制品；仿首饰；硬币	天然或养殖珍珠、宝石或半宝石、贵金属、包贵金属及其制品；仿首饰；硬币
第15类　贱金属及其制品	钢铁

续表

类别	章节
第15类　贱金属及其制品	钢铁制品
	铜及其制品
	镍及其制品
	铝及其制品
	（保留为税则将来所用）
	铅及其制品
	锌及其制品
	锡及其制品
	其他贱金属、金属、陶瓷及其制品
	贱金属工具、器具、利口器、餐匙、餐叉及其零件
	贱金属杂项制品
第16类　机器、机械器具、电气设备及其零件；录音机及放声机、电视图像、声音的录制和重放设备及其零件、附件	核反应堆、锅炉、机器、机械器具及其零件
	电机、电气设备及其零件；录音机及放声机、电视图像、声音的录制和重放设备及其零件、附件
第17类　车辆、航空器、船舶及有关运输设备	铁道及电车道机车、车辆及其零件；铁道及电车轨道固定装置及其零件、附件；各种机械（包括电动机械）交通信号设备
	车辆及其零件、附件，但铁道及电车道车辆除外
	航空器、航天器及其零件
	船舶及浮动结构体

类别	章节
第18类　光学、照相、电影、计量、检验、医疗或外科用仪器及设备、精密仪器及设备；钟表；乐器；上述物品的零件、附件	光学、照相、电影、计量、检验、医疗或外科用仪器及设备、精密仪器及设备；上述物品的零件、附件
	钟表及其零件
	乐器及其零件、附件
第19类　武器、弹药及其零件、附件	武器、弹药及其零件、附件
第20类　杂项制品	家具；寝具、褥垫、弹簧床垫、软坐垫及类似的填充制品；未列明灯具及照明装置；发光标志、发光铭牌及类似品；活动房屋
	玩具、游戏品、运动用品及其零件、附件
	杂项制品
第21类　艺术品、收藏品及古屋	艺术品、收藏品及古屋

附录二

贸易摩擦及人民币汇率波动对进出口行业的影响调查问卷

尊敬的公司负责人：

为更好地完成国家社会科学基金项目，课题组制定了本调查问卷，希望能更准确地了解到贵公司进出口贸易现状及其受贸易摩擦及人民币汇率的影响，进而为政府及有关部门制定相关政策提出建议。本调查问卷仅用于学术研究，感谢您的大力支持！

重庆理工大学经济金融学院课题研究组

2020年7月

一、公司概况

1.贵公司名称为_____

2.贵公司所属的具体行业为_____（如汽车制造业、装备制造业、运输服务业等）

3.贵公司规模为（　　）

A.大型　　　　　B.中型　　　　　C.小型　　　　　D.微型

4.贵公司的公司类型为（　　）

A.国有公司　　　B.集体所有制公司　　　C.联营公司　　　D.股份制公司

E.私营公司　　　F.外商投资公司　　　G.其他（请注明类型）_____

5.贵公司从事的外贸业务为（　　）

A.进口　　　　　B.出口　　　　　　　　C.进口和出口

6.贵公司进口的主要商品为_____；出口的主要商品为_____

7.贵公司主要贸易市场为（　　）（多选）

A.美国　　　　　B.欧盟　　　　　　　　C.加拿大　　　　D.澳大利亚

E.拉美国家　　　F.非洲国家　　　　　　G.其他（请注明）_____

8.影响贵公司进出口贸易的主要因素为（　　）（多选）

A.市场需求变化　　　B.汇率变动　　　C.贸易摩擦　　　D.公司成本变化

E.产品价格变化　　　F.其他（请注明）_____

二、公司进出口贸易与贸易摩擦

1.贵公司进出口贸易是否受到贸易摩擦的影响？（　　）

A.受影响较大　　　B.受影响较小　　　　　C.基本不受影响

注：第1题的第一个问题若选A或B，请依次继续；若选C，请跳至第三部分。

2.贵公司遭受的贸易摩擦的类型为（　　）（多选）

A.反倾销　　　　　B.反补贴　　　　　C.保障措施　　　　D.特保调查

E.337或301调查　　F.技术性贸易壁垒　　　　　　　　　G.关税壁垒

H.其他（请列明）_____

3.贵公司遭受的贸易摩擦发起对象主要来自（　　）（多选）

A.美国　　　　　　B.欧盟　　　　　C.日本　　　　　D.非洲国家

E.其他（请注明）_____

4.贸易摩擦给贵公司造成的主要影响为（　　）（多选）

A.市场份额降低　　　　　B.损害公司信誉　　　　　C.减少公司利润

D.逐出市场　　　　　E.其他（请注明）_____

5.针对贸易摩擦，贵公司采取了哪些对策？（　　）（多选）

A.放弃该市场　　　B.开拓新兴市场　C.转产其他产品

D.主动参与应诉　　E.提高技术水平　F.寻求政府部门和行业组织的帮助

G.与他国贸易商协商分担成本　　　　H.其他（请注明）_____

6.贵公司应对贸易摩擦的队伍建设情况为（　　）（多选）

A.有专门机构和人员　　　　　　B.兼职人员

C.依托律师事务所等专业机构　　D.其他（请列明）_____

7.贵公司应对国际贸易摩擦的主要困难有（　　）（多选）

A.对国际贸易争端的知识不熟悉

B.政府和行业组织提供的指导服务不够

C.应对成本太高

D.获取信息的渠道不通畅

E.其他（请列明）_____

8.近两年来贵公司因国际贸易摩擦增加的成本或者减少的利润约为多少？

_____

9.贵公司对未来几年内贸易摩擦的预期怎样（　　）？基于此，贵公司在经营战略上有何调整？_____

A.乐观　　　　　　　　　　　　B.悲观

10.针对贸易摩擦，贵公司希望政府部门及行业组织提供哪些服务和支持？其他建议意见？

三、公司进出口贸易与人民币汇率波动

1.贵公司认为人民币汇率波动情况如何？（　　）

A.严重波动　　　　　B.中度波动　　　　　C.轻微波动

D.不存在波动　　　　E.不确定

2.贵公司认为人民币汇率波动对自身进出口贸易的影响如何？（　　）

A.受影响较大　　B.受影响较小　　C.基本不受影响　　D.不确定

3.贵公司对未来半年内人民币汇率的预期是（　　）

A.人民币升值　　　B.人民币贬值　　　C.不确定

4.贵公司进出口贸易的结算币种有哪些？（　　）（多选）；其中最常用的结算币种是（　　）

A.美元　　　　　B.欧元　　　　　C.人民币　　　　　D.英镑

E.日元　　　　　F.其他（请注明）＿＿＿＿＿＿＿＿

5.贵公司进出口贸易的结算方式有哪些？（　　）（多选）；其中最常用的结算方式是（　　）

A.汇付结算　　　　B.托收结算　　　　C.信用证结算

6.贵公司是否办理了远期结售汇业务（　　）

A.是　　　　　　　　B.否

7.贵公司将来是否打算办理远期结售汇业务（　　）

A.是　　　　　　　　B.否

8.贵公司采用了其他什么避险手段？（　　）（多选）

A.贸易融资（押汇等）　　　　　B.金融衍生品工具（远期、掉期等）

C.提高产品档次、技术含量和附加值　D.增加预收款

E.选择硬通货结算　　　　　　　F.利用海外关联公司

G.保理业务　　　　　　　　　　H.未使用避险工具

I.其他（请注明）＿＿＿＿＿＿

9.贵公司对汇率避险工具的满意度为（　　）（如果第8题选了H，请跳过此题）。

A.非常满意，达到预期效果　　　B.基本满意，基本达到预期效果

C.不满意

10.贵公司最需要外汇管理局提供的政策支持是（　　）（多选）

A.向公司宣讲外汇政策，了解更多融资手段

B.丰富远期结售汇避险工具，简化办理流程

C.其他（请注明）＿＿＿＿＿＿

四、公司进出口贸易概况

1.贵公司对内贸易与对外贸易比例约为＿＿＿＿＿＿，这一比例是否受贸易摩擦或人民币汇率波动的影响？（　　）

A.受贸易摩擦的影响　　　　　　B.受汇率波动的影响

C.同时受两者的影响　　　　　　D.不受影响

2.贵公司因贸易摩擦及汇率波动增加的成本能否转嫁出去？（　　）减少的利润能否通过其他途径弥补回来？（　　）

A.能（100%）　　　　　　　　B.基本能（80%≤转嫁量＜100%）

C.大部分能（50%≤转嫁量＜80%）　D.小部分能（20%≤转嫁量＜50%）

E.基本不能（转嫁量＜20%）　　　F.不能

3.政府提供的扶持政策有哪些?(　　)(多选)

A.免税　　　　　　B.减税　　　　　　C.退税　　　　　　D.稳岗补贴

E.无　　　　　　　F.其他(请注明)_____

4.与上一年相比,贵公司所处行业今年的景气程度如何?(　　)

A.有所好转　　　B.明显好转　　　C.变化不大　　　D.有所恶化

E.明显恶化

5.贵公司进出口额(单位:万元)

	2018年7~12月	2019年1~6月	2019年7~12月	2020年1~6月
进口额				
出口额				

贵公司进出口额发生以上变化的主要原因有哪些?_____

_____

6.贵公司税前利润(单位:万元)

2018年7~12月	2019年1~6月	2019年7~12月	2020年1~6月

贵公司税前利润发生以上变化的主要原因有哪些?_____

_____

7.贵公司预计本季度生产经营情况较上季度(　　),并简要描述原因_____

_____

A.有所好转　　　B.明显好转　　　C.变化不大　　　D.有所恶化

E.明显恶化

8.希望政府部门及有关行业组织提供哪些服务?其他建议意见?

后 记

本书的研究成果历时40个月。在此，感谢全国哲学社会科学工作办公室的鼎力支持，感谢重庆市社会科学界联合会的悉心指导，感谢重庆理工大学科研院的全力帮助，感谢各位专家在开题、中期及整个研究过程中提出的宝贵意见。

为了更好地完成本项目，研究组成员先后调研了重庆市人民政府外事办公室、重庆市发展和改革委员会、重庆市商务委员会、重庆市经济和信息化委员会、中国人民银行重庆营业管理部、中国建设银行重庆分行、中国农业银行重庆分行、中国建设银行杨家坪支行、中国工商银行南坪支行、重庆富民银行、重庆国际物流枢纽园区、重庆市巴南经济开发区、重庆江北机场以及中国国际航空股份有限公司重庆分公司、重庆瑜欣平瑞电子股份有限责任公司等机构，获得了第一手研究资料。课题组依托重庆理工大学丰富的图文资料、数据库等，进行了大量的理论研究及相关数据的收集，为项目的顺利完成奠定了基础。

衷心感谢项目组成员重庆理工大学韩芳副教授、唐俊老师。衷心感谢重庆理工大学硕士研究生袁露航、罗安、晋旭辉、庹树豪、胡小草、夏艺萌、段懿轩、冯楠、李浙丹在研究过程中进行了大量资料和数据收集整理工作！感谢对项目提供支持与帮助的重庆理工大学科研院的彭静老师，重庆大学的陆静博士、傅旭东博士，重庆社会科学院的文丰安教授，中国人民银行重庆营业管理部的古旻博士等专家同仁们！

鉴于时间和能力有限，本书可能存在一些不周详之处，敬请谅解，我们将在今后的研究中不断深化完善。

谢 非　陈学梅

2022年12月